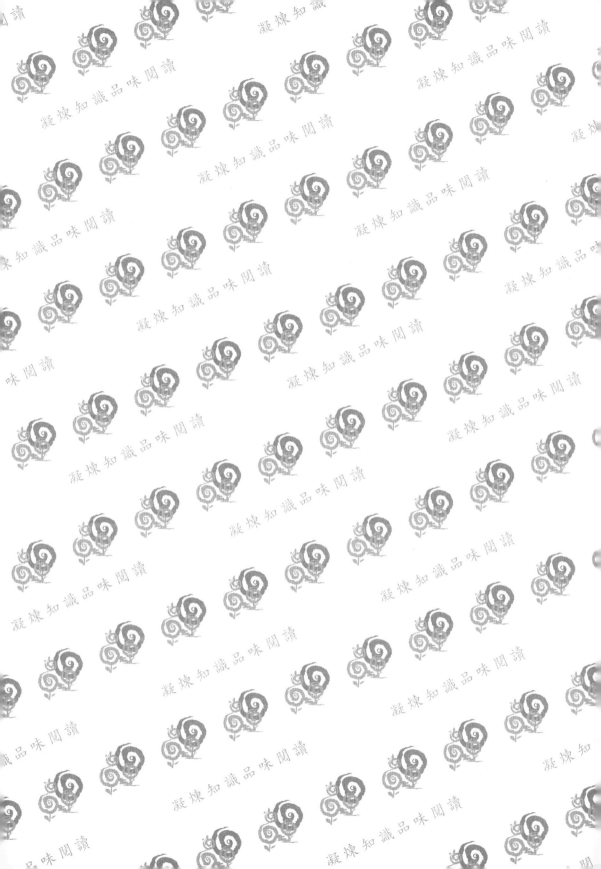

職場倫理

葉保強 著

Workplace Ethics

五南圖書出版公司 印行

序

　　倫理的宏觀分析的對象是社會或國家，微觀倫理是以個人作探討對象，中觀倫理的重點是社會的組織及制度。長期以來，我的教研主要集中於制度或組織層面的倫理行為及規範，屬於中觀倫理的範圍，亦算是廣義的應用倫理學。應用倫理學是對真實世界的問題，包括氣候變遷、食物安全、血汗工廠、企業腐敗、商業化代理孕母、人體器官販賣等作倫理探討的學科，以問題為導向的倫理分析是其基本的精神。應用倫理學之「應用」的真義在於凸顯其問題導向，表示對理論跟世界緊密連結的重視，並不是將現成的倫理理論直接應用之意。應用倫理學重視與理論實際連結，因此重視經驗事實，尤其是經驗倫理學的研究成果；但應用倫理學不等同於經驗倫理學，因為其倫理分析中尤其重視倫理的正當性及規範性的探討，因此應用倫理學是揉合經驗及規範分析的倫理學。應用倫理學經過四十多年發展，比較有代表性的領域包括企業倫理、醫護／生命倫理、環境倫理等，其餘如政治倫理、行政倫理、教育倫理、專業倫理、工程倫理等為名的研究亦不少。

　　除了《建構企業的社會契約》（鵝湖，2002）比較著重理論探討外，本書連同其餘的兩本：《企業倫理》（三版，五南，2013）及《組織倫理》（巨流，2016），都著力將經驗倫理及規範倫理相配合，揭示社會中層結構的倫理真相及是非對錯，以及因應之道。這三部著作，望能為有志於活化倫理學，將倫理連結到真實世界的青年學者及學生提供一個方向，讓他們有機會認識到倫理並不是一套不食人間煙火的訓導式大道理，或只止於論說而難於實踐的玄想式理論，而是可以幫助在真實世界中辨識周邊倫理問題，

對它們有分析批判能力以及尋找合理解決之道的致用之學。此外，在生活及專業上貫徹應用倫理學，應能幫助我們做一個有德的人、有德的員工、有德的公民、有德的老板、有德的經理、有德的老師、有德的醫師等。

　　應用倫理學這個學科近年在臺灣逐漸受關注，以這個名義開設的大學課程或出版的文章亦不少。但細看之下，不少這些教研在內容及方法上跟上述意義的應用倫理學有很大的落差：有些是新瓶舊酒，教的都是傳統的東西；有些則是某一學派或教派的直接應用，形同傳教或宣道；或有些則是照搬外國的教科書材料，未加篩選消化就照本宣科。這些次貨或冒牌貨的共同點，都是沒有真實問題作為分析對象，當真實世界不存在，是擬似的文獻學，或歷史性的論述，文獻到文獻，理論到理論，自圓其說，自我封閉，跟現實脫節；離應用倫理學的真義甚遠！這些閉門造車，脫離現實的低劣學風，與學術應解決真問題，與時俱進，實事求是，經世致用的精神南轅北轍。令人擔憂的是，學術界（尤其是人文學科）久存守舊保守惡習，既得利益者盤踞各山頭，為了一己之私，招兵買馬，培養接班人，互相吹捧，沆瀣一氣，以非為是，以劣代優，力保地盤不失，延續這套陳舊無用的「學統」，而上位者多是缺乏領導的擔當及識見，不辨真偽優劣，無知加怠惰就令習非成是成為常態，讓這種歪風頹亂現象不斷的延續，形成劣幣驅逐良幣的反淘汰，對學術及學子都造成莫大的傷害。受害者最可憐的是學生，他們被迫餵食空洞無營養的垃圾，被剝奪了學到有用的學問及倫理能耐的機會，令社會人才資本及倫理資本貧窮化。臺灣近年學術界不斷出現嚴重的道德腐敗，難道不是人才資本及倫理資本兩凋零的明證嗎？冰凍三尺，非一日之寒！

五南圖書出版公司前副總編輯張毓芬小姐對職場倫理學這個議題的支持與肯定，是成書的關鍵。商學管理編輯室主編侯家嵐及其團隊的專業支援，令本書能成功付梓，在此深表謝意。

葉保強

見山草堂

2016年6月20日

Contents

1 Chapter 導言

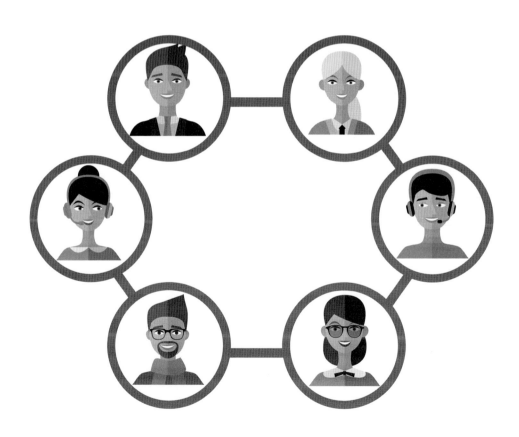

今天找人運送貨物，遠程的可以找如聯邦快遞的跨國貨運公司，近距離的可以用如宅急便等的本地快遞公司。往日，中國商人要從雲南運送茶葉往北到西藏等偏遠地區，或從西藏地區運送藥材、皮革、馬匹等到四川、雲南，靠的就是馬幫。中國連接由雲南，經四川，到西藏的漫長曲折的山路，正是運送茶葉及馬匹的逾千年歷史的茶馬古道。馬幫在山高水險的崎嶇山路，留下了不滅的工作痕跡，為中國偏遠地區的運輸業寫下了耀眼的勞動史。

馬幫

用今天的術語，馬幫的工作是物流，有組織及有規範，有雇主雇員，工作的地點山高、谷深、水險，延伸千里的陡峭山徑，及渺無人跡的崇山峻嶺及荒野；上有藍天，下有泥土，氣候變幻無常，風吹雨打，毒蛇猛獸，盜賊出沒，長途跋涉，住無定所。馬幫有官幫及民幫之分，官幫是政府辦的馬幫，通常規模大，有馱馬超過百匹。民辦的民幫規模一般沒有官辦的大，可分大幫（百匹馱馬以下）及小幫（數匹到十數匹馱馬）。若依季節性臨時組幫的是併伙幫，其餘則是長期經常性經營的。此外，馬幫有長途運輸的，也有只跑短途的。運輸貨物是團隊工作（王明達、張錫祿，2008），馬幫每次出差最少要10多名馬夫及4倍於人數目的馱馬或騾子，每團必須有好的組織分工，才能完成任務。馬幫內的分工是，負責領導的分三類：大鍋頭、二鍋頭、管事。大鍋頭是首領，是團長，馱運經驗豐富及有領導能力，對運輸的路程、驛站、橋梁、關隘、紮營地點、河道、水源、氣候、路況等情報非常熟悉。此外，大鍋頭須懂得經商，熟悉沿途各地的土產及其價格，及在古道所經的地點有很好的人脈，包括各地的頭目、官員、商戶、客棧老闆，方便做事。首領除了能管好人事外，還得懂得照顧馬匹，治療牲口疾病。首領要有可靠的聲名，才能取得客戶信任，保住原來的客戶及吸收

新的客戶。第二號領導人物的二鍋頭，協助大鍋頭工作，大鍋頭不在時，馬幫由他來全權負責。第三號人物管事的職責是，掌管運送時的所有物資糧食及財務開支等，包括計算每匹騾子的馬料成本，裝戴鍋、碗、瓢、勺和油、鹽、醬、醋、米糧等。駄載炊具和食品的騾子叫「空駄」，一團要有4到5匹空駄來分擔。團內其餘人手是受僱的馬夫（或稱趕馬人），人數與騾馬的比例一般是1比4，即一名趕馬人負責4匹騾馬。馬幫把5匹騾子稱為一把，成為一小幫，而將5把組成為一單幫，每幫都有馬鍋頭。趕馬人多是村民，本身不擁有騾馬。趕馬人需具備下列工作能力才會被僱用：1.身強體壯，能作長途艱苦的體力勞動。2.有照顧4匹騾馬的能力，亦能趕長、短途；能抬駄子、卸駄子；會鍘稻草、餵馬料、餵馬水；會釘馬掌；略懂一些醫藥知識等；會當馬獸醫，防治馬瘟、馬病，有給烈馬釘掌的技藝等。3.懂得馬幫的幫規，知禁忌、謹言，服從馬鍋頭。4.有防身及抗禦敵害的本領；或有一技之長，如懂一些少數民族語可當翻譯；會敲鏜鑼等。

勞動者

　　馬幫做的屬於稀有工作，若沒有文字記錄下來，知道的人肯定很少。今天的工作種類繁多，人們除了跟他們經驗接近的工作有點熟悉外，對陌生的工作，尤其是關於人們如何看待工作？勞動者在工作中是苦是樂？為何工作？如何跟同事相處？問題所知甚少。不單如此，就算是自己從事的工作或行業，很少人會做深入的反思，追問包括工作的意義、工作與人生等基本問題。上世紀70年代初，美國出版一本有關工作的暢銷書（Terkel, 1972），作者以訪談方式訪問了從事各行各業的勞工，讓勞動者親自敘述他們工作的內容、工作中發生的人與事、如何跟上司及同事相處、為何工作、工作的苦與樂等。受訪者包括超市的收銀員、護理師、工廠工人、計

程車司機、電話接線生、妓女、侍應生、空服員、掘墓地工、夜班的保全、書本裝訂匠等。此書可說是一部美國勞工的口述歷史，記錄那年代的工作及勞動環境，那時電腦及現代管理尚未普及，是前資訊年代的社會。在今天的網路經濟下，當時流行的許多工作已經消失。雖然如此，但人與工作關係究竟有多大的改變？人在工作中的社會關係起了什麼變化？職場如何改變？此書是一個難得的參照點。

中國經濟過去三十多年突飛猛進，快速躍升成世界第二大的經濟體。製造這個經濟奇蹟的背後無名英雄是上億的農民工，他們的工作及遭遇寫成了史無前例的人類勞動史，同時已成為近年出版的農民工口述歷史的材料。通過農民工的現身說法，我們可以具體瞭解勞動者的主觀經驗，且對人如何看工作有更真實的瞭解（見第二章）。事實上，對大部分從事低技術體力勞動的勞工而言，工作主要為了養家活口、生活開支、改善生活，工具價值高於一切，工作苦多樂少。就算是在城市從事文職業務的上班族，不少視上班為苦差事，經常受專制上司的刁難，跟同事相處也不好，不時遇到找麻煩的顧客，工時長、所得低，升職無望。從工作中實現理想、完善自我、工作樂多於苦似乎是極少數幸運兒的專利，跟大部分勞工無緣。

工作

工作是人類社會的基本元素，工作與人類這個物種共同演化。從洞穴生活開始，人類祖先就與工作分不開。石器時代留下來的石斧、石箭頭、魚鉤、石刀，已證明初民懂得要利用工具來狩獵，解決食物問題。演化到狩獵採摘階段，初民狩獵陸上小型及大型的野生動物，在河中捕撈魚蝦，到森林中採摘果子、野菜。初民的工作跟生存分不開，懂得工作才能保命，把工作做好才可繁衍下

一代。現代人的工作是有薪資的（義務工除外），但大部分勞動者的工資是用來養家應付生活開支，雖然工作不完全爲了生存，工作跟生存的關係比跟生活的關係較爲密切，是不爭的事實。但從內容上看，工作要投入體力及智慧，古今沒有基本上的差別；就工作所產生的產品或服務而言，狩獵採摘的初民所產生的產品與服務，從質與量方面都跟今天的網路經濟有天差地別。傳統社會的工作大部分跟食物的生產有關，其餘則跟居住有關，木工、石工、建造等產業就是因應這需求而產生及發展的。隨著社會的演化，工作除了解決生存外，逐漸要滿足生活要求：衣著不單爲了蔽體保溫，同時要求美觀得體；食物不再只爲飽腹充饑，同時追求美味變化；住所不單爲了遮風擋雨，同時要求清幽高雅。平凡如衣食住，品質、樣式變化的要求標示出工作跟生活的連結。現代社會很多工作跟製造產品分不開，知識經濟及數位經濟的工作亦可生產產品及服務。無論如何，生存跟生活都需要各式各樣的產品服務，工作基本上跟生存與生活分不開。

職場倫理

2013年暑假，日本播出電視連續劇《半澤直樹》，收視率創歷年的新高，人氣之盛一時無兩，第10集在日本的收視率更達42.2%，實屬空前。改編自直木獎作家池井戶潤的兩本職場小說：《我們是泡沫入行組》及《我們是花樣泡沫組》，此劇藉銀行員半澤直樹受到不平等對待，揭開職場的陰暗面及自衛反擊戰：奸佞上司卸責諉過，下屬被無辜陷害，蒙受不白之冤；小職員不畏權威，挑戰位高權重的加害人，最後討回公道。此劇細膩描繪了職場的權力生態及不公不義：「部屬的苦勞是上司的功績；上司的過錯則是部屬的責任」；而主角「以牙還牙、加倍奉還」之自衛原則，道盡了上班族想做而不敢做的心聲，引起社會廣泛共鳴。本劇跟日本同

期在臺灣首播，受歡迎程度亦屬空前。《半澤直樹》有趣之地方，是傳遞了不少重要的職場倫理訊息。

人的一生有大部分時間花在工作上，在職場上渡過。工作對人重要，職場對人同樣重要，工作的好壞跟職場的好壞息息相關。工作種類繁多，職場的性質千差萬別，但職場倫理的好壞決定了工作的苦樂，亦是人生苦樂的主因。簡言之，好的職場有好的倫理，壞的職場充斥著壞的倫理。職場的好壞跟人的幸福息息相關。好的職場（good workplace）不只是好的謀生場所，提升自我的學習空間，還可建立及開拓好的社會聯繫，為社會作貢獻。壞的職場（bad workplace）除了工時長、工資低、福利少、無前景外，還會令尊嚴受損、人格扭曲，或被迫同流合汙、作奸犯科、違法亂紀。倫理是職場倫理的核心要素，塑造職場文化，規範權力分配及運用、人員的任免、分工合作及彼此對待、行為操守、獎懲制度、規範守則、領導型態等方面。

與職場倫理有密切關係的領域，包括了企業倫理、組織倫理、專業倫理。企業倫理是研究企業作為一個商業主體的倫理道德，其中涉及雇主與員工關係、職場管理、員工權利與義務等次領域，都跟職場倫理的議題相重疊；組織倫理是以組織為分析對象，探討其各個面向的倫理。組織包括商業組織、政府機構及民間組織，議題包括政治行政倫理及公民社會組織倫理，涵蓋範圍大過企業倫理，跟職場倫理亦有所重疊。組織倫理的問題可以發生在公司、政府機關或民間社會組織，其研究結果亦可適用於這些領域之內。專業倫理是指不同專業，包括醫師、律師、會計師、工程師、教師等所遵守的倫理規範及行為。不同的專業有各自的職場，因此職場倫理跟專業倫理亦有不少重疊的地方。例如：一家律師事務所的律師員工除了遵守該事務所的職場倫理外，還受律師公會的倫理守則所約束。凡有工作出現的空間都是職場，工作可以是過去式的、現在進行式的或未來式的，因此遍及公領域及私領域，政府、

公司及民間組織（非政府組織、宗教組織等），都各有其職場及職場倫理。分屬於不同領域的職場倫理既有共通的規範，亦有專屬於其特定領域的特殊規範；前者如勞動基本法令，後者如特定產業或個別公司的特定規定。

職場倫理的研究，是探討職場的各面向及運作上的是非、善惡。兩個不同意義的職場倫理，必須加以區分。世俗職場倫理是指現實中在職場被遵守的倫理，雖然工作者對之習以為常，但不表示每一條規範都經得起理性的考驗，適合於時代所需，為遵守者提供合理的倫理指引或約束。因此，世俗倫理只能反映現實，不一定代表正確及合理。職場人不應不加思量地接受及遵從，應以批判態度審視其正當性及適用性。另一種倫理是正道職場倫理，其特性是其規範有倫理的正當性，可以經過倫理的正當性的檢測，具備對的理由的倫理。正道倫理不一定與世俗倫理是截然不同的兩樣東西，世俗倫理具有正當性的部分可屬於正道倫理，正道倫理除了吸納這部分的倫理外，還可因應職場的特殊環境制定新的倫理元素。除了對世俗倫理批判的瞭解外，本書重點在建立具備倫理正當性的正道倫理，職場倫理應建立在正道倫理之上。

職場倫理研究

近年職場倫理的研究文獻豐碩[1]，不少論文以「組織」為關鍵字，但內容大部分可用於職場，因此組織倫理跟職場倫理在內容上有高度的重疊。本書將它們視為重疊性高的領域，彼此研究的成果可以互相參考。職場倫理的範圍很廣，其中包括職場正義（workplace justice）[2]、職場承擔（workplace commitment）[3]、職場超義務行為（workplace citizenship）[4]、職場信任（workplace trust）[5]、職場情緒（workplace affect）[6]、倫理領導（ethical leadership）[7]等議題。此外，職場的黑暗面，包

括職場霸凌、職場沉默、職場詐欺、職場腐敗、職場揭弊、職場歧視等都是重要的議題。

決定職場好壞的原因有三：人事、體制及文化。壞職場源自壞人物、壞體制及壞文化（Kish-Gephart, et al., 2010）。同理，好職場的元素由好人、好體制及好文化所組成。文獻上分析職場腐敗的流行模式有三：一，「爛桶子」（bad barrel）模式，以職場內之偏差的組織文化、價值及信念，缺乏正確的行為規範或監督機制（Darley, 1996; Treviño, & Youngblood, 1990）、誘因扭曲等因素，說明職場敗壞。二，「爛蘋果」（bad apples）模式，用職場內有腐敗意圖、不正思想及行為的個人（尤其是領導）或小組，說明職場腐敗。對照下，一般用好蘋果（人物）、好桶子（體制及文化）來加以說明好職場。三，「爛狀況」（bad cases）模式：有些決策狀況涉及的問題複雜及無先例，容易產生難以預料的壞結果。這種情況會左右職場的倫理性，不善處理這些狀況會產生不倫理的後果；然而，若有適合的人物（尤其是領導）、體制及文化來協助處理狀況，犯錯的機會會大為減低，而達到符合倫理後果的機會將大為提高。撇開爛狀況，好蘋果及好桶子跟壞職場的關聯是薄弱的，好的人員（尤其是領導），配合好體制及文化可大大減低職場內不倫理的行為或事情產生，積極導致正道倫理的產生及持續不墜。近三十年英美職場倫理的研究，絕大部分都是採取組織學、心理學或管理學視角，論述多屬經驗及實證理論（empirical ethics），重點放在行為倫理（behavioral ethics）。對比之下，從規範性倫理（normative ethics）來論述者則相對地較少。雖然如此，前者的成果，為職場倫理的規範性探討提供堅實的基礎。本書除了綜合經驗的成果外，亦適時納入規範性的論述，在建構職場倫理那章規範成分尤其明顯。

本書的宗旨及議題

本書採取廣闊的視角來探討職場倫理，在定義上取廣義的倫理來審視職場。在經驗層面上，本書從工作及工作倫理到職場倫理力求呈現職場的實況，尤其是職場的陰暗面，並對流行的世俗職場倫理作倫理反思。就建構層面上，本書針對世俗職場倫理（包括職場陰暗面）存在明顯或潛在的違反倫理元素，有系統地建構職場倫理的規範框架，作為職場之行為規範的基礎，防阻不倫理行為的出現，及促進倫理行為的生成及維持。第二章討論工作的性質及工作倫理，包括工作的分類、工作的定義，及透過中國及臺灣幾類勞動者，包括農民工、警察、保全人員及巡山員的工作，具體呈現不同工作的內容，及勞動者對工作的感受。這群勞動者的工作苦多於樂，可能反映現實世界中大部分人的工作狀況。本章討論好工作的定義及一些指標。工作倫理跟工作有密切的關係，是人們參與工作的重要因素，本章除介紹了華人工作倫理外，還簡述了基督教及回教文化的工作倫理，同時介紹大師級的廚師以展示日本的職人精神。第三章的主題是職場倫理，論述臺灣及中國、英美世界及日本商界流行的世俗職場倫理及職場智慧，並探討職場的上司倫理、同事倫理及重要活動：開會、離職等相關倫理。第四章探討職場的陰暗元素：職場壓力、職場霸凌、職場沉默、職場腐敗、職場揭弊、職場歧視。第五章職場倫理與領導，探討兩大類領導型態：破壞型領導及建設型領導，並集中討論華人社會流行的家長式領導及仁德領導，倫理領導的內涵及職場倫理的重要性，以及跟領導關係密切的追隨者倫理。第六章的主題是論述未來的工作與職場：工作變化與零工經濟下的工作，科技與工作，職場新夥伴：長者、機器人、千禧族如何合作，職場空間設計的演化，職場監控及職場友誼等。第七章討論如何打造職場倫理，以倫理資本為核心整合職場倫理的

三大要素：人才、體制、文化，及職場的陽光元素：職場正義、職場承擔、職場超義務行為及職場信任，並提出職場倫理的基本原則。第八章是案例分析，通過對包括基隆海關集體貪瀆、福島核災與東京電力的管理崩壞、孟加拉成衣血汗工廠悲劇及高等教育集體職務廢弛等案例的分析，理論結合事實，具體地展示職場如何倫理失能或崩壞。

註 釋

1. 包括*Academy of Management Review, Academy of Management Journal, Journal of Applied Psychology, Journal of Personality and Social Psychology, Journal of Management, Journal of Business Ethics, Business Ethics Quarterly, Journal of Business and Research, Business and Society, Leadership Quarterly*。

2. 見Bies, 2001; Blader, & Tyler, 2003; Colquitt, 2001; Colquitt, & Greenberg, 2005; Colquitt, et al., 2001; Cropanzano, et al., 2003; Greenberg, 1993; Greenberg, 2006。

3. 見Benkhoff, 1997; Cullen, et al., 2003; Klein, et al., 2009; Randall, 1987。

4. 見Koys, 2001; Podsakoff, et al., 1997; Podsakoff, et al., 2000。

5. 見Mayer, et al., 1995; Schoorman, et al., 2007。

6. 見Isen, & Baron, 1991; Haidt, 2001; Barsade, & Gibson, 2007; Fredrickson, & Brannigan, 2001。

7. 見Avolio, et al., 2004; Baserman, 1996; Fredrickson, & Brannigan, 2001; Treviño, & Brown, 2007。

2 Chapter 工作與工作倫理

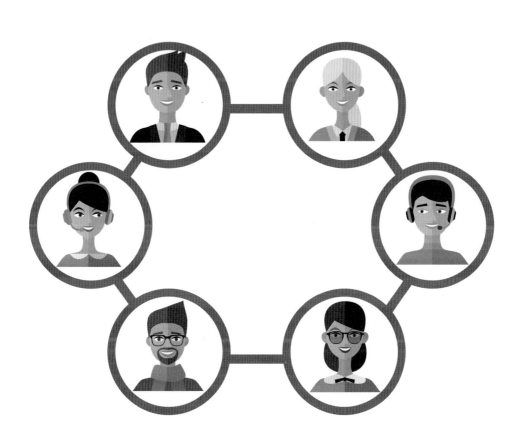

　　工作跟人關係密切，從最基本的養家活口，到生活品質的提升，甚至自我完成都跟工作分不開。工作種類多如繁星，生活在不同的文化的人以何種態度工作？持何種價值工作？遵守什麼工作規範？如何組織工作等方面雖然有不少差異，但共同之處亦多。本章以工作及工作倫理爲主題，選了幾類不同工作，具體描述其內容，同時引用不同勞動者的親身經歷，陳述工作內涵及他們對工作的感受。這些勞動者包括中國的農民工、臺灣的警察、保全人員、巡山員，同時包括日本的職人巨匠；基督教、回教及華人文化等，都各有不盡相同的工作價值及倫理，閱讀它們有助對工作及工作倫理有系統及深入的理解。

工作：昆布生產

　　昆布是日本人熬製高湯不可或缺的極品，頂級的昆布價值不菲，但無減日本消費者的追捧。熱愛昆布是一回事，瞭解昆布生產又是另一回事。事實上，很少人知道昆布產業的生產過程。昆布從採撈到銷售都包含了不同的工序及流程，涉及不少知識、技術以及經營者的商業智慧與營商規範。日本著名社會小說家山崎豐子在早期作品《暖簾》（2008），細述了昆布生產的整個過程：採撈、收購、搬運、儲存、製作、批發、販賣等；生產鏈上的利害關係人：昆布採撈農、採購仲介商人、批發商人、集貨商人、零售商人、加工商人等各類不同的工作；同時描繪了他們彼此的合作關係及規矩，提供了有助於瞭解工作的全方位景象。下文簡述昆布的工作、流程及經營的社會合作面。

　　每年9月中到11月底，昆布採購商人（仲介商）向昆布農人採購昆布。每次採購儘量購足全年貨物，因此花上大筆的資金。收購到的貨物必須在11月底大雪前運到大阪。昆布主要產地是北海道及庫頁島，昆布農人必須從立秋前的7月21日至8月中旬完成採撈，

愈早採獲的昆布品質愈好。7月中旬採撈到的昆布稱為「初摘」，質地透明，味道最好，價格最高；8月前半段採撈的「中採」較厚且顏色黑濁，價格中位數；而「後撈」則是8月後半段採撈的昆布，質地較為粗糙，風味平平，價格最低。昆布產地的仲介商向昆布農收購昆布，再轉賣給函館、釧路、小樽等集散市場的批發商。另外，有些批發商跟仲介商簽訂合約，委託仲介商代為收購昆布，再運送至大阪的集貨批發商。集貨批發商除了向對方收取搬卸費、倉儲費、出貨費之外，亦收取交易金額4%的佣金；集貨批發商亦會替批發商向昆布加工業者或零售商推銷其貨物，批發商得支付由北海道運貨的船費和打包費用。昆布的製作在整個產業鏈中尤其重要，技術的高低，經驗的深淺，決定了最後產品品質的優劣，昆布商能否賺錢，得視製作水平的高低。山崎豐子用細膩的筆法描繪昆布製作過程，節錄如下（20-49頁）：

「昆布的製作通常是，將海裡撈上來的原草昆布晒乾之後，以醋汁浸泡，等昆布吸足醋汁變軟，再把它展平然後捲起來放置一晚，這個階段稱為「捲前」，也就是刨削昆布之前極其重要的「前置作業」，要掌握這個須得學上一年；將「前置作業」的昆布加以「粗刨」，又得學上一年；然後用削鐵如泥像鋸子般有兩百齒的刨刀刨出昆布表面的「黑板昆布」，必須學上三年；而要刨至白芯部分削成「白板昆布」又得學上兩年。另外，要把刀磨得像剃刀又利又薄，刨出木屑般的「細絲昆布」，又得學上四年。每個師傅刨削出來的昆布長短不一，若能刨出既長寬又薄的細絲昆布，即為高級品；若是刨得短窄偏厚，即是次級品。通常高級的白昆布長度較短，細薄得像棉花，含在嘴裡幾乎入口即化，並有軟如芋頭的滋味，而次級的白板昆布較長、口感粗糙。技術拙劣的人刨削昆布時，刨刀往往會溜滑失穩，刨出較長的昆布，賣相不佳。昆布在最初泡醋階段是否得宜，攸關風味的好壞。貢品專用的原草昆布是選自北海道渡島風味甘潤的既寬且厚的真昆布，在刨削之前已浸

過「三勘」醋。刨刀則是請大阪最著名的「小金屋」師傅特製鍛造，……如果刨刀沒能鍛得既薄又利的話，……，而且只會刨出條狀粗短的次級品。」

　　昆布產業涉及多類互相聯繫的工作，跟社會合作、協調及支援並緊密地連結在一起。昆布生產展示了不同工作的組織面。昆布產業是產品、運送、庫存、批發及行銷昆布，涉及了服務。工作根本上與勞力（體與心）、技術及態度連在一起，與製造產品及提供服務分不開，產品服務種類多不勝數，工作亦然。

工作的種類

　　華人社會常以三十六行作為工作歸類，其實工作何止三十六類？三十六這數字只不過用來表述種類之多而已。但三十六行這個講法不是全無根據的，古時的確有將工作歸類的。唐朝的分類是：肉肆行、宮粉行、成衣行、玉石行、珠寶行、絲綢行、麻行、首飾行、紙行、海味行、鮮魚行、文房用具行、茶行、竹木行、酒米行、鐵器行、顧繡行、針線行、湯店行、藥肆行、扎作行、仵作行、巫行、驛傳行、陶土行、棺木行、皮革行、故舊行、醬料行、柴行、網罟行、花紗行、雜耍行、彩輿行、鼓樂行和化果行的分類。到明朝，行業分為農業行、作坊行、商店行、飲食行、瓜果行、小菜行、攤販行、花鳥行、修補行、娛樂行、文化行、服務行、醫藥行、交通行、員工行、苦力行、巫術行、乞討行、煙賭娼行、騙搶行。就算是遠在七世紀的行業，人們今天仍可粗略地辨認大部分行業的性質，雖然很難知道其工作細則。無論如何，這些行業都代表了古人生活的需求，行業提供了人民生活中衣、食、住、行、樂等所需的產品與服務，各行各業的工人都在製作產品或提供服務。今天工商業發達，產品服務種類繁多、千奇百怪、日新月異，但仍離不開滿足衣、食、住、行、樂等基本需要。

　　工作應如何分類？勞心勞力是自孟子開始的一個流行分類，這個春秋戰國時期的分類。現代版本是藍領與白領，操體力勞動的是藍領，做文書工作的是白領。中國古時將職業分為士農工商四大類，在漫長的帝制時代一直適用。今天社會的職業種類繁多，四大類已無法捕捉職業全貌。今天，有人將工作歸為製造業或服務業，前者涵蓋所有產品製造的行業及工作，如汽車、手機、食品、家電、電腦等，後者包含提供服務的產業與工作，如醫護、金融、法律、教育、航運等。加上農業、畜牧、開採業，大致可以將大部分的工作歸納在內。最新又有一種分類，將工作分為生產型、交易型、互動型三大類（Lund, S., Manyika, J., Ramaswamy, S., 2012）。

什麼是工作？

　　究竟什麼是工作？從「工作」的字源看，「工」有多種意義：一，工匠、工人，指工作的個體，如：礦工、電工、女工。《論語・衛靈公》：「工欲善其事，必先利其器。」；二，精巧、精緻，指技術的精湛，《說文・工部》：「工，巧飾也。」；三，手工勞動。《管子・問》：「處女操工事者幾何人？」。「作」所含的意義更多：一，作工、作田、勞作。《樂府詩集・雜歌謠辭・擊壤歌》：「日出而作，日入而息。」唐朝李白《宿五松山下荀媼家》：「田家秋作苦，鄰女夜舂寒。」二，建造、製作之義。《爾雅・釋言》：「作、造，為也。」《廣韻・暮韻》：「作，造也。」《周禮・考工記序》：「作車以行陸，作舟以行水。」三，培育、造就。《書・康誥》：「亦惟助宅天命，作新民。」清顧炎武《日知錄》卷十二：「必有作人之法，而後科目可得而設也。」四，擔任、充當、當作。《書・舜典》：「伯禹作司空。」《論語・子路》：「人而無恆，不可以作巫醫。」五，役使。《廣韻・

鐸韻》：「作，役也。」六，事情、事業。《易‧益》：「利用爲
大作。」孔穎達疏：「大作，謂興作大事也。」《禮記‧緇衣》：
「毋以小謀敗大作。」鄭玄注：「大作，大臣之所爲也。」七，措
施、辦法。《後漢書‧仲長統傳》：「作有利於時，制有便於物
者，可爲也。」❶總之，工作跟勞動、技術與物有密切關係。

　　西方名諺：「我勞動，我存在」（*Laboro ergo sum*），給予勞
動至高的地位，工作被推崇爲人存在的要素。馬克思年輕時把勞動
視爲人自我實現的手段，通過勞動才能發揮及實現個人的潛質。但
資本主義的生產方式及私有制，將勞動扭曲爲壓制人自我實現的剝
削，製造了疏離的勞動（見下文）。

　　今天不少對工作的定義，都或多或少有這些思想的影子。一
個經常被引用的定義（Gini, 2000），將勞動視爲我們成爲人及實
現人的手段，我們在勞動中創造自己。意思是，人人需要工作來
實現自我；工作應製造人們所需的觀念、服務及產品，同時通過工
作產生更好的人或更好的生活，工作是人性的基本。另一個對工作
的定義（Blustein, 2006: 22）：「工作是生存及權力的手段，支撐
生活，賺錢及獲取權力，取得社會地位而加強聲望及權力。工作亦
可令人建立社會聯繫，連結更大的社群。人可以通過工作來實現自
我作主，可以將原來是外部推動的活動轉變成爲自己內部推動的力
量，與成爲更廣的價值及目標的一部分。」展示了工作的細緻含
義。

　　管理學對人們如何對待工作曾提出一些流行的看法。上世紀流
行的管理理論──Ｘ理論及Ｙ理論（McGregor, 1970），分別包含
了對工作的假定。依Ｘ理論，大多數人是討厭工作的，盡可能避開
勞動，迫於無奈下才從事勞動，怎樣做、做多少、做多久等都聽命
於上司的指派。不喜歡承擔責任，可以不承擔就不承擔，工作全爲
了賺錢，工作只有外在價值，工作本身沒有價值。對照之下，Ｙ理
論的工作觀幾乎是Ｘ理論的反面，工作是人的基本需要，人會在勞

動中發現興趣。在適當的工作環境下，人們會享受工作。人會自動尋找責任及承擔責任，工作有助實現人的潛能。在合適的環境下，工作富有創意。事實上，X理論及Y理論都部分捕捉了不同的人對工作的態度與看法，但兩者都有偏差，X理論太重負面，Y理論太過理想。其實在芸芸的勞動者中，都會以不同的程度及組合來展現兩理論所提出的態度及行為。真相是兩者的混合，在同一職場內兩種勞動者都可能存在，亦有不少的勞動者在其職業生涯中，呈現了X理論及Y理論所指的某些特性。

工作苦多樂少

人們如何工作？對工作有何感受？以下選了中國的農民工、臺灣的警察、保全人員及巡山員為例，簡述他們的工作及工作感受。

中國農民工

對絕大部分低技術工作的勞動者而言，打工純為了生存，迫於無奈。中國三億多農民工的經驗，是強力的證據。近年出版了不少農民工口述歷史（蔡建文，2006；呂國光，2009；徐旭初、錢文榮，2009），農民工親身訴說他們為何工作、如何工作，是瞭解人與工作關係的珍貴原始資料。下面的四個案例，節錄了他們的心聲：

案例一

陳和德，46歲，江西人，高中學歷，工齡：二十多年，打工地點：浙江寧波；木工小包工頭。

「從江西到福建，然後到浙江，打工當然是很辛苦的。

在2002年，當時我也是在奉化打工，因為太累了，心臟出現了毛病⋯⋯要動手術總共花了8萬元⋯⋯全從自己腰包掏出來的⋯⋯我的積蓄只有兩三萬⋯⋯就向親戚借⋯⋯很麻煩的，現在必須天天吃藥，而且不能過度勞累。⋯⋯打工辛苦死了，哪有什麼可以高興的事。每天就是工作，吃飯，晚上心情好了，出去走走，⋯⋯心情不好了，就睡覺。工作一整天很累的，怎會有快樂的事發生呢？委屈的事情太多了！⋯⋯2001年在台州，休息時間大家⋯⋯休息，但小包工頭要大家去工作。大家不肯，他就把床鋪都掀翻掉了。我非常生氣，就把小包工頭推倒在地上⋯⋯打起來⋯⋯在黃炭岩的時候，老闆欠薪，⋯⋯開了欠條⋯⋯後來不小心丟失了欠條⋯⋯」

（徐旭初、錢文榮，2009：137-139）

案例二

李景同，55歲，河南人，小學程度，工齡：三年；打工地點：浙江湖州，工作：廢品回收。

「有人來賣廢品，我就用這個秤，然後給人家錢就行了。⋯⋯我這裡有幾個關係戶的，每天都固定把家裡的廢品賣給我。然後我再到別的地方收點，這才有這麼多錢（按：10到20元人民幣）。⋯⋯幹這一行不容易，有的時候在街上轉了一天都沒收到東西呢。⋯⋯這行競爭也蠻激烈的⋯⋯有一回，我上午剛剛掃完一片樓，就被三男子的跟上了⋯⋯說我搶了他們的生意⋯⋯要讓我賠他50元⋯⋯我不給，他們就動起手來了⋯⋯我啊被打得出血了，都動不了。他們見我身上也沒什麼錢，就把我剛收到的一袋子易拉罐拿走了⋯⋯」（按：由於無錢辦小販執照，在街上幹活時被城管（城市管理員）抓了，沒

收了他的三輪車，由於無錢把車贖回，就決定回老家了。）

（徐旭初、錢文榮，2009：177-179）

案例三

馬龍，40歲，安徽人，初中學歷，工齡：十多年；打工地點：浙江杭州，行業：雜貨流動攤販。

「雜貨生意不算很好，多的時候一天能賣100元，利潤有30元左右，少的時候跑一天才10元，……有時候碰上下雨天，就出不去了……每天都是在天還未亮……起牀的……那些老頭、老太太起得比你還早，你也就得起來了吧……他們是一個很大的客戶群呢！……老人家才很願意買這些小器件，小雜貨什麼的……老人家都喜歡挑來挑去，……怕買錯了東西，怕沒挑到實用的……特別愛計較，每次都要還價，一毛五毛的，只有還價下去才舒服。老人家嘛，……習慣了就好了。我的東西還真不少，有80餘種呢！到哪裡都有城管，……每天都能碰上……多的時候一個上午五六次，他來趕你就得跑，沒跑遠他又來了。我被城管抓過，那次罰了50元……就像打游擊，敵人來了我們就撤退。」（按：每天的日程表是：04：30起床／04：30-07：00早市（晨運長者顧客）／07：00早飯（包子）／07：00-13：00換地方做買賣／13：00午飯／13：00-18：00做買賣／18：00回家做飯／20：00睡覺。每天如是，年復一年）

（徐旭初、錢文榮，2009：280-281）

案例四

劉大媽，浙江湖州人，58歲，文盲，工齡：二十多年，地點：浙江湖州，工作：修鞋。

「家裡沒有土地，還有一個有精神病的兄弟，父母又年紀比較大，家裡生活本就困難……前夫整日賭博，無力撫養孩子，大女兒和兒子也來到我身邊，使得生活更困難。我不識字，很難找到工作。但為了孩子，我想盡辦法掙錢養家。……後來……繼承了父親的擔子，做起了修鞋生意，一做就是二十多年。……我從沒有想過轉行，我喜歡這行，自由、隨性、穩定……自己勞動所得，夠吃夠喝，還是可以度日的。……但這個年頭可不好做，首先攤位放在哪兒？放在小弄裡，沒客人；放在路邊，被城管趕；不小心占了別人店門口的地方被老板罵、趕。總之，一個難，……還要交稅。」

（徐旭初、錢文榮，2009：264-265）

臺灣警察

警察維持治安，打擊罪犯，被譽為人民保母，工作神聖。真相是，警察工作辛苦，無尊嚴已是公開的祕密。數字會說話，近幾年警隊出現退休潮，全國有6000多個空缺，其中不少是倦勤的。書面上警察每天工作時間10小時，但實際的工時超出很多。警察勤務條例規定每天工作時數以不超過8小時為原則，這個規定根本無法落實。依警政署的調查，員警平均每月超時工作68到88小時，警察除了維持治安還要處理很多的雜事，加上社會抗爭的事件不斷，令警察疲於奔命。因此，警務工作被視為厭惡性行業，求職者望而卻步。臺北市警察在治安與交通之外的冗事有62項之多，2015年

各單位商討後決定將其中27項取消。這27項無法源的冗事，包括協助維護學校舞會活動及校慶運動會的安全秩序、維護建管單位拆除違建的安全維護、翡翠水庫查證違法捕釣魚、查緝禁菸場所抽菸者身分、查緝非法食品、查緝密醫密護、消費爭議安全調查、日租套房調查、傳染病防疫教育與宣傳、狂犬病防疫宣傳、載送遲到考生趕赴考場……。有員警以親身經驗計算過，警察工作超過200項。

　　警察的一天是怎樣渡過的？以臺北市一個警區上夜班的警察工作為例，以下是典型工作細則（劉時均，2013）：19：00-21：00要簽三個巡邏箱，處理違規停車，不斷接到無線電通知其他地方的違規停車。21：00-23：00返回派出所，連同兩位同事，簽銀樓巡邏箱；21：00-01：00超商巡邏防止搶劫，巡了兩家超商後接到通報有人的安全帽被偷，路邊攔檢可疑人車20分鐘；又接獲通知超商有醉漢滋事，趕達現場處理醉漢。01：00-03：00守望勤務，在廣場站崗2小時，這裡夜店經常有人聚眾生事。03：00-05：00返回派出所備差；05：00-07：00坐值班檯，處理民眾前來報案事務。07：00下班回家。6小時睡醒起床，4時半上班，開始第二天的工作。

保全員

　　保全業是過勞行業其中之佼佼者，世稱「血汗保全」。臺北市、臺南市的保全業工時最高，4週高達288小時，由於無週休二日，每天工時12小時。勞動部勞動條件及就業平等司專委黃維琛說明，保全人員屬依《勞基法》第84條之1之規定，保全業適用責任制，工時多少只要勞資協議訂定並送交地方政府核定即可。按勞動部2011年制訂的「保全業保全人員工作時間審核參考指引」規定，大樓保全、警衛每天工作10小時，加班不能超過2小時。2016年3月初有臺北市議員召開記者會，指曾接獲興隆公宅保全投訴，保全

人員連續上班一個月，超過法例規定的每月288小時工時的上限，不但如此，有員工私下跟保全公司簽下切結書，承諾若超時工作或加班「本人願承擔相關責任」。相關責任指若因工作過勞身體出現狀態時責任自負。勞動部有關官員澄清，這類私下簽訂的切結書是沒有法律效力的，工時是否超出有法可依。若因超時而導致過勞死，雇主是不能免責的。但有些情況是，保全的薪資偏低，有員工希望多賺加班費，會私下跟其他同事作自願的勤務調度，多做幾個小時，導致超時工作。有些情況則是人手不足，本來6人輪班的工作縮減為4人，超時工作自然發生。

巡山員

有些職位鮮為人知，森林巡山員就是其一。究竟他們做些什麼工作？一般人大概不清楚。下面節錄了宜蘭縣羅東的巡山員賴木成的自述（賴木成，2015）：

「自民國89年投入巡山員工作，常自嘲或許是臺灣最孤獨的工作之一，只有不會說話的森林，給我們掌聲。轄區有珍貴原始檜木林，我們沒有配槍、防彈衣，只有腰際一把刀，除承受天然災害、毒蛇、虎頭蜂、猛獸等隨時攻擊，更要經常在深山裡單獨面對凶狠的山老鼠鬥智、搏命。雖有森林警察，但人力有限，第一線的查報巡視工作仍需巡山員單獨面對。日常攀爬峭壁及林道騎乘巡護，大小傷已是常事；參與破獲盜伐集團的大小戰役，每次埋伏圍捕過程幾乎都留下驚險的記憶。亦曾遇到山老鼠開槍威嚇，警告我們不要再前往，也慶幸因為他們開槍，最後才能上線監聽，讓檢、警、林三方協力，一舉破獲在高山砍了多棵千年神木的集團。民國102年底，入夜寒流來襲溫度降到零度，已經埋伏多日不能生火煮食，只能吃乾糧，我獨自守在制高點峭壁凹處，不能開頭燈，看著山老鼠十幾人在下方溪床來回搬運，埋伏警力聽到木頭放置到車輛的碰撞聲，衝過去抓住四人控制車輛，其餘山老鼠一哄而散。……

我也多次遭到山老鼠威嚇，稱知道我家住哪裡，甚至要給金錢誘惑等，有時想想，自己怎麼會有那種勇氣，可能就是對山那種深厚的感情，尤其是那些幾千年才長成的大神木，發現被砍倒時，常覺心在絞痛，跪在神木上自責來晚了……前年我抓到山老鼠後，要將遺留現場贓木背回，因為滑倒，感覺背部不適；隔幾天又支援山難搜救任務，因為負重過度，導致急性椎間盤突出，連大小號都無法自理，在醫院躺了十幾天，……經幾個月努力復健及山神保佑下，恢復正常，重回崗位。有次深山特遣任務中，因為迷路，斷水斷糧近兩天，……」

如上文所示，對絕大部分低技術的勞動者來說，工時長、勞動強度高、工資低、福利少、職位不穩、工作無尊嚴、無前景、工作環境差、管理惡劣等，將會是他們一輩子工作的縮寫，工作苦多於樂，與人有嚴重的疏離。

疏離的工作

馬克思年輕時寫的《巴黎手稿》對勞動有深刻的分析，認為工作是個人的自我實現，但資本主義經濟下的工資勞動製造了剝削，製造了疏離的勞動，勞動者跟其所生產出來的物品產生疏離，成為不屬於他的一個對象，勞動者的疏離不限於與勞動產品的疏離，疏離同時出現在三個層面。勞動者在剝削的私有財產生產體制下，跟勞動的過程疏離，勞動者無法控制生產的過程，由資本家控制著，勞動方式脫離了生產者的掌握，得聽命於工廠制定的方式及廠長的指令來生產。不單如此，生產者亦與其他的生產者產生疏離，彼此成為陌生的對象，沒有深厚的聯繫，大家只是互不聯繫的集體生產的小螺絲釘。更深一層的疏離發生在勞動者與其本性的疏離，人的潛力在工資勞動底下受到極度的壓抑及割裂，無法完成其自由幸福的潛質。總而言之，在資本主義的工資勞動產生了勞動者的全面疏

離，工作是苦，工作被扭曲，人無法通過工作完成自我，發揮潛能。

工作之苦的一個深層意義是工作之疏離。延伸馬克思對工作疏離的哲學洞見，學者（Seeman, 1959）用可測量的社會科學語言來表述其內容，將工作疏離解構成無力感（powerlessness）、無意義感（meaninglessness）、無規範感（normlessness）、社會孤離（social isolation）及自我疏離（self-estrangement）五個成分。無力感是指員工對工作失去控制，工作的流程結果都不能自主；無意義感的意思是，員工感受不到工作的意義；無規範感意涵員工感受不到指示方向及秩序的規範存在；社會孤離是指員工感受很難融入組織的社群或小組之中，孤僻離群；自我疏離是指員工跟自己的行為與想法產生疏離，它們是陌生物，不屬於自己的。疏離的工作令員工無法投入工作，且會對身心健康有害。以下用來測量警察之工作疏離感的量表，有助於具體瞭解疏離的含義（鄭政宗、周勝方，2005）：❷

無力感：包括無能力改正單位的缺失；無機會參與單位未來發展的規劃；無法影響上司的決策；不管如何努力，上司都不欣賞或認同，升遷根本無望；長官一下命令就要有成果，但他根本不理會實際情況；對完成任務感到無力。

無意義感：不覺得工作對社會、組織有何貢獻；覺得做的工作是無意義的動作；大材小用，浪費人才；工作是聽命上級；但求無錯，不望有功；懷才不遇，工作無法發揮所長；工作得不到重視；上司不會尊重自己的意見。

無規範感：工作缺乏規劃，混亂無序；只要把工作完成，不必計較手段；同事工作苟且，敷衍了事，上司愛理不理，裝睡不管；獎勵靠關係，不靠能力或績效；上司的朝令夕改，令人無所適從；做事不必認眞，勉強交差就算。

社群孤離感：有困難時得不到同事支援；沒有談得來的同事；同事中沒有可以交心的朋友；跟同事相處不融合。

自我疏離：工作不是自己想要做的，爲了生活迫不得已選上而已；單位的成敗與我無關；每天上班做的事都身不由已，只是照規定做事而已；工作中沒有熱情，找不到樂趣；不認識上班的自己，下班才找回自己。

工作疏離不單會出現在警務工作，同樣會是藍領工人（附錄：表2.8工廠工人工作疏離量表）及白領工人的感受。雖然工作疏離是很多勞動者的經驗，但仍有少數的勞工在工作中發現意義，獲得滿足感，享受樂趣，找到尊嚴，體現勞動的美德及工作倫理。一名專門替製衣廠磨剪刀的農民工對自己磨刀技術感到自豪，並且因爲自己滿足顧客的需求而感到工作的樂趣及意義（徐旭初、錢文榮，2009）。

什麼是好工作？

什麼是理想的工作？手機程式設計師？醫師？工程師？教師？金融顧問？律師？公務員？記者？作家？廚師？計程車司機？保全人員？警察？農夫？重型機車修理員？網路軟體工程師？理想工作因人而異，雖各有原因，但構成理想工作除了主觀因素外，是否有一些客觀的共同元素？這問題一直是人們關心的。若把理想工作解讀爲好的工作（good work），近年業界或學界都提好工作的定義及闡釋其構成要素，甚有參考價值。另一方面，瞭解好工作亦可找到好工作的地方來加以瞭解。事實上，工作離不開工作場所，好工作跟好職場分不開，而好職場是經過精心設計及良好管理的，與公司分不開，因此好職場也離不開好公司／組織。

想像一下，何處可以尋找到好工作？蘋果公司？在加州山景的谷歌總部？在義大利北部法拉利汽車廠？新竹的台積電？臺南的奇美企業？圓神出版社？哪些公司或機構可以提供這些好工

作？美國著名的商業雜誌如《財富》（*Fortune*）或《富比士》（*Forbes*），每年都會選出全美最佳的職場或雇主，可從其採取的準則認識美國人心目中的理想工作或理想職場的內容。根據*Forbes* 2016年公布的好職場名單，好工作的要件包括了員工的整體工作滿足感、領導、升遷機會、薪資、福利、工作生活平衡、被訪者是否會加入公司，及公司未來半年的前景等（The best places to work in 2016 *Forbes*）。其他的好工作要素，多提及公司優秀的工作環境及公司文化——合作氛圍、學習機會、尊重人才等。以《財富》百家最佳雇主排名榜爲例，Google（Alphabet）均十年榜上有名，且名列前茅，有七年名列榜首。Google自1998年創立以來，快速成長，創意無窮，推陳出新，推出了很多不同類型的產品，業務已經遠遠超出原先設立時的網路搜尋及廣告，包括無人駕駛汽車、藥物研發等。Google曾推出一項政策，允許員工每天用20%的上班時間，從事自己熱情的工作（passions project），這項政策挑戰了應明確界定員工工作內容的想法。據報導，Google這項政策的成果斐然，包括Gmail、Google News、Orkut、AdSense，都來自這段20%的工作時間。好工作的內涵，除薪資優厚及福利超佳之外，重要的是鼓勵創意及尊重員工的公司文化。事實上，Google眞正尊重人才的公司文化是吸引及留住員工的關鍵因素，其他公司小能提供高薪及好福利，但眞能留住員工的並非實物的文化。就職場及工作的重要面向方面，Google在挑戰、氛圍、回報、榮耀感、溝通、領導方面，員工打分數都是97%以上的。有96%的員工向別人表示以公司爲榮，95%員工表示公司提供工作所需的資源及工具，及願意爲公司付出額外的努力，同時認爲管理層做事誠實及有道德。Google選人極爲嚴格，2015年度的1,000個職缺就有270萬名申請者！很多年輕人都認爲成爲Google員工是一種榮耀。Google 2016年在美的員工人數是37,792人，全球員工數目是56,300人（Fortune, 2016）。

工作倫理

依韋伯（Weber, 1985）有名的經濟發展論述，基督教倫理產生了資本主義精神。天主教徒要跟神溝通，必須經過教士作為中間人，但新教徒不用中間人就可以直接與神溝通，這種宗教個人主義是資本主義的精神重要成分，同時是基督教工作倫理的要素。宗教個人主義後來演變成世俗的個人主義，個人主義催生及促進資本主義經濟活動。新教徒不管社會地位高低，在經濟活動中都表現了高度的理性，重視經濟的獲利與長期理性規劃，工作倫理包括不追求權力及名聲、不尋求不必要的花費、重視財富。與基督教一樣，回教徒亦有工作倫理。下面兩個表（表2.1及表2.2）分別綜合了基督新教的工作倫理及回教的工作倫理。

表2.1　基督新教工作倫理

辛勞工作及勤奮是美德。
工作令生活有意義。
工作促進個人之道德及社會秩序。
工作本身是目的。
遊手好閒、浪費時間及金錢為惡。
誠實。
內部控制（出現差錯的責任在自己，不在他人）。
成功來自個人的努力。
雄心及成功，神亦愛之。
財富，神亦好之。
儲蓄是好的。
節儉是好的。
節省時間。
義務感。
貧窮是罪惡。

（Furnham, 1990; Jones, 1997; Banks, 1998; Arslan, 2001）

表2.2　回教工作倫理

懶惰是惡。

投入工作是美德。

好工作對己對人都有利。

職場的正義及慷慨是社會福祉的必要條件。

生產多過自己所需要的，會帶來整體社會的繁榮。

人人應該全力以赴投入工作。

工作本身不是目的，而是促進個人成長及社會關係的手段。

沒有工作，生命全無意義。

更多的閒暇對社會是好的。

重視及鼓勵人際關係。

工作令人控制自然。

創造性的工作是幸福及成就的泉源。

工作的人比較容易出人頭地。

工作給人獨立的機會。

成功人士能在預定完工期內完工。

人應該不斷勤奮工作完成責任。

工作的價值是由工作的意圖，而不是結果所產生的。

（Rokhman, 2010: 25）

全球工作倫理

一般認為，當經濟發展處於比較落後階段時，人們工作是為了金錢，物質生活的改善，即是說，工作的外在價值推動著人們工作。但到經濟發展成熟時，社會進入後工業階段，工作本身的價值愈會受到重視，人們工作是為了工作的內在價值及工作的意義。事實是否如此？一項大樣本（N = 30,974）的25個國家的跨國研究發現（Parboteeah, et al., 2013），後工業化與工作外在價值有負相關，但跟工作的內在價值同樣是負相關的，原因可能是不同的文化效應。文化因素對不同文化的工作倫理是有關係的，雖然具體的關

聯需要更多的研究才能確定。不過,若將不同文化內含的工作價值加以辨識及整理,發掘其共同價值,是極有意思的。一項跨文化之工作價值研究(Schwartz, 1994),把工作價值整合成10大類,每類各包含細項,具體地呈現了工作相關的價值(表2.3)。

表2.3　國際工作價值

類別	項目
權力	社會權力、權威、財富、維護個人公眾形象、社會聲望
成就	成功、有能力、野心、有影響力、聰明、自尊
快樂	愉悅、享受生活
刺激	果敢、生活多采、生活刺激
自我導向	創意、求知、自由、選擇自己目標、獨立
普遍主義	保護環境、美感、與自然融合、心胸寬廣、社會正義、智慧、平等、世界和平、內在和諧
仁愛	助人、誠實、寬恕、忠誠、責任、真正友誼、精神生活、成熟的愛、生命意義
傳統	虔敬、認命、謙遜、中庸、尊重傳統、不摻和
群結	禮貌、尊敬雙親及長輩、服從、律己
安全	清潔、國家安全、社會秩序、家庭安全、禮尚往來、健康、歸屬感

(Schwartz, 1994: 33)

華人工作倫理

　　華人一向以刻苦耐勞著稱,喜歡做買賣、善於經營。國際知名的華人大部分都是商人或企業家,他們都是創富高手,且不少是白手起家的。這些富商巨富之所以成功,其中重要的因素是其工作倫理,這些工作倫理不單適用於富商巨富,同時適用於生活在華人

社會中數以萬計的雇員。近年，學界開始研究華人社會的工作價值或倫理（鄭伯壎、黃國隆、郭建志，1998；洪瑞斌、劉兆明，2003；Reading, 1993; Westwood, 1997; Ralston, et al., 1992; Kulich, & Henry, 2012）。一項研究（Ralston, et al., 1992）揭示了華人工作價值包括容忍、和諧、不爭、可信賴、保守、朋友、孝順、愛國、婦女貞節、尊卑、節儉、堅忍、羞恥心、禮尚往來、面子、傳統、中庸、謹慎、勤奮、謙遜、遵守禮儀、知識、自我改善、仁慈、權威等（表2.4）。另一項研究（Westwood, & Lok, 2003）顯示，華人社會如香港及北京的上班族都將工作視為生活的重心，同時採取務實及工具性價值觀。

表2.4　華人工作價值

類別	項目
整合要素	容忍他人、和諧相處、團結一致、不爭、可信賴、滿足、保守、親密朋友、孝順、愛國、婦女貞節
儒家工作要素	尊卑及秩序、節儉、堅忍、羞恥心、禮尚往來、個人穩定、保護面子、尊重傳統
人心要素	仁愛、正義感、耐性、禮貌
道德紀律要素	中庸、中立及純正、適應性、謹慎、寡欲
其餘要素	勤奮、謙遜、遵守禮儀及社會禮節、知識、自我改善、仁慈、權威、抗拒腐敗、論資排輩、有恩報恩、有怨報怨、文化優越感、財富

（Ralston, et al. 1992: 677）

臺灣

依一個流行的區分（Rokeach, 1973），工作包含了目的性價值（terminal values）及工具性價值（instrumental values）。工作

的目的性價值是指執行工作者所認定的工作之最終目的；工作的工具性價值是指那些目的之達到所涉及的價值。根據一項臺灣的工作價值研究（黃國隆，1998），雇員的工作的目的性價值是：生活安定與保障、和諧人際關係、自尊心、成就感、自我成長、發揮個人專長、獨立自主、符合個人興趣、個人理想的實踐、發揮創造力、財富等；而工具性價值則包括：負責任、信用、效率、團結合作、知恥、忠誠、隨和、謹慎、勤勞、理性思考、自我約束、耐心、寬容雅量、有禮貌、穩重、毅力、求新求變、謙虛、尊卑有序、學識、節儉及尊重傳統（表2.5）。

表2.5　臺灣華人工作價值

工作的目的性價值
生活安定與保障、和諧人際關係、自尊心、成就感、自我成長、發揮個人專長、獨立自主、符合個人興趣、個人理想的實踐、發揮創造力、財富、追尋真理與知識、服務社會、國家民族與發展、權勢、名望與社會地位
工作的工具性價值
負責任、信用、效率、團結合作、知恥、忠誠、隨和、謹慎、勤勞、理性思考、自我約束、耐心、寬容雅量、有禮貌、穩重、毅力、求新求變、謙虛、尊卑有序、學識、節儉、尊重傳統

（出處：黃國隆，1998；117-118。）

由於同文同種，中國員工的工作價值觀跟臺灣員工的價值觀非常類似，但順序則有差異（黃國隆，1998）。就目的性價值觀而言，臺灣員工的前十項價值觀順序是：生活安定與保障、和諧人際關係、自尊心、成就感、自我成長、發揮個人專長、獨立自主、符合個人興趣、個人理想的實踐、發揮創造力。對照之下，中國員工則將自尊心放在首位，接著順序是生活安定與保障、和諧人際關

係、發揮個人專長及獨立自主。有趣的是，兩地都分別將財富、追尋眞理與知識放在11及12位。就工作的工具性價值方面，臺灣的順序是負責任、信用、效率、團結合作、知恥；而中國方面的順序則是信用、負責任、忠誠、效率、團結合作（表2.6及表2.7）。兩岸五項中有4項一樣，除此之外，臺灣重視團結合作，中國則關注忠誠。

表2.6 兩岸企業員工工作價值（目的性）順序比較

臺灣（人數 = 1026）	中國（人數 = 2739）
目的性價值	目的性價值
1.生活安定與保障	自尊心
2.和諧人際關係	生活安定與保障
3.自尊心	和諧人際關係
4.成就感	發揮個人專長
5.自我成長	獨立自主
6.發揮個人專長	自我成長
7.獨立自主	個人理想的實踐
8.符合個人興趣	成就感
9.個人理想的實踐	發揮創造力
10.發揮創造力	符合個人興趣
11.財富（經濟報酬）	財富（經濟報酬）
12.追尋眞理與知識	追尋眞理與知識
13.服務社會	國家民族與發展
14.國家民族與發展	服務社會
15.權勢	名望與社會地位
16.名望與社會地位	權勢

（出處：黃國隆，1998：117-118，經筆者簡化。）

表2.7　兩岸企業員工工作價值（工具性）順序比較

臺灣（人數 = 1026）	中國（人數 = 2739）
工具性價值	工具性價值
1.負責任	信用
2.信用	負責任
3.效率	忠誠
4.團結合作	效率
5.知恥	團結合作
6.忠誠	知恥
7.隨和	有禮貌
8.謹慎	穩重
9.勤勞	學識
10.理性思考	寬容雅量
11.自我約束	毅力
12.耐心	勤勞
13.寬容雅量	謹慎
14.有禮貌	理性思考
15.穩重	謙虛
16.毅力	自我約束
17.求新求變	耐心
18.謙虛	求新求變
19.尊卑有序	隨和
20.學識	節儉
21.節儉	尊重傳統
22.尊重傳統	尊卑有序

（出處：黃國隆，1998：117-118，經筆者簡化。）

　　行政院勞工委員會2011年出版《發現台灣勞動生命力》一書
（聯合報編輯部，2011），記錄了100位在不同行業的勞動者故
事，每份工作涉及的技術知識雖然有很大差異，然而支持及推動他
們工作熱情及投入的是背後相當普遍的工作倫理及價值。這些勞

動者身上都以不同程度展示了熱忱、投入、專注、敬業、毅力、信念、專業、堅持、勤學等美德及態度。

　　《Cheers雜誌》自2013到2015年的3000大企業人才策略調查（「2013年臺灣3000大企業人才策略與最愛大學生調查」）的一個共同問題：「請問貴公司招募新鮮人時，最重視的能力爲何？」企業主的回答是：（一）學習意願強，可塑性高；（二）抗壓性高與穩定度；（三）專業知識與技術；（四）團隊合作；（五）具有解決問題能力；（六）具有國際觀與外語能力；（七）具有創新能力；（八）融會貫通能力。這八項能力之間的相對優先性，沒有列明。值得注意及令人困惑的是，這個調查呈現的八項質素中，沒有一項涉及人格與道德。調查問卷沒有納入這些素質，是一個明顯的不足。重要的是，企業被調查時亦無反映這方面的不足的紀錄，這可能就反映了臺灣的企業主不把員工的人格誠信等視爲重要的素質。全球不少的研究都顯示，員工的誠信及道德是重要的素質，優秀的公司都重視員工這些素質，但臺灣3000家大企業卻如此輕忽這種素質，難怪年復一年，臺灣的企業貪腐及各式各樣弊案連續不斷。令人憂心的是，持這樣狹隘及錯誤的人才觀的大企業，如何能公平地獎懲員工，如何能有正道之職場倫理。

日本職人精神

　　大中華地區的工作價值及倫理是可以跟其他的東方社會如日本、南韓或新加坡等作比較的。日本社會中，工匠享有崇高的地位，日本人普遍對工匠非常尊敬，工匠不單技術超凡，且完美地呈現職人精神。職人精神其實就是支持及推動其所屬行業的高品質，能與時並進及歷久不衰的工作倫理。職人必須具備技術以外的價值及態度，而職人之中的佼佼者被尊稱爲大師或巨匠。職人精神的內涵因不同的工藝而有所差異，其共通處是精益求精、終身學習、

專注、精準、嚴格、勤奮、尊重傳統、傳承傳統。秋山木工是日本一家有名的木造傢俱廠，規模不大，但國內享有盛名，且名聞東亞其他國家。秋山木工除了生產品質高的傢俱外，其訓練學徒的嚴格過程是獨一無二的。學徒在受學期間要遵守一套嚴格的規範，包括做人的態度，與人相處之倫理及自我改善等（見本章附錄，表2.9匠人須知三十條）。日本人對職人之極致者，冠以「巨匠」、「廚神」等美譽，小野二郎被譽爲「壽司之神」（附錄：案例五）。下文以著名日本鰻魚料理巨匠金本兼次郎爲例，簡述日本人的匠心。

鰻魚燒巨匠：金本兼次郎

　　2016年就滿86歲的金本兼次郎在30歲那年繼承了祖業，成爲東京鐵塔旁的野田岩鰻魚店的第五代傳人。這名鰻魚燒巨匠對燒鰻魚的技術有一種職人的執著，嚴格認眞、不斷學習、精益求精。鰻魚料理有幾個步驟：將鰻魚平放由頭到尾剖開成半，將魚肉串上竹籤白燒，然後移到籠子蒸熟，蘸上醬汁烘烤。蒸魚時要注意流走了多少油脂，蒸烹的時間約1小時。佐料是味醂和醬油，一般比例是各一半。鰻魚每條都有差異，燒烤要因應鰻魚的油脂來調整，不能一成不變，才能呈現功夫的高低。鰻魚師應不斷精進技術，燒製出與眾不同的美味，以饗客人。一個學徒學習的過程是：剖魚三年，串魚八年，燒烤一生，這亦是鰻魚師傅一生的修練。燒烤很講究功夫，每天用心練習，才能燒出鰻魚理想的色澤。外行人根本看不出色澤所代表的好壞，但功夫高的人一眼就能辨別產品的高下。夏季是鰻魚季節，師傅每天要處理100公斤的魚，約500條，平均每條約40秒。

　　金本兼次郎認爲，名師應向下一代傳授正確的態度及工作倫理，以保障這個產業能人才濟濟，永續經營。金本兼次郎：「我必須將自身所學習到的手藝紮紮實實地傳承給下一代才可以。……沒有比培育出專業的廚師，讓他們可以用健全的心態把自己工作

做好更重要的事了。」（小野二郎，金本兼次郎，早乙女哲哉，2015，82頁）他認爲，愈是老店愈不能墨守成規，跟時代脫節就會被淘汰。金本兼次郎的工作目的：「如何讓我們的人生過得豐富而有意義。」（同上，80頁）

金本兼次郎的一天：04：00起床，04：30下樓到店面。年輕廚師學徒已在店內做好準備。靜岡縣入貨的養殖鰻每天送來，野生鰻則一週兩次到霞浦、利根川一帶採購。學徒會向他學習，他將魚剖開，學徒接過魚要將魚刺剔清。有時07：00到築地魚市場採購另外的食材，如泥鰍等。11：00早會，簡述當天作業要項，隨即開店。午餐人潮散後，開始燒烤工作，一直做到傍晚，每天如是。若火候穩定就交給年輕人接手，一旦發現狀況，就立刻接手。20：00打烊，收拾鋪面。20：30上樓休息。

人為何工作？

無論是日本昆布商人、茶馬古道上的馬幫、中國的農民工、臺灣的警察／巡山員／保全人員，千千萬萬每天在不同行業辛勞的勞動者，工作都是爲了生活，大部分的勞動者是爲了生存而工作，工作對他們來說大部分時間都是苦多樂少：勞動強度高、工時長、工資低、工作單調重複、工作環境惡劣、職災頻頻、上司不仁欺壓，工作全爲了養活自己及妻兒，無樂趣可言，這是生存式的工作。只有少數的幸運兒：高薪、福利好、各種保險保障、好同事、好上司、工作充滿意義及樂趣、能發揮自我、學習成長、完成理想，這是幸福式的工作。兩類工作有天壤之別。在生存式工作到幸福式工作的光譜上，大部分的勞動者都落在生存式那端應是爭議不大的。

誰可以享受幸福式的工作？蘋果電腦的賈伯斯、柏林愛樂的指揮亞巴度（C. Abbado）、日本壽司之神小野二郎、巴塞隆納的足球王梅西（L. Messi）、股神巴菲特（W. Buffett），工作肯定對

他們帶來無比的幸福，能自我表現、自我完成、實現理想。但能進入這個層次的勞動者，幾乎千萬中無一。這些都是各行各業中的頂尖成功典範、大師級的人物，他們之所以有今天的成就其實跟絕大多數的勞動者一樣，都可能走過一段生存層次的工作型態，經過多年的努力專注投入熱情、創意及堅持，令工作跟自我實現、自由創造、自主連成一體，方能達到幸福的層次。

勞動者能把工作完成，除了工作所需的技術與知識及經驗外，工作倫理同樣重要。從低技術的體力勞動到高技術的知識工作，勞動者均需要技術知識才能成功完成任務，分別只是程度不同而已。然而，在工作倫理上，低技術工作與高知識含量工作的差別卻沒有那樣的明顯，熱情、專注、勤學、投入、敬業、誠實、堅持等工作倫理，如果適用於軟體工程師、城市設計師、大腦科學家、財經分析師、大法官等，同樣適用於木工、司機、修車技工、居家服務員身上。另一方面，勞動者的工作地方，對工作的執行有極大的關係，適合的工作環境可以有助工作的有效完成、工作品質的保證及提升；不良的工作環境會妨礙工作達成，損害工作品質。這些都會跟勞動者對工作的效率及工作滿足感，有很密切的關係。構成工作環境的一個重要元素，是職場倫理，規範著勞動者的規則習俗或行業規矩，不成文的規矩或是潛規則，約束及指示什麼行為是適當的或不適當的，什麼是對的，什麼是錯的。勞動者依靠它們作為合作互動的依據及規範，職場倫理是工作倫理的延伸。重要的是，職場倫理必須建基在合理及合適的倫理基礎上才能發揮正向功能，世俗的職場倫理不一定是合理及合適的，是人們知其然而不知其所以然的習俗而已，若不加以思索就照單全收，不單不能為職場帶來效益，可能會產生壞影響。這個問題留在下一章討論。

註 釋

1. 中央研究院語言所，搜詞尋字，http://words.sinica.edu.tw/sou/sou.html
2. 量表內的項目文字經筆者稍作修改。

附　錄

表2.8　工廠工人工作疏離量表

在面對目前廠裡所發生的事情時，我愈來愈覺得無能為力。（P）
本廠的事情愈來愈複雜，使我很難瞭解真相。（M）
我覺得我真正屬於本廠的一分子。（S）
我在本廠工作，並不使我感到驕傲或覺得是一種成就。（E）
本廠的工作使我獲益不少。（E）
只要能在專業上成功，管他什麼道德不道德，原則不原則。（N）
要想影響本廠的措施與作法，未免太過天真。（P）
我無法瞭解我的工作與其他同事的工作關係。（M）
我非常喜歡現在的工作。（E）
我從工作中得到生活最大的滿足。（E）
在本廠中大部分員工的感情都很好。（S）
為什麼要工作？還不是為了錢。（E）
如想在本廠獲得升遷，大部分須依賴背景或人事關係。（N）
本廠的事物主要由少數人決定，一般員工毫無說話的餘地。（P）
我的工作使我有機會發揮我的能力。（E）
本廠的編制是如此嚴密，因此根本無法顧到個人的興趣與利益。（P）
由於本廠變化太大，獲得的消息又常相互衝突，因此不容易清楚的思
考許多問題。（M）
在本廠中，許多員工都覺得孤獨，而且不與別人來往。（S）
只有辛勤工作才能獲得成功，運氣是靠不住的。（N）
與廠方或公司利益衝突時，一般的員工根本無法保護他們個人利益。
（P）
在本廠中，我有許多關係很親密，且值得依賴的朋友。（S）
本廠幹部們的升遷是相當合理公平的。（N）
對於影響我利益的決定，我能有效的發言。（P）
由於工廠規模太大，我實在難以瞭解各個部門之間的關係。（M）

工作與工作倫理

> 對工廠的許多事情，我覺得茫無頭緒，因此我無法預料明天會發生什麼
> 事情。（M）

P＝無力感；M＝無意義感；N＝無規範感；S＝社會疏離；E＝自我疏離
以上每項的評分：非常同意＝1；同意＝2；無意見＝3；不同意＝4；非常不同
意＝5
（徐正光，1978：767-768，原表之無效題目沒有列出。）

表2.9　秋山木工──匠人須知三十條

1. 匠人須知，進入作業場所前，必須先學會打招呼。
2. 匠人須知，進入作業場所前，必須先學會聯絡、報告、協商。
3. 匠人須知，進入作業場所前，必須先是一個開朗的人。
4. 匠人須知，進入作業場所前，必須成為不會讓周圍的人變得焦躁的
   人。
5. 匠人須知，進入作業場所前，必須要能夠正確聽懂別人說的話。
6. 匠人須知，進入作業場所前，必須要是和藹可親、好相處的人。
7. 匠人須知，進入作業場所前，必須成為有責任心的人。
8. 匠人須知，進入作業場所前，必須成為能夠好好回應的人。
9. 匠人須知，進入作業場所前，必須成為能為他人著想的人。
10. 匠人須知，進入作業場所前，必須成為「愛管閒事」的人。
11. 匠人須知，進入作業場所前，必須成為執著的人。
12. 匠人須知，進入作業場所前，必須成為有時間觀念的人。
13. 匠人須知，進入作業場所前，必須成為隨時準備好工具的人。
14. 匠人須知，進入作業場所前，必須成為很會打掃整理的人。
15. 匠人須知，進入作業場所前，必須成為明白自身立場的人。
16. 匠人須知，進入作業場所前，必須成為能夠積極思考的人。
17. 匠人須知，進入作業場所前，必須成為懂得感恩的人。
18. 匠人須知，進入作業場所前，必須成為注重儀容的人。
19. 匠人須知，進入作業場所前，必須成為樂於助人的人。
20. 匠人須知，進入作業場所前，必須成為能夠熟練使用工具的人。
21. 匠人須知，進入作業場所前，必須成為能夠做好自我介紹的人。
22. 匠人須知，進入作業場所前，必須成為能夠擁有「自慢」的人。

23. 匠人須知，進入作業場所前，必須成爲能夠好好發表意見的人。
24. 匠人須知，進入作業場所前，必須成爲勤寫書信的人。
25. 匠人須知，進入作業場所前，必須成爲樂意打掃廁所的人。
26. 匠人須知，進入作業場所前，必須成爲善於打電話的人。
27. 匠人須知，進入作業場所前，必須成爲吃飯速度快的人。
28. 匠人須知，進入作業場所前，必須成爲花錢謹慎的人。
29. 匠人須知，進入作業場所前，必須成爲「會打算盤」的人。
30. 匠人須知，進入作業場所前，必須成爲能夠撰寫簡要工作報告的人。

（秋山利輝，2015：108-109）

3 Chapter 職場倫理

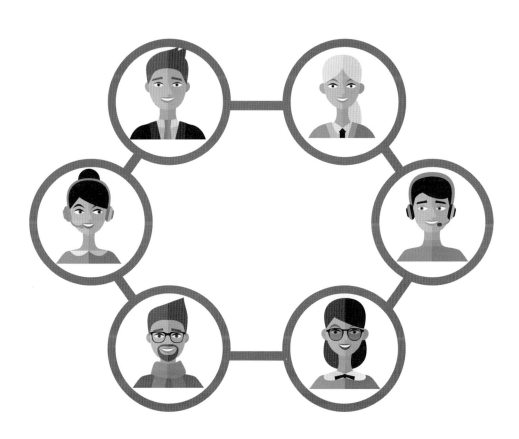

　　華人社會的職場倫理內容是什麼？跟其他東方國家如日本有何差異？跟英美的職場倫理有何分別？這些是本章主要的討論議題。華人社會中其實流行不少的所謂職場智慧、生存法則、辦公室防身術、小人指南等類似職場的教戰守則，這些世俗的職場倫理，有助反映真實世界中部分的職場倫理狀況。本章的討論順序：茶馬古道的職場倫理、臺灣的世俗職場倫理、中國的職場法則、日本的職場倫理、英美的職場工作守則。

茶馬古道的職場倫理

　　茶馬古道上的馬幫，要成功執行工作，必須依靠組織，而組織給予馬夫分工合作所需的權力結構及合作的秩序，支撐及維繫工作執行的是工作的倫理。如今日的打工族一樣，馬幫亦有其職場倫理，雖然其職場跟今天的藍領或白領的上班族有明顯的差異。馬幫依賴團隊操作，有內部合作的規範，對外面的客戶及社區都有規矩，這些都是馬幫的工作倫理及職場倫理。以下是馬幫對待不同利害關係的工作倫理及合作規範（王明達、張錫祿，2008）：

一、客戶：講信義、重諾言

　　客戶委託馬幫駄運貨品，有時亦會伴隨貨品隨行，貨品安全及客戶的人身安全都是馬幫的首要責任。值得信賴的是馬幫的工作倫理：誠信守諾、價錢老實、不欺詐、接單時的口頭承諾都得一一兌現，包括準時把貨品送達目的地、貨物完整無缺不被損壞、不被偷換、按口頭同意的價格結算、不會臨時起價、不會隨便亂叫價；以貨品的重量大小來算價、對客戶一視同仁、不會因人而異。講信義、重承諾，是馬幫的工作價值及倫理核心。在滇藏貿易中，滇藏兩省的各個不同種族的馬幫對待商旅，以信為本，建立信任。交易單靠口頭的承諾就成事，沒有書面契約，之後兩造都能信守承諾，

交易順利完成，少有毀約或欺詐糾紛。

二、趕馬人：講團結、重行規

馬幫是團隊，團結一起，同心協力，互相支援。一名馬夫照顧一把騾馬（4-5匹），各把相互支持，有問題互相照顧。不論誰生病，大家互相幫助。旅途上，「同鍋吃飯，就地分錢。」生病者有人照顧，馬走失了，幫子就停下來，大家分頭找，等找到了才會起行。馬幫內部有一套行規，包括禁忌在內（見下文），成員必須遵守。規範涉及幫人的安全問題，不得輕忽，就算無意違反都要受罰。有意違反，又不願改者，會被逐出馬幫。

三、社區：尊重沿途各區民族風俗，尤其尊重婦女

馬幫沿途要經過很多少數民族的居住地，雲南是多民族的省區，各民族有不同的風俗習慣，馬幫要認識及尊重當地的風土人情，入境隨俗，不得冒犯，避免糾紛。違反者會受到處分。馬幫特別尊重婦女及老人，明文規定不准調戲婦女，可與婦女對唱山歌，但不准涉及下流東西，嚴禁野外與婦女發生性關係，不許與有夫之婦交往，因爲這些行爲會冒犯山神，危及生命。

四、善待騾馬：愛馬如命，保護螺馬

趕馬人對騾馬要有仁德，要善待牠們。啓程前要釘好馬掌，架好鞍架，妝扮好頭騾、二騾和每一匹馬。運送貨物經一段路，要停下來給馬休息，要卸下馱子，讓馬放鬆。夜裡要給馬餵食草料，補充一天消耗的精力。趕馬人靠馬維生，與馬有深厚的情感，視如親人般。

除了回族馬幫外，馬幫的行動禁忌包括：擇吉日才能啓程。逢農曆初一、二、六、八都是出門的吉日，三（喪）、四（出事）則是凶日。遇馱運貴重的貨物時，要請算命師或各族巫師來擇吉

日。臨行前還要卜卦以示吉凶禍福和去向。馬幫有吃飯規矩：做飯的鍋尖嘴必須朝向馬隊要前進的方向，燒柴必須順著排列來燒。開飯時，鍋頭坐在飯鑼鍋正對面，面對要走的方向。大鍋頭是第一個開動盛飯的人，會平平地盛最上面一層飯，不會挖洞。盛完飯勺子要平放，切忌翻過來。最早吃完飯的人只洗自己的筷子，最後的一名就要洗碗和鑼鍋。鑼鍋是不能打翻的，誰翻了就算犯諱。吃飯時，只能蹲在鑼鍋兩邊，不能蹲在馬幫前去的方向，不然會「擋了馬頭」。旅途中，馬幫遇到以下情況是按兵不動的：1.頭騾不走，不准走；2.鑼鍋打翻了，米撒了，不准走；3.騾馬走失了，沒有找到，不准走；4.烏鴉在頭上亂叫，不准走；5.卦示凶兆不能走；6.有匪情，不能走；7.沒有拜佛、求神，不准走；8.伙伴不齊，不准走。馬幫有行路規矩，有些路段狹窄，上坡、下坡陡峭，馬隊在頭騾與二騾之間有敲鋩鑼人。其敲鑼告知迎面而來的馬幫。寬道馬隊讓從狹道上來的，上坡的讓下坡的。請對方讓路就敲「咚─咚─咚─」，緊急就敲「咚、咚、咚」。趕馬人有不少語言禁忌，不能直呼毒蛇或豺狼等猛獸之名，漢族馬幫在途中若遇到，稱「蛇」為「老梭」、稱「豺狼」為「老灰」。趕馬人相信若直呼其名會冒犯其神，招來禍害。其他忌諱的語詞，如「搶財物」、「吃肉」，前者令人想起搶劫，代替語是「打財喜了」；後者令人聯想到人和騾馬的肉被野獸吃，用「下數／箸」來頂替等。雖然馬幫的具體工作大家都不熟悉，但如上文所言，馬幫有其工作倫理及廣義的職場倫理，這跟今天勞心勞力的工作一族沒有兩樣。

臺灣世俗職場倫理

　　臺灣社會的職場生態究竟是怎樣的？流行的職場倫理有什麼內容？職場內同事之人際關係、跟上司相處、與客戶互動、職場禮節、轉職、工作態度，都反映了被遵守的職場倫理。然而，這些習

以為常的規則或指令，人們不一定明白其所以然，更少人去追問其正當性。問題是，這些倫理是否適合、是否是對的，才是正道倫理最關注的。依本書的職場倫理定義，正道職場倫理是要有合理的道理作支持，要有正當性的道德為根據，而世俗倫理不一定具備合理性或道德的正當性，並經得起批判和檢視。經不起批判和檢視的倫理，人們要慎重地考慮是否要遵守？是否要進行改革？是否要將之揚棄？對比之下，有理據及經得起批判、詰問的倫理才具有正當性，可作為行為對錯的準則，並應加以維護及執行。以下先描述現實世界的職場倫理及職場智慧（許書揚，2013），在其中選擇一些元素作為倫理反思。

工作有工作倫理，職場離不開職場倫理。依上章所言，在華人世俗職場倫理裡，努力工作，將勤能補拙；主動學習，自我成長；注重細節，一絲不苟；提升專業，精益求精；盡忠職守，全力以赴；不抱怨，不畏難，不為他人製造麻煩。遵守組織規範，遵守上下尊卑倫理，都是華人應有的工作倫理。除工作倫理外，就員工跟公司的關係方面，瞭解公司的歷史，經營理念，公司核心價值基本信念及文化等是倫理的要項。此外，下屬與上司的關係、員工與同事的關係，跟客戶及消費者的關係都是世俗職場倫理所關注的。總之，職場倫理界定了不同的利害關係人的合適行為規範。以下分別就職場內部的兩類主要利害關係人的倫理作闡述。

上司倫理

員工跟上司合作及互動的倫理是上司倫理。上司的品德操守、能力與專業、管理風格、如何對待上級、如何管理下屬、如何跟同級相處、如何跟客戶互動、對公司的認同程度等，都是主要項目。跟上司相處要遵守什麼倫理規範？一般認為，上司倫理的首項是，細心認真執行上司指派的任務。這項任務內容包羅萬象，其中包括清楚瞭解任務的目標及每項細節（包括內容、完成日期、執行

細則、合作人員、所需經費、授權範圍、報告細則等）；令上司安心、不會為他增添麻煩、成功完全任務、做到使命必達、成為上司可以信賴的人。若是例行工作外的專案計畫，在計畫開始、執行期間及結案過程中，都有應做的步驟及態度，包括要與上司及參與計畫的同事作充分的溝通，要清楚瞭解計畫的細節。所謂魔鬼藏在細節裡，計畫出現麻煩，很多時候是忽略了細節所致。更嚴重的是，輕忽了一個看似微不足道的細節，很可能會造成極大的障礙，甚至癱瘓整個計畫。因此，對計畫有任何疑問，應先問清楚，不應存而不問（習慣聽話、唯命是從），或不敢問（心怕上司認為自己不夠聰明、能力不足），導致日後在執行時出現問題造成延誤。此外，若發現計畫上有不妥、不周延、不切實際或有值得疑慮之點時，務必誠實表達，與上司溝通，不應怕有損上司面子，得罪了他，對自己不利而不吭聲，否則最後導致麻煩不斷，受害者是自己。計畫執行中，除了定期向上司報告進展外，若有任何未預見到的問題，亦應向上司報告，尋求解決方法。任務結案後，在報告中應加入檢討部分，表達計畫是否有改善之處等。這些記錄下來的經驗，可成為公司寶貴的資源，供其他人分享。

　　不少的職場生存法則都叮嚀員工要掌握老板的個性，包括仔細觀察上司是否喜歡人奉承、是否重視過程、是否只顧業績，輕忽是非？世俗倫理的指示是，全力配合，避免誤踏地雷（許書揚，2013：86-88）。值得思考的是，這個做法是否會扭曲個性？貶抑自我？如上司好大喜功、凌虐下屬、狂妄自大、徇私自肥，迎合上司是否等於為虎作倀？又如上司好拉幫結派、收買人心、以權謀私，全面配合是否就是助紂為虐？這裡必須區別是非對錯，對的事情才配合，錯的行為就拒絕，才符合正道倫理。不問是非、善惡不分、唯命是從、甘願當奴才，是違反倫理的。重要的是，上司沒有權利要求下屬執行不合理或違法之事，而下屬並無義務聽命上司做不當或犯法之事。

在缺乏對權力合適制衡的職場下，上司和下屬之間權力懸殊經常導致人際關係的扭曲，令弱勢一方面對權重一方或誠恐誠惶、或討好奉承、或唯命是從、失去尊嚴、形同家奴，而令上位者恃權自重、自以為是、獨斷專橫、恣意妄為、濫權瀆職。世俗倫理多忽略權力的制衡，對制度性因素缺乏關注。上下級間的良好相處、互相尊重，必須用制度來保障權力不被濫用，克服人際關係的扭曲，維護弱勢者應有的職場尊嚴。此外，瞭解上司喜好並不表示要認同或事事討好，蓄意奉承更有失人格及有損專業尊嚴，且會被有是非的同事鄙視。另外，所謂「莫辜負上司好意，做足本分」這一指示有好亦有壞，因好意有真假之別，真誠的好意就接受，動機不良的則婉拒之，不必委曲求存，強己所難。其三，莫忘恩負義這一條雖很流行，但不必因小恩小惠而被收編，做人家奴，為虎作倀。再者，細心觀察上司的為人及能力，尤其是在重大的抉擇上更容易認清其本來面目：是君子還是小人？是言行一致還是只說不做？是有能者還是無能者？是居功諉過，瞞上欺下？還是一肩扛責，誠實可靠？下屬應擦亮眼睛、辨別善惡、親近君子、遠離小人。不幸的是，在現實的職場上，能有識人之明的人（不管是上司或下屬）實屬少數，怪不得職場的腐敗都跟爛蘋果的壞效應分不開。小人有什麼行為特徵？網路上有職場小人指南的貼文（鍵盤筆者，2014），部分反映臺灣職場內品德有瑕疵的員工（包括上司）的行為特點，可作為參考（本章附錄表3.1）。

同事倫理

與同事共事的倫理包括瞭解他們的能力與品德、做事態度、如何跟上司互動、如何跟同事互動、如何跟新人互動、如何對待客戶等。同事分前輩、同輩及後輩三類，此人如何跟不同類型（由權力或資歷兩者來區別）的人互動，可反映其對人及處事態度與人格特質。除了對職場內部的人之態度外，員工如何對待公司外部的人與

事，亦會反映該人的職場倫理及工作態度，例如：此人與客戶互動時，是否事事關心公司的利益及名聲，處處以公司爲念？還是漠不關心公司，視公司爲無物，蓄意散播謠言，惡意中傷公司名譽？或利用職位以權謀私，或圖利他人，損害公司利益？員工是否以誠信對待客戶？是否以專業與供應商互動？是否兼顧公司利益及社會福祉？是否廉潔守法，不貪汙舞弊？亦是同事倫理的要素。

世俗倫理對同事間相處之道，有以下幾原則：一，**以禮相待**。這是一條幾乎人人都同意的守則，然而對禮的內涵及目的則很少人會深究！「禮多人不怪，經營好人緣」若是這個問題的答案，合理性就應加以反思，不應照單全收。返回基本面，禮之義，貴乎宜，在乎敬，過猶不及，都屬失禮。同事間之親和聯繫，和衷共處才能人和，人和才好共事，禮失自然難求人和。禮之本在乎宜及敬，不在乎多，因此，若行禮的目的只爲求經營好人脈，則未免太算計利害，將禮工具化，有失禮之敬宜本義。以禮待人，要一視同仁，不應差別對待，勢利施行；若對上隆禮，同輩薄禮，對下無禮，只是矯僞之禮，反映施禮人之矯飾虛僞。矯僞之禮破壞人和，惹人鄙視。二，**勿居功諉過**。意思是與同事合作做事，不應功勞獨占，成功全由於我；不應諉過他人，錯誤盡是別人的。居功諉過，不單有違常識，且有失公平。職場工作經常是集體勞動的結果，絕非一人之功勞；功勞共同分享，過失共同承擔，公平之基本。違反這一條必會招致同儕之反彈、孤立、排擠及杯葛，甚至報復，是人和的死敵。這則具倫理正當性。三，**謹言愼行，明哲保身，遠離危機**（許書揚，2013：150）。謹言愼行，是對己待人之基本態度，在職場當然用得上。言不謹，講錯話，傷了人，壞了事；行不愼，做錯事，壞了局，都要承擔後果：被譴責、被不信任、被拒絕合作，落得不成熟、輕率、無修養等罵名。言不謹，包括了無證據的批評、以訛傳訛的言辭、道聽途說的傳話、背後中傷的流言、惡意誹謗的謠言、未經深思的淺見、缺乏事實的評論、理由脆弱的論點

等，都是口禍，最後要付出代價。不審慎的行為容易產生禍害，更不用多說。

值得討論的是，謹言慎行全是為了明哲保身嗎？明哲保身原指奸人當道、邪道橫行之亂世中人們保命的生存法則，這句話不應成為上班族不經思量就接受的職場生存法規。現代社會非亂世，職場多不是奸人當道或邪道橫行，雖然組織腐敗、領導失能、同流合汗等惡行在治理不佳的國度中司空見慣，但在多數治理良好的社會裡，奸人當道之情況就算有，亦不會普遍，因此這條亂世生存法則是不管的。重要的是，明哲保身不應成為謹言慎行的目的。再者，明哲保身的涵義及適用性應作重新的反思。今天的職場，明哲保身其實包含了不要招惹麻煩、不要好管閒事、不要參與是非、努力避開爭端，甚至是包含了裝聾扮啞、當旁觀者、置身事外，「看不見惡，聽不到惡，記不起惡，遇不到惡」，閃避責任，充滿了「各家自掃門前雪，別管他人瓦上霜」這些不可取的陳舊道德。明哲保身很多時候是不負責任、職務廢弛、道德腐敗的同義詞。世故的人可能會告誡職場菜鳥，明哲保身才能遠離危險。問題是危險指什麼？小是小非？重大的爭議甚至是弊案（貪瀆、掏空、詐欺、作假、作弊、洗錢等）？似乎涉及什麼性質的危險，很多時候明哲保身不但不合適，還可能成了禍害的幫凶。人際關係恩怨糾纏所引起的小是小非，明智的人應不涉入，讓當事人自行解決。對照之下，若涉及組織的大是大非，包括同仁集體貪腐、上司濫權瀆職、惡人職場霸凌等，負責任的員工不會只顧自保而閃避「危險」，對惡行視若無睹或袖手旁觀，而會因應具體情況找到適當方式回應，防阻惡行腐敗。對照下，明哲保身等於推卸責任，職務廢弛，是自私、懦弱、貪心、閃躲的齷齪生存法，有違正道的職場倫理。

依本書的觀點，世俗的明哲保身是職場腐敗之重要來源，應做的不做、不應做的做了。明哲保身是逃避責任、見義不作為、見不義亦不作為、見善不揚、見惡不抑、是非不問、善惡不分。故明哲

保身，是鄉愿人及腐敗人之遮羞布，與正道倫理背道而馳。因此，同事倫理應加上正道的倫理元素：區別是非、明辨善惡、好善厭惡、抑惡揚善、親近好人、遠離壞人、潔身自愛、不同流合汙、見義勇為、拒絕鄉愿、誠信正直。

開會倫理

開會是職場常態。但很少人對開會的科學與倫理面關心，遑論系統的探討了。其實會議涉及巨大的行政成本，對之掉以輕心對生產不利。應問的基本問題，包括開會的目的是什麼？什麼是有意義的會？什麼是無用的會？怎樣主持會議才能發揮會議應有的功能？什麼時候開？多久一次？如何挑選議程？誰來開會？世俗職場倫理很少關注開會倫理，應予以糾正。

一篇經典論文（Rogelberg, Scott, & Kello, 2007）對美國職場的開會現象作了科學探討，依數據將開會作了完整的經驗分析，揭開了開會的一些重要事實。上班族究竟有多少工時用在開會上？美國員工平均每週花上6小時在例行的會議上，而管理層則比一般員工花上更多的時間，資深經理每週會用差不多23小時，大公司的員工所花的開會時間比小公司員工更多。依目前的趨勢，員工會花更多的時間在開會上。從歷史上來看，美國經理人參與會議的數目從上世紀60年代到90年代之間大約增加了2倍。依另一項調查，1,900名商業主管中有72%表示他們用在會議的時間比五年前多，而接近一半預測未來要花更多的時間。美國如此，其他的工商業社會可能有過之而無不及。東方社會如臺灣、韓國、日本等的情況，可能比美國更厲害。上班族如何看待開會？喜愛它或憎恨它？開會跟他們的工作滿意有何關係？調查發現，無意義的會議會降低員工當天的滿足感，及整體的工作滿足感。員工對會議是否開得有成效，是對工作滿足感的一個很好的預測項目。花在開會的時間愈長，員工的負面情緒會愈高漲。員工經常被無效率的會議折騰而倍感壓力，對

工作不滿及最後離職。無論如何，開會既然是職場常態，必須深入瞭解其性質，令其更有效率，減少負面影響力，才符合倫理。

　　會議有多重目的，包括員工聚集一起溝通、集思廣益、解決問題、思想激盪、凝聚共識、鞏固連結、建立聯繫、強化友誼、開拓人脈等。開會時除了商議問題外，還可以加強正式及非正式的溝通、加深同事之間的認識，及瞭解組織的價值及權力分布情況。開會隱藏著不低的成本，若公司的執行長、數名副總裁及資訊長、科技長等巨頭都出席會議，單將他們的薪資計算在內，2小時的會議成本可以很驚人。無效會議的直接及間接成本是可以粗略試算出來的（Allen, et al., 2008: 51）：一，通勤時間—與會者的時薪加上每位出席者所花的通勤時間的估計成本；二，交通成本—高層從外地來開會的交通成本；三，機會成本—計算由於開會而用去其他工作的時間成本；四，員工壓力—長期累積令員工幸福下降（每天），而產生對工作不滿足；五，參與時間—出席者的時薪乘以開會時間；六，更多的會議—研究顯示25%到50%的會議都很差。無效的會議用更多的會議（25%到50%）來補救。因此，會議要開得有成效及有效率就非常重要了。

如何有效地開會

　　開一個有效率的會議是有章法的（見本章附錄表3.2），令會議更有效的做法如下：改善員工開會的技巧、提高經理主持會議的技巧、對特殊會議找尋最好及有創意的開法。不少人自以為很懂開會，但事實並非如此。真相是，很多人對何時開會？議程內應納入什麼項目？如何鼓勵員工參與等都一知半解，會議不可能有效率。雖然公司開很多會議，但卻很少會細心監察員工開會的技巧，或沒有追查有開會的人對開會的看法，所以不知開會是否有效、是否沒有浪費資源。要改善這種不足，公司可以定期向有開會的員工對會議的評價作調查，找出問題，制定改善方案。更具體的做法，可以

在員工績效測量表上加入行為項目（包括沉默、無事先準備、胡言亂語、意氣之爭、扯後腿、不合作、言辭冒犯、打斷同事發言、做應聲蟲；或積極參與、建設性意見、協助問題解決、提新意見、協調紛爭等），讓員工有更明確的行為指標，對開會時應有何種的行為表現更為瞭解，然後對自己的開會行為負責。此外，亦可以用對員工的開會技巧做360度的回饋，納入下屬及同儕的評量。還有，公司可以為開會制訂指引，包括會議是否有需要開、是否有替代的做法等。例如：一個問題若得不到解決，會令幾個互相依賴的項目無法進行時就需要開會解決；又例如：有重要議題需要部門全部人員參與的亦要開會。此外，會議亦應容許員工在不相干的議題上不用出席會議，以免浪費時間。如何使用會議？會議是否被濫用？是否開得過多？開會的項目是否可以電郵解決？會議的效率及有效性？開會結束後有具體的行動嗎？或實質的結果嗎？都是監督的要項（見本章附錄表3.2）。

開會的政治

　　華人職場開會有一些潛規則，違反了會引起上司不滿，留下不良印象，或開罪同事，造成人際不和。例如：世俗倫理建議提意見應姿態低調溫和，不宜高調強烈；若涉及特定人物，更應委婉含蓄；若有相反意見尤須顧及當事人面子，才可以維持人際和諧。不然會容易開罪他人，言者無心，聽者有意，製造了敵人而不知。在一般情況下這規則似乎適用，但在攸關議題上發生大爭論時，應立論明確，據理力爭，就事論事，否則容易淪為和稀泥，是非不分，不顧事實，蒙混過關。爭論是否低調溫和是次要的，辯出真理來或最佳方案才是最重要。華人社會鄉愿成習，經常以和為貴為藉口、掩護便宜行事、以情害理、不問是非等陋習。

　　開會前做好準備，包括主持者對議題的挑選及排序，相關文件及資料的準備，參與者會議前細心閱讀文件，瞭解問題所在。開

會時才能發揮集思廣益，做有建設性的意見，有效解決問題，揭露錯誤及糾正偏差，開會才算有效，不浪費資源，這些都是主持人及出席者應有的責任。若準備不足，參與者沒有閱讀文件或沒有花時間思考過問題，開會時不是沉默，便是天馬行空，或言不及義，或胡亂提問，或發言失焦（這都是不做功課的徵兆）。尤有甚者，狡詐之徒為了掩飾懶惰沒看文件，故意講一大堆無關宏旨，空洞無物的廢話，不但浪費開會時間，簡直是將他人當白痴來愚弄，侮辱他人尊嚴，屬組織的惡行。又或主持會議者對資料掌握不好，或沒有好好聆聽與會者的意見，或無法整合分歧意見，或預先有結論，開會是個幌子，找別人為自己的結論背書而已。這些都是違反開會的目的之破壞性行為，以私害公，耗損組織資源。有人開會時很懂觀貌辨色，見風轉舵。貌是指上司或有影響力者所贊成的或反對的，都隨聲附和，做應聲蟲，這類員工獨立人格弱，無個人意見，易做騎牆派，只會靠攏權貴，是職場之惡。另一方面，奸詐的人在預見自己負責的項目將慘敗時，亦會用開會來找人陪葬，將風險分散，強迫他人分擔本應屬自己的責任及風險，為將會失敗的項目找替死鬼。居心叵測的有權者藉開會擴張勢力，鞏固地盤，展示實力，其實是為了個人私利故作姿態，公器私用；或強迫員工表態，收編人馬，或藉開會打擊對手，排除異己，或想當眾立威，建立政治資本。因此開會有時是公司權力社群的交鋒場合，是組織內派系爭權對抗廝殺的戰場。這些是職場政治，跟正道職場倫理水火不容。

離職倫理

人往高處，升遷加薪是上班族的心願。雖然如此，對一些員工而言，能在一家好公司或組織工作比起升遷加薪更為重要。不少員工辭職，主要原因並非是沒有升遷機會，或不滿薪資過低，而是因為人際關係不佳、同事不和、上司處事不公、管理水平惡劣、沒有學習機會及長期缺乏工作滿足感。離職自然有個人原因，但應否離

職涉及倫理考量：我應該辭職嗎？我應該如何辭職？應何時離開？除了契約的規定外，我應對誰作交待？我辭職是對還是不對？自由社會的勞動市場，勞動者有自由選擇職業的權利，有自由選擇離職的權利。然而，肯定勞動契約下的權益之外，還可從職場倫理的角度來思考離職的倫理正當性。例如：一名員工多年來受惠於公司慷慨的支助，到海外進修，學到新的技術，建立好的人脈及吸收寶貴經驗，沒有公司的關照，員工根本無法擁有專業技術，擢升到今天的職位，擔任重要的職責。該名員工辭職是要轉換人生跑道，棄商從農，繼承家業，履行家族長子責任。但員工不是過橋抽板、忘恩負義的人，並沒有忘記公司過去對他的恩情，但他要實現理想的熱情異常強勁，因此去留之決定令他很煎熬。離職或不離職？關鍵的考量是回報的倫理，員工是否已履行對公司的責任，報恩是否足夠到雙方彼此沒有拖欠，若答案是肯定的，員工的去留在倫理上是可以接受的。從雇主立場而言，失去好員工自然是損失，但公司仍要尊重員工的個人選擇自由，不應拒絕放人。在員工方面，追尋人生理想，或找到一份更適合自己的工作確實是難得的機會，只要不違法及滿足了報恩原則，離去不應有任何愧疚感。另一方面，若員工與公司在予取之間失去平衡，回報不對稱，在報恩方面單方有所虧欠，在倫理上會構成問題，特別是員工是取多於予的一方，在回報上虧欠下離職他去，在倫理上是有瑕疵的。社會要靠回報才能得以維繫，組織的順暢運轉亦建基在健康的回報，取予平衡而持續；若取多於予，或予多於取的回報都很難持續。公司與員工的關係是否能持久，回報是否平衡是好的指標。

有些公司會對即將離職的員工做一次面談，話題包括員工離職原因或有待改善的建議，目的是瞭解真相，主持面談者大多為人事部門主管或職員。但這類面談的實質功能經常受到質疑，理由是離職的員工很少會講真正離開的理由，多數會隨便找個理由虛應過去。另一方面，面談是否能聽到員工對公司的建言，披露公司存在

的問題，好讓公司有所警覺，作出改善？這種期望通常是會落空的。原因是，絕大多數不滿公司的人不會說出不滿的理由，因爲他們不相信說出理由對自己有何好處，就算說出來也不會有任何實質的改變，員工選擇用腳投票，基本上已表明了對建言的失望。不少研究發現，若員工對公司信任，大多會建言，一旦選擇出走，可能已反映對建言無信心，期望面談聽到建言無疑是緣木求魚（見下一章職場沉默）。

轉職倫理

員工轉職其他公司是否遵守倫理，也是一個值得探討的問題。轉職發生在幾種情況下，員工轉職到跟原公司無關的企業；員工轉職跟原公司有業務往來的公司：上游廠商或下游廠商；員工轉職到原公司的競爭對手。若轉職時滿足了回報倫理，轉職倫理是可以接受的。三種情況下，第一種情況最少問題。值得討論的是第二種及第三種情況。

就轉職到上游或下游廠商的情況而言，若員工早有離職意圖，在跟客戶作業務往來時，可能會故意釋出明顯的善意，給予他們額外優惠及方便，包括不當的利益輸送、洩露不應洩露的公司訊息、慷公司之慨以圖利自己，並博取好感，爲自己日後離職鋪路。這種行爲明顯違背職責，犧牲公司利益以圖私利，是正道職場倫理所不容的。員工轉職到公司的競爭對手（敵營）時，若將公司核心競爭力的資源（包括技術、知識、人才、通路、客戶、設計、新產品、新計畫等）向對方洩露，不但違法（附錄案例三：台積電提告離職員工違反競業禁止），且不符職場倫理。這兩種情況下，無論轉職員工或僱用者都應特別留意涉及的倫理問題，避免做有違道德之事。事實上，行政院勞工委員會制訂的簽訂競業禁止參考手冊列有相關的規範，可供參考（本章附錄表3.3）。

保密倫理

很多公司都有保密條款，明文規定在就業期間或離職後一段時間之內不得向任何人透露公司的祕密，違者要負起法律責任。員工找新工作，不管是否仍在職還是已離職，都受這類保密條款的約束，因此是不應違反規則的。在求職面試時，什麼是應該講的？什麼是不應講的？要講多詳細？都有倫理的考量。首先要澄清的是，什麼是公司祕密？按營業秘密法第2條，營業秘密指方法、技術、製程、配方、程式、設計或其他可用於生產、銷售或經營的資訊，而符合以下條件者：一，非一般涉及該類資訊之人所知者。二，因其秘密性而具有實際或潛在之經濟價值者。三，所有人已採取合理之保密措施者。若在以下的情況下：「一、以竊取、侵占、詐術、脅迫、擅自重製或其他不正方法而取得營業秘密，或取得後進而使用、洩漏者。二、知悉或持有營業秘密，未經授權或逾越授權範圍而重製、使用或洩漏該營業秘密者。三、持有營業秘密，經營業秘密所有人告知應刪除、銷毀後，不爲刪除、銷毀或隱匿該營業秘密者。四、明知他人知悉或持有之營業秘密有前三款所定情形，而取得、使用或洩漏者」，意圖爲自己或第三者取得不法利益，或損害營業秘密所有人的利益，處五年以下有期徒刑或罰款100萬到1000萬元（第13-1條）。除了上引之法令及受僱公司之僱用契約中明文規定的資訊外，什麼是祕密是沒有明確界定的。值得思考的是，假若公司犯了法，或作出嚴重違反公眾利益的行爲，這些違法或有害公眾利益的事是否亦屬不應披露的公司祕密，就值得討論。這裡涉及揭弊的問題（見下章），要問的是：員工揭發這類違法行爲是否就不倫理？不揭發是否就合道德？但揭發不同於向未來雇主透露這些不法行爲或損害公眾利益事件，適當的對象是政府有關部門，而不是私人機構或公司的競爭者。

傳統職場智慧之檢討

勿因小善而不為，莫以小惡而放過

「事不關己，己莫勞心」，美其名是明哲保身。問題是，哪些是「不關己」之事，哪些是「關己」之事，很多人就懶得去深思，這種怠惰心態經常導致「小善不為，小惡不理」之惡果。關鍵在於上班族多對職場倫理的認知模糊，什麼是應為或不應為缺乏精確瞭解，容易做了不應作或應作而不做的事。「小善不為，小惡放過」，就是一例。小善指一些有助勞務契約明文規定的動作，包括那些協助職場運作順暢、有助生產力、提高效率、改善同工合作、加強人際關係和諧的小動作。這些微不足道的動作，累積起來，會增加職場的正能量，提升職場倫理。從最起碼的以禮相待，早上見面相互說聲早安、人家代辦了事表示謝意、同事有困難時主動幫忙、寬容同事的一時無心之失、尊重同仁專業與個人隱私、不搬弄是非、不說人壞話，都是基本的倫理行為，有助人際和諧、提升互助合作。其餘包括保持職場環境乾淨安靜、尊重同仁的工作空間、不隨意打擾；把自己分內工作做好，不造成他人的負擔或造成工作延誤，因為職場內許多是團隊工作、環環相扣，一個環節出現問題，就會影響整體，製造緊張及壓力、任務延宕。職場內之大善是指超義務行為（見下文）：超出契約義務令組織價值及幸福提升的主動利他行為。能行大善的員工始終是少數，若組織能有這類員工當然是組織之福。小惡是指一些輕微但有損組織價值及生產力的小動作，包括對人無禮、待人冷漠、自私自利、不願助人、勢利算計、搬弄是非、出口傷人、排斥歧視、拉幫結派、弄虛作假、工作怠惰、爭權奪利、是非不分、行事不公、做事偏頗、瞞上欺下。若縱容小惡，不加糾正制止或懲治，習惡為常，其累積效應會養成大惡，導致嚴重的貪腐、詐欺訛騙，重創組織、為害社會。職場內若

有一二惡德惡行的小人，零星之惡不時出現，同事不堪其擾。若職場充斥惡德小人，惡行滲透組織，系統之惡已成，職場宛如煉獄，倫理氛圍崩壞、小人橫行、好人遭殃、汰善留惡，組織岌岌可危。因此，職場倫理不應對小惡掉以輕心，姑息寬待，應及早對小惡說不，杜絕其蔓延成大惡的機會。

公私分明

公私分明這條接近口頭禪的職場智慧，大家都不會懷疑其適用性，但實踐起來不那麼容易。公私分明有兩層意義。第一層是指上班時不做私人事，下班時不把工作帶回家。昔日移動通訊科技尚未如此發達及普遍，朝九晚五是上班族對公及私領域的一個明確的時間界線。簡言之，上班時間辦公，下班後回家跟家人相聚，職場只做公司事，家中只管家務事。然而，這種狀況在很多不同的工作已不復存在，公私界線開始模糊，甚至不存在。現時很多的工作是移動性的，沒有固定的職場，亦沒有固定的上下班時間，尤其是以「責任制」為名的工作，是沒有正式工時的。有些極端的情況，老闆明示要員工24小時將手機打開，隨時候命；有些上司不分日夜隨時向下屬發簡訊，規定接到簡訊後1小時內回覆，這等於是每天24小時每週7天工作狀況，員工身心備受壓力不言而喻。總之，尤其是以無固定工時的工作而言，公私分明這傳統智慧已失去大部分的意義。結果是，很多人在家中仍忙於公務，因而無暇照顧好家人或個人私事，導致他們在工作時仍要憂心家中事（照顧小孩或年長親人），工作與生活之間的失衡是公私模糊或消失的負面後果，成為不少上班族的職場新常態。公私分明的第二層意義是指用人上的公私分明。有些公司的僱用規則上有排親條款，明文規定在同一單位或部門內避免僱用跟現職員工有姻親關係或血緣關係的求職者，防止因親情而產生偏私不公。有些公司反其道而行之，沒有排親條款，歡迎現職員工的血親或姻親加入公司，標榜用人唯賢、內舉不

避親、外舉不避仇。其實員工是否能公私分明，除了有效的制度防止偏私不公以外，個人品德操守很重要，單靠規範不足以禁止明公實私，以私害公的行為。因為除了一些重大的事務可以用規範來處理外，在職場內的很多事務，都不會用規範加以制約（主要是監督成本的考量）。若當事人欠缺品德，道德自制力弱，假公濟私的行為會花樣百出，費盡心思鑽規範的漏洞，防不勝防、禁不勝禁。

好聚好散

　　在一般符合勞基法、勞動契約或世俗倫理的離職，雇主及員工兩造都滿足了各自的義務，兩不拖欠，分手應是文明和舒坦的。在心存善意、無怨無悔的文明分手下，日後還有合作之機會。有些雇主不會因員工的離職而心存怨恨，視員工為叛徒或忘恩負義之輩，而給予真切的關心及扶持，甚至會主動協助員工找尋新雇主，或資助他另行創業，及將之視為生意上的合作夥伴，繼續跟員工保持聯絡。遇到這樣的雇主，離職轉到別家公司或自行創業的員工多會作出善意回應，與公司維持良好關係，並在適當時候作出回報，不時給予公司援助及合作，形成公司外部強大可信賴的支持者。當然這樣照顧離職員工的公司不會很多，而這樣感恩回報的員工始終是少數，但有這樣良善之雇主、雇員關係在現實世界上是存在的，並不是神話，這也是好聚好散的典範。事實上，職場上大部分的離散並不美麗，不少既是醜陋亦不文明，有些則相當野蠻，雙方劍拔弩張、互相潑糞、互揭瘡疤、關係破裂、形同仇敵、兩造相殘，甚至對薄公堂，訴訟不斷。這類不文明的離散破壞性極強，玉石俱焚，兩造變成輸家，共同付出沉重之代價。事實上，很多的職場破壞性行為都跟員工感到被不公平對待有密切的關係（見Chapter 4）。這些惡果離不開職場倫理的嚴重違反（組織不公不義、契約違反、欺騙、誠信破產），勞動權利的踐踏。

中國職場法則

中國跟臺灣雖然同文同種，由於社會制度的差異及歷史發展軌跡不同，衍生不完全一樣的職場規則，而有關的世俗智慧亦不盡相同。本節整合了一組中國流行的職場規則（生存法則）、職場智慧、職場箴言，可與臺灣及英美的職場規則作比較。要注意的是，這些所謂法則、智慧或箴言，其實是部分人的職場經驗的概括，不一定有普遍性，算不上是嚴格意義的法則。雖然如此，由於有不少的經驗內涵，仍有參考的價值。

中國職場法則

職場只有主角跟配角——當主角必須往上爬，配角易被犧牲或拋棄。
必須心懷大志，才能當主角——大志成為奮鬥目標。
自己要有理想——老板的理想是他的，不能作為自己的理想，必須有自己的。
不夠聰明不打緊，擔憂自己不夠謹慎。
謹言——說該說的，不說不該說的；每句話都旁邊有耳，快速傳到老板處。
得罪人是職場大忌。
切忌跟老板交心，應酬話則無妨。
裝傻扮蠢，避開是非。
最笨是裝聰明，一輩子做配角。
跟上司關係好，就有好靠山。
自己有實力，才是真靠山。
你是上司的人，上司不是你的人——不要跟上司過分交心。
上司口說對你放心，心裡可能不放心——要聽懂上司弦外之音。
站在老板處想問題，站在自己立場辦事——對自己有利的才做，無利的則搪塞。
小事不必做好，大事做好才能幹到老——小事做好老板不會欣賞，反而將小事全給你做，但把大事做好，老板就會另眼相看，升職加薪才有望。

無缺點遭人嫉妒，有缺點令人心安——裝有小缺點，讓老板認爲可以操控。

職位比你稍高的人最危險，因爲怕你會隨時跟他平起平坐，同級的是天然敵人，因爲老板通常會挑撥同級人爭鬥，以便於控制。

十句話有九句眞，一句假話才有人信——幾乎不說謊的人才能騙到人，但依九眞一假原則，騙人只能用於關鍵時刻，平日還是誠實好。

將說謊視爲爲了活命，就不會內疚。

有利於理想是善，不利於理想是惡。

尋找合適的工作夥伴。

同事之間無友情——職場無眞友情，利益衝突不可免。

嘲笑老板是笨的，員工是愚蠢的。

不要說謊，被揭破不會被原諒。

不能說眞話時，什麼都不說。

嫉妒他人，終於自己受害。

職場小人無好下場。

工作最終目的是改善生活，實現理想。

（職場勵志，2014A，2014B，職場法則二十條，辦公室裡的十大生存法則，文字經由作者稍作修改）

不難發現，上述的職場規則或智慧雖不能窮盡所有中國的職場守則，但大致上反映了華人社會文化現實尤其是陰暗的一面。大陸商人經常被指具備狼性，大部分的箴言間接折射出中國職場的狼性氛圍，生存必須步步爲營，稍有差池便會被吞噬。人不爲己，天誅地滅。人人自保，人人自危。另一方面，這些法則亦粗略地跟臺灣職場智慧有不少共通的地方。

日本職場倫理

日本的職場倫理具有厚重之東方特色，跟華人職場倫理在內容上重疊頗多，可以相互比較。要瞭解日本的職場文化，「島耕作系

列」暢銷漫畫是一個不可多得的資源。自1983年創刊開始，「島耕作」一直持續熱銷三十多年，廣受社會尤其是上班族歡迎。「課長島耕作」是這系列的第一部連載，其後的連載分別記錄了主角島耕作的全部職涯，從30多歲課長升職部長、取締役、常務、專務、社長，及至60多歲當上會長的經歷，鉅細靡遺地描繪了日本企業內的勾心鬥角，派系間權力傾軋，社會經濟的巨變，同時是一本珍貴的日本職場倫理濃墨重彩的浮世繪。除了島耕作的法則外，第一章提及的電視劇半澤直樹所透視的職場生存法則，包含了豐富的職場倫理元素，值得互相比較。

島耕作職場生存法則

作者弘兼憲史創造島耕作這個人物，部分根據自己在著名的電子企業工作的經歷，配合豐富的想像虛構出來的，但因其能真實反映社會現象，與時代一起呼吸，所以很能打動人心，引起讀者共鳴。島耕作的職涯其實可以概括出來一些生存法則（阿祥，2015），以展示日本職場倫理，本節挑選其中一些作評介。

法則1：靠攏派系有風險，獨善其身遭冷藏

日本企業內派系林立，位高資深的權臣為了私利，拉幫結派，利用手上職權，輸送利益，收買人心，建立小王國，以權謀私。位卑職微的小職員別無他法，不是被迫收編就是自動投誠；不願靠攏的孤鳥不是被排擠，就是一輩子靠邊站，職位無法提升，職涯如入死巷。人總要作一抉擇，靠攏還是不靠攏，小職員相當困擾。島耕作選擇做孤鳥，才能一直被埋沒。雖然升職無望，孤鳥可避開派系的明爭暗鬥，免受無辜殃及之禍。派系大老一旦失勢，派系的小角色會遭殃，不是被秋後算帳，就是被貶職冷藏。

法則2：流放當修煉，苦差好學習

島耕作由於不靠攏派系，經常被分派到國外的分公司出差，其實是一種流放。依日本職場法則，愈接近權力中心的愈被倚重；反之，愈遠離總部的人分量愈不重要。但島耕作不妄自菲薄、不自暴自棄，反而利用這機會擴大視野，廣結人緣，累積經驗，同時學好外語，尤其是英語，日後成為公司之國際業務不可或缺的人才，亦為他日後擢升高職打好了基礎。

法則3：情報是決勝工具

瞭解職場內外的人與事，必須掌握精準的情報，職場內部各派系的動向、目的及計畫，敵人在想什麼？有什麼行動？友人有什麼計畫？職場外的利害關係人，包括同業、供應商、客戶、消費大眾、政府、公民社會等的情況同屬重要，因為企業不能閉門造車，對社會無知，應與時俱進，認識社會的需要及價值，才能作出合適及快速的回應。公司面對什麼危機？有什麼機會？都要靠精準的情報。

法則4：工作與生活失衡是常態

島耕作家庭、工作無法取得平衡，反映了日本人職場的黑暗面。不單是日本，從成熟的經濟體到新興市場的職場之共通點是員工的工作與生活失衡，要兼顧兩者難度很高，亦是很多公司急切要處理的問題。輕忽處理只會令員工的工作熱情及創意提早枯竭，生產力衰退，甚至經常生病，最後離職他去，造成公司的損失。

法則5：寬恕敵人獲得更多

堅持做對事的人，不管是如何小心翼翼，不隨便開罪他人，難免都會製造不喜歡自己的人，甚至敵人。如何跟不喜歡自己的人

相處，或如何對待處處刁難或陷害自己的敵人，確實是一大學問。島耕作選擇寬容，饒恕敵人的惡行，給敵人改過的機會，化敵為友。但這是否太過小說化了，這高尚的理想恐怕很難實現在真實的職場。除了超高尚德行外，是否有一些更可行但仍能遵守倫理的做法，讓德行一般的人亦能付諸實行？

法則6：與人為善，貴人相助

島耕作平時有為有守，與人為善，不算計他人，不占人便宜，為人公正，成就了周邊不少的朋友。在他有需要或危難的時候成為他的貴人，助他排憂解困，安渡難關，這種以善回報善的珍貴人情資源，不只是職場成功的要素，同時符合了倫理的回報原則。

第一章提及的半澤直樹電視連續劇，是瞭解日本職場倫理的另一個很好的範本。本劇揭露了日本上班族敢怒不敢言的諸多職場不公不義，借主角半澤直樹這號人物，運用智謀與膽識，做他們想做卻不敢做的事。半澤直樹不但不屈服於權貴，對不公不義不逆來順受，不認命屈從，反而活用謀略作出反擊，降服敵人，爭回公道，為上班族出一口悶氣。日本職場尊卑分明，等級深嚴，半澤直樹向權貴頻頻出手，每戰必捷，人快人心，成為上班族的英雄。劇中名言「以牙還牙，加倍奉還」已成為職場弱者對抗強者的倫理守則。

英美職場規則

英美文化有什麼流行的職場規則？一部工作規則的暢銷書（Templar, 2003），將職場所觀察到的現象歸納出10組職場大守則，由100條次規則所組成。大守則包括了實事求是、受人品評、制訂規劃、言談規範、顧好自己、入鄉隨俗、捷足先登、圓融處事、洞悉大體、駕馭敵人等，相當完備地呈現英美職場的生存規則

及職場世俗智慧。這些職場守則可與華人職場守則作比較，可以發現一些跨文化的規則。大守則中的其中幾組，包括顧好自己、入鄉隨俗、圓融處事、洞悉大體等與職場倫理有特別密切的關聯，其中有些次規則在華人職場中則鮮有提及，本節特別挑選它們及相關的次規則作論述。

一、顧好自己

這條大守則下包含了10項次規則：瞭解行業的倫理、瞭解行業的法律面、制訂個人倫理標準、永不說謊、永不為任何人掩飾、勤做記錄、瞭解真相及全部真相之分別、培養支援自己的朋友、瞭解他人動機及假定每個人都玩不同的遊戲規則。

瞭解所處行業的倫理面（90-91頁）❶，這做法在華人世俗職場倫理少有提及。反思自己所從事的行業跟社會的關係，追問兩者的關係是好還是壞，是有職場倫理意識的員工自然會問的問題。你從事的產業對社會有何貢獻？是正面的？有益的？健康的？還是有害的？負面的？破壞性的？你在產業內扮演什麼角色？你是否考慮過你產業的倫理？若是一輩子在傷天害理的行業中做事，人生不會有光彩。

顧好自己需要自強不息，首要有自己的價值及倫理，才不會隨波逐流、同流合汙。作者的個人倫理守則如下（規則5.2）（94-95頁）：

1. 在職涯中不會蓄意傷害或阻撓他人。
2. 不會為了升職而蓄意違法。
3. 個人有道德守則，任何情況都要遵守。
4. 盡忠職守，努力貢獻社會。
5. 不會作出一些對子女羞於啟齒的事。
6. 任何時間都會以家庭為重。
7. 除非是緊急情況及與夥伴討論過，晚上或週末一概不工作。

8. 不會爲了自己向上爬而栽贓別人。

9. 努力回報公司／組織。

10. 會將知識或經驗，自由及公開地傳承給會利用它而獲益的同業人員，不會留一手。

11. 不會妒忌同業的成就。

12. 不斷地質問自己工作的長期效果。

13. 任何時間都會遵守守則。

作者的**永不說謊**的理由相當有趣：一旦你在職場內建立了任何情況都不說謊的好名聲，他人就不會向你要求掩飾或隱瞞任何事。但一旦習慣說謊，就會沒完沒了，欲罷不能；會經常將心思花在如何說謊上：是否只說小謊？只爲好朋友說謊？只替老板說謊？爲公司說謊？會否爲第一個謊而再說謊？找別人來幫忙說謊？把無辜的人都扯進謊言裡？這一大堆的問題令人非常困擾。此外，不說謊的其他好處是：免於日後爲謊言而愧疚，或恐懼謊言終會被識破而受到懲罰或鄙視、聲名掃地、關係破裂等，而惶惶不可終日。

瞭解他人動機這條次規則很管用。天眞的人會輕信人人是君子，心存善意；猜疑的人則誤認人人自私自利，存心害人。現實世界的職場這兩類人可能是少數，事實如此，職場內人心之不同，如同其臉。同事性格各異，想法不同，動機不一，高品低品，若不細心加以區別，必然吃虧，惹事上身。有人爲了名位、有的爲金錢、有人追求聲望、有人博取好感、有的惡意待人、有的貪婪、有人趨炎附勢、有的喜歡討好、有人愛欺凌弱小、有人嫉妒他人。表面上，行爲相同，但動機迥異，例如：甲乙都舉手贊成同一政策，甲的意圖是爲了公司利益，乙的動機則是自利，不察此點，容易誤將小人當君子。行爲背後的動機經常被隱藏著，不會外露，得經長期細心觀察，才能辨識，作出對應。辨識善惡眞僞，才能趨吉避凶，化險爲夷。

二、入鄉隨俗

大守則包含了認識公司文化、熟悉其語言、靈活適應跟不同的人相處、知道下班交誼地點及時間、瞭解社會禮節、瞭解權威規則、瞭解職場等級、不貶低他人、瞭解羊群心態。**權威規則**是關於職場內的權力結構及運作規律，尤其是要能辨識哪些是具有影響力的人（規則6.7），才不會碰釘子或行事受阻。職場有影響力者的共同點如下：老板聽他的、深得老板信任、行事低調、檯面下操作、任務是不公開且不正式的、有一定的資歷、權力及操控動機、為了達到目的，無所不用其極、極聰明，但缺乏經驗、資歷或技能，因此無法正常把事情做好。

三、圓融處事

這大守則包括了遇到衝突時提出問題、不靠邊、知道什麼時間保留意見、作出妥協、不發脾氣、對事不對人、知道如何處理別人的憤怒、堅守立場、保持客觀、採用適當視角看事物。**不靠邊**指發生衝突時不偏向任何一方（規則8.2）、採取長遠看問題、用公司觀點看事物、不偏不倚、冷靜、獨立。這個不靠邊做法是在對錯難分、真相未明之時才算是合適的；若對錯是非明確、證據確鑿，這樣做就是做爛好人、和稀泥、是非不分，製造虛假的和諧但實質的撕裂，後果得不償失。職場倫理必須重視是非，抑惡揚善才是正道。**拿捏表達意見的時機**（規則8.3），才能發揮意見的效應。因此，要做到謹言：不隨便表達意見，適當時才提出。意見必須經深思熟慮，整理好及準備好的，被問起時才說；意見要表達清楚、準確、具說服力。**對事不對人**，任何事不夾帶個人恩怨（規則8.6）。若要對同事或下屬作批評，拿捏好批評的重點令被批評者容易接受，避免誤解而挾怨報復。批判焦點宜偏重在做事方式，如守時、態度、動機、溝通方式、長遠目標、任事焦點、對職場程序

的知識、對公司政策的瞭解、人際技巧、生產力等方面，而儘量避免用如懶散、無知、無用、說謊等字眼，以免引起受批評者負面情緒及不理性的抗拒。

四、洞識大體

人應深諳職場潛規則，懂得如何稱呼他人、知道何時晚走早退、什麼是偷竊、什麼是福利、知道何人不可輕慢、站在重要人物的一邊、瞭解新管理層的技術、瞭解職場暗流及隱藏的意圖、知道上司之好惡、瞭解公司目的及其內容。

如何**稱謂同事及上司**看似簡單，其實大有學問。有些人喜歡正式的稱謂，如張董事長、李主席、王經理、陳課長等，有些上司比較隨便，稱先生或小姐就可以。日本的職場等級深嚴，尊卑上下界線分明，下級對上級的專稱絕對不容輕忽，弄錯了要付出代價。洋人也有稱謂的學問，不要以為所有洋人都喜歡被人用名來稱謂，不必冠以先生或小姐稱謂。比較保守的地方如英國，用先生或小姐的正式稱謂才是職場稱謂常規，除非是深交，同事之間，或上下級之間一概不用名字相稱。這種職場潛規則若不小心觸犯，會冒犯對方。有些上司經常在背後被人用小名稱謂，但下屬在上司面前都以正式職稱來稱呼。新入職的人應多觀察周邊人（上司、同事、下屬）如何稱呼某人，再決定哪個稱呼才是合適的，冒然稱謂可能會碰釘。身為下屬的，尤其要小心如何開口稱呼上司。同級的前輩亦應依同樣處理，才不會引起不快。

職場上另一潛規則是，下班時間到了，上司尚未離去，誰都不敢做第一名離開辦公室的人。上班亦然，雖然沒有明文規定，很多人都想比別人早到。**早到遲退**的習俗（規則9.3），雖然不少人對此心存不滿，但少有公開質疑其正當性及必要性。原因是人人想合群，跟大家看齊，不想被視為與眾不同，尤其這做法好像表示了勤奮。其實這跟勤奮無關，對生產力一點幫助都沒有，是無聊、無意

義的虛耗時光。就是無人有膽量打破這個虛矯，身先士卒，做第一個離開的人。若有人走出這一步，必有人跟隨，這個惡習很快就被打破。準時下班莫名其妙被扭曲成偷懶，延時下班卻被認為是盡忠職守，但人在心不在才是真相，與盡忠無關。

提防有人假公濟私（規則9.8）。作者提到一宗往事：其上司有一次公開宣示要員工報名參加一些提升顧客服務的課程，以改善公司跟客戶之間的服務素質。一些不知情的員工都紛紛修讀課程，不虞有詐。真相是，這名上司的績效評審快到，他要在其上司面前有所表現，就做這動作，藉以表現自己有進取心、主動力及提升員工素質等。其實此人一點都不關心客戶服務，此舉是假公濟私，一切為了私利。職場充滿個人算計及或明或暗的競爭或利益爭奪，表面跟內裡是兩樣，只看表面容易受騙，成為他人的棋子，被利用而不知。適當地質疑一些人的動機是不為過的。尤其是遇到不尋常之事，不妨多問：這政策為何發生？是否忽略了一些重要的細節？誰是獲利者？是全公司所有人？還是少數人？

除了上述的職場守則外，如何對待競爭者亦有規則（規則10）。人人都想升職，但位置有限，競爭是常態。跟對手競爭大有學問，如何能不違反道德而勝出？是否有步驟可循？首先必須知道誰是競爭對手，瞭解對手的強項、弱項。競爭對手若來自公司內部，資料較容易獲取，外來的競爭者則較難獲得資訊。將自己的強項與弱項跟對手作詳細的比較，判斷自己的勝算機會。競爭過程中要有君子之風，行事光明正大，遵守公開的遊戲規則，展示自己的強項；不能行小人之惡，耍陰招毒招：講對手壞話、造謠誹謗、揭人隱私、偷竊對手資訊、背後捅刀子、或利用關係、製造不公平的競爭。過程中，謹言慎行，不要隨便向他人透露自己的動向。不要告知他人自己申請公司空缺、不要告知他人自己在外面找工作、不要告知他人自己將要離開公司、不要透露自己要求加薪等，這些資訊會被有心人利用，出現狀況，若被上司知悉也是不利的。

綜觀以上討論的職場倫理，可以察覺到彼此有同亦有異，職場是生產經濟活動的環境，生產者會面對類似的問題而作出大同小異之反應，這是同的來源。職場亦滲透不同文化的價值與習俗，文化的差異導致生產方式及合作關係的不同，是異的主要原因。

註　釋

1.　本節的頁數均出自Templar, 2003。

附　錄

表3.1　職場小人指南

一、刻意在同事面前營造好印象，目的是製造一種親和感，讓人容易接近。取得信任，放下心房。

二、對人超親切：喜好向人用溢美之辭，有時到誇張地步，目的是博取好感，跟上一表現的目的相同。

三、誘以利益：濫用職權，假公濟私，給要收買的人不當的利益或機會，試圖將人收編，成為自己的家奴，結黨營私，搞小圈子。

四、不時輸送消息，尤其是東家長、西家短的是非或無聊，或搬弄是非，或揭人隱私。

五、經常跟你交心、訴說心中話、個人祕密、家事、心理，毫不保留，幾乎把你當作知己。

六、口蜜腹劍、表裡不一。偽裝知心死黨，不時討好你，但一旦出現利益衝突時真實面貌全露。俗語所謂「人前共患難、人後捅你刀」正是此人。

七、善鑽巧門、愛找尋職場漏洞、弄懂權力軌跡、誰要巴結、誰可不理、耍小聰明、玩手段、占盡便宜、獲取利益。

八、自私自利、愛搞破壞、阻人成功。

九、妒嫉人家、技不如人。

十、憎人富貴厭人貧、比他強的捅刀、比他弱的欺凌、顛倒是非、指鹿為馬、狼狽為奸、搬弄是非。

筆者按：上述的小人模型肯定是一個複合體，可以指上司、同事或下屬，不管怎樣，小人有共同特性：爭功避過、瞞上欺下、心術不正、陷人不義、狡詐陰險等。上述的數項只是具代表者，並非窮盡。

（出處：鍵盤筆者，職場上，你不能不知道的「小人指南」。2014/08/16，http://blog.udn.com/iamwonderful/16247453）

表3.2 開會監督的要項

稱職的主持或不稱職的主持及其他與會者的行為——他們如何合作或互扯後腿？

會議事前準備及跟進事項——上次會議要執行的事項是否完成？

會議準時——所有人都準時出席？

會議規範——開會期望參與者什麼行為？

會議設施——會場是否合適開會？

不同部門／團隊對開會文化是否相同，期望是否一致？

議程——主持人是否準備好議程及遵照議程主持會議？

記錄——有人做記錄？

參與者是否認為開會需要受訓練？

參與者是否有收到其開會表現的回饋？

開會是否時間排得太早或太晚？

開會是否預先安排好？

臨時會議的次數多少？

開會平均人數多少？人數是否可以加以限制？

如何決議（多數決或是共識制）？

參與者之間的態度及行為？

主持人對參與者之態度及行為？

參與者對主持人之態度及行為？

（Allen, et al., 2008: 50）

表3.3　行政院勞工委員會簽訂競業禁止參考手冊（部分）
http://ewda.tw/uploads/tadnews/file/nsn_1025_1.pdf

競業禁止指「事業單位為保護其商業機密，營業利益或維持其競爭優勢，要求特定人與其約定於在職期間或離職後之一定期間及區域內，不得受僱或經營與其相同或類似之業務工作。」

就企業所有人及經營管理者而言，競業禁止規範的範圍，本質上皆是有關雙方營業利益上之衝突，亦即單純的財產權上之爭議，在法律規範及處理程式上有別於一般技術性勞工所面臨的問題；一般勞工所面臨的不單是財產權的衝突，更是雇主的財產權與勞動者的工作權，兩個屬憲法保障之基本權利之衝突。

⋯⋯簽訂競業禁止條款原始目的主要是考量企業利益為出發點，然「競業禁止」約定限制的真正目的，則應是要平衡這種只單方面考量雇主利益的不公平現象，保護勞工的工作權及其相關的利益，俾使勞工免於因輕率、急迫或無經驗簽訂競業禁止條款，而受到權利上不可預知的侵害。

有關勞工簽訂競業禁止條款上的限制，主要是為維持此種憲法保障的基本權利的平衡，故雇主要求勞工簽訂競業禁止條款的主要目的包括：一，避免其他競爭事業單位惡意挖角或勞工惡意跳槽。二，避免優勢技術或營業祕密外洩。三，避免勞工利用其在職期間所獲知之技術或營業祕密自行營業，削弱雇主之競爭力。

在職期間的競業禁止

勞雇關係存續期間，勞工除有限提供勞務的義務外，尚有忠誠、慎勤之義務，亦即勞工應保守公司的祕密及不得兼職或為競業行為的義務。現行勞工法令未明文禁止勞工之兼職行為，因此，勞工利用下班時間兼差，賺取外快，如未損害雇主之利益，原則上並未違反法令之規定。但是如果勞工在雇主之競爭對手處兼差，或利用下班時間經營與雇主競爭之事業，則可能危害到雇主事業之競爭力，故雇主常透過勞動契約或規定之情事，限制勞工在職期間之兼職或競業行為，勞工如有違反約定或規定之情事，可能受到一定程度之處分，其情節嚴重者甚至構成懲戒解僱事由。

離職後的競業禁止

　　勞工對雇主負有守密及不為競業之義務，於勞動契約終了後即告終止。雇主如欲再保護其營業上之利益或競爭上之優勢時，須於勞動契約另為特別約定。常見的方式為限制勞工離職後之就業自由，明定離職後一定期間內不得從事與雇主相同或類似之工作，違者應賠償一定數額之違約金之約定，這種約定稱為「離職後的競業禁止」。

離職預告期間

　　勞基法第15條規定，不定期契約的勞工（一般公司正職員工皆為不定期契約）提出離職時，應准用勞動基準法第16條第一項規定期間預告雇主。而勞基法第16條規定，終止勞動契約之預告期間為：

一、繼續工作三個月以上一年未滿者，於十日前預告之。

二、繼續工作一年以上三年未滿者，於二十日前預告之。

三、繼續工作三年以上者，於三十日前預告之。

　　勞基法第14條，勞工無須預告期間，即可終止勞動契約之情形如下：

一、雇主於訂立勞動契約時為虛偽之意思表示，使勞工誤信而有受損害之虞者。

二、雇主、雇主家屬、雇主代理人對於勞工，實施暴行或有重大侮辱之行為者。

三、契約所訂之工作，對於勞工健康有危害之虞，經通知雇主改善而無效果者。

四、雇主、雇主代理人或其他勞工患有惡性傳染病，有傳染之虞者。

五、雇主不依勞動契約給付工作報酬，或對於按件計酬之勞工不供給充分之工作者。

六、雇主違反勞動契約或勞工法令，致有損害勞工權益之虞者。

　　勞工依第一款、第六款規定終止契約者，應自知悉其情形之日起，三十日內為之。有第二款或第四款情形，雇主已將該代理人解僱或已將患有惡性傳染病者送醫或解僱，勞工不得終止契約。

4
Chapter

職場的陰暗面

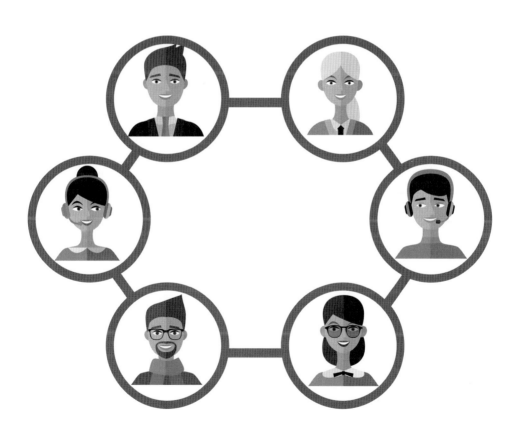

　　年前，大批臺灣的醫護人員集體上街遊行抗議，指責職場是血汗醫院，工時過長、假期不足、無私人時間、工作壓力超量、身心疲憊、工作無滿足感。血汗工作只是職場黑暗面冰山一角而已，職場存在包括霸凌、沉默、歧視、腐敗、欺瞞及壞上司等陰暗元素其實不少，但人們卻極少坦誠面對它們，避而不談，或佯作其不存在。人們一般都不願面對負面的東西，以為不理它、不碰它，它就會自動消失。這種自欺欺人的做法，只會令陰暗元素持續存在或變本加厲，助長惡行壓抑善行，對職場內的合作與生產造成極為不良的影響，且製造不公不義。壞上司是職場壓力、恐懼、不公不義的來源，破壞力不容低估，是下一章的議題。本章除了探討職場幾類陰暗元素外，還討論了愈來愈受到重視的揭弊行為，及論述陰暗元素的一些原因。此外，職場友誼近日愈來愈受關注，本章亦作了綜合論述。

職場壓力

　　臺灣職場工時長，職場壓力大，勞動付出很大。對這類稱為「爆肝行業」，政府有所對策。2011年臺北市政府勞工局依據勞基法（第84條之1），規範包括空服員等38種行業，月工時上限分為240、260及288小時等三類。❶為了應付全球化的劇烈競爭，愈來愈多的企業推行沒有朝九晚五上下班時間的「合約制」，工作就是壓力的來源。長期的超級壓力會嚴重損害員工的健康，甚至會危害生命，過勞死就是一例。29歲南亞科技工程師徐紹斌長期超時工作，2010年1月11日凌晨在家中工作時猝死，其猝死前一個月加班時數高達111.5小時。家屬經歷十四個月的追究職災責任，勞委會於2011年3月14日裁定其死亡為過勞死，給予197萬元勞保職災給付。

　　職場壓力源很多，包括任務的預定完成期限、超量或超時工

作、工作環境惡劣、壞上司、爛同事、刁難的客戶、工作家庭失衡、公司財務緊張、公司面臨倒閉、公司大幅裁員、公司醜聞弊案成為媒體頭條等。來自工作本身的壓力是職場主要的壓力源之一。工作壓力是由工作本身所產生的壓力，包括工作超載、複雜性高、工作內容更動、無法控制的工作、職位升遷、不熟悉的新科技、時間壓力等。以工作超載而論，若員工所承辦的工作在量及質方面都超出其角色要求或能力所能應付的時候，工作就屬超載。反映工作超載的常見現象是：員工經常要在沒有補貼下做超時工作，在正常的工時內無法將任務完成。全球化下的劇烈競爭，企業要降低成本，裁減人力，經濟不景氣公司業績下滑要控制支出，或在生產的尖峰時期或產品有瑕疵要大量回收有待維修時期，都會出現工作超載現象。另外，工作的複雜性是另一壓力源。一般而言，工作內容複雜性愈高愈容易產生壓力。若完成工作所需要的知識技術對執行者要求很高的話，或超出執行者目前的知識技能的話，壓力就會產生。從工作內容言，若所涉及的變項數目很多，及包含很多的不確定因素，或無現有的規範或習慣可依循等，對執行者都會帶來壓力。例如：某新興民主國家高官被總統指令在短期內剷除存在已久的地方選舉的買票及賄賂現象。由於這個任務極為複雜，涉及盤根錯節的黑金政治文化，加上司法無能及腐敗、民眾公民意識水準低等，短期根治貪汙根本是不可能的任務，這時高官承載了超大的壓力。此外，極端的複雜工作所伴隨的壓力亦是極端的。若加上情況危急的話，其伴隨的壓力之大更是超乎想像的。其他的例子如，日本2011年東北地區大地震、大海嘯及核災同時發生的三重大災難、或美國911恐怖攻擊等事件所涉及救援是史無前例的極端工作，主事者所承受的超級壓力是旁人無法想像的。

除此之外，工作規劃不清、內容含糊，亦會產生壓力。例如：一些員工被上司指派執行一項新任務，但只給予一般性的指示，沒有清楚交待工作細則，包括工作如何進行、可用的員額有多

少、編列多少的預算、完工日期、績效指標等，這些含糊性都是壓力的來源。日常繁瑣的雜務，包括設備損壞或故障導致無法使用、過多無效率或無用的會議、不必要的公文填報及繁複的公文流程（含層層的蓋章、審批），都會侵蝕不少寶貴的工時，阻延工作進行、降低生產效率、製造壓力（Mandel, 2005）。任務完成的預期時間（完成期限）亦是常見的壓力源，尤其是相關的計畫未經審慎詳細規劃或規劃時過分地樂觀，都會將完成期限有關的壓力加大。理由很簡單，一項計畫的完成，經常需要許多元素，包括人員、技術、支援及財政，與相關的子計畫等的互相配合及協調，及有效的執行。若其中一些環節出現問題，就會產生骨牌效應，導致延誤。還有，有些無法預見難以控制的因素一旦出現，即時增加工作的難度，壓力油然而生。

壓力另一來源跟角色有關（角色壓力），當出現角色衝突及角色含糊時就會產生壓力。角色衝突是指組織關係人對當事人之間有互相衝突的期望。在職場上，同事、上司、客戶、供應商等都對個人的期望可能彼此有衝突。例如：中層經理除了聽命高層經理的指令外，同時要管理下屬，有時上層經理要中層經理嚴厲管理下層員工，但下層員工希望中層經理要照顧他們的權益，不要唯命是從於上層經理。這時中層經理就會產生角色衝突，稍有差池，就會兩面不討好，裡外不是人。角色含糊是指組織未有對角色給予清晰的定義，令當事人對角色的義務缺乏清楚的認識，對某些狀況要作出何等適當的行為感到無所適從。例如：公司考慮跟另一家公司結盟，但對於對方瞭解不深，於是指派一位資深經理作探子，徹查對方的底細，才決定是否結盟。這時接到任務的經理只獲得公司的指令但卻沒有工作細則，頓時就陷入了角色含糊的狀態：什麼是可以做？什麼是不應做？什麼是適當的？什麼是優先要做的？紅線在哪裡？等，都得由自己來斟酌決定，壓力油然產生。除此，不和諧的人際關係也是壓力源，如遭遇上司或同事的排擠、打壓或霸凌等。

另外，來自職場的壓力，包括極端的工作環境、體力消耗超大的工作、處理危險物品、經常乘坐遠程飛機出差等，都會對當事人製造各種的壓力。

職場霸凌

霸凌行為不單出現在中小學青少年身上，職場上的熟年男女亦是霸凌的受害者。職場霸凌（workplace bullying）在近年愈趨普遍，引起政府及業界的重視並制訂因應措施。據美國2014年的一份職場霸凌報告（Namie, 2014），有接近三成受訪的美國人直接經歷過霸凌，有二成受訪者目擊他人被霸凌，超過七成意識到職場霸凌的存在，有超過五成表示從未被霸凌過。該調查對象是美國非農業勞動人口，若將上述的百分比換算成實質的數字，以調查進行時美國非農業勞動人口137,499,000人計算，曾經歷過霸凌的人則達3,700萬人，而受影響的人數（被霸凌者及見證者）就有6,560萬人之眾！這個數字實在嚇人，但這只是美國情況而已，若將其他的國家，尤其是那些缺乏勞工保障國家的數字都找出來，情況可能更嚴重。

什麼是霸凌？

依美國勞工及產業部的定義[2]，職場霸凌是指在職場上對個別員工或一組員工作重複及不合理的包括威嚇、詆毀、冒犯或侮辱等行為，令受害人的身心健康受創，有時甚至危及受害人的人身安全。霸凌行為經常涉及權力的濫用，受害人由於受到惡意及持續的攻擊或侵犯而產生一種無法自衛的感覺，尊嚴受損。跟一次性的攻擊或冒犯不同的是，霸凌是對被霸凌者作重複的冒犯或攻擊；換言之，霸凌行為是現在進行式的。職場霸凌行為經常發生在同事之間，但上級對下級之間亦會發生這類行為。霸凌行為屬職場上的偏

差行為，要具體瞭解此偏差行為，可從霸凌人對受害人所作的行為著手。受害人所受到的冒犯及攻擊，包括沒有根據或不當的批評、沒有事實支撐的指責、偏頗的對待、言行粗暴或滿懷敵意、以不屑語調來交談、態度充滿鄙視、用粗話辱罵、排斥、杯葛、孤立、人格污衊、高聲斥喝、公開侮辱、惡意嘲笑、謠言中傷、過度監督、不公平地提供資源及支援、肢體攻擊等。這類行為類似小暴行，傷人身心（Ashforth, 1994）。一本有關職場文明的著作（Sutton, 2007）臚列出大同小異的霸凌行為：侮辱、侵犯個人空間、威脅、冷嘲、干擾、中傷、刺探、怒視等。辨認誰是霸凌者可用兩個簡單問題：1.跟此人接觸後，你是否感到被迫害、被羞辱，或感到自己很差勁？2.此人是否專找權力比自己小的人下手？若答案是正確的，此人就是霸凌者。作出霸凌的主體不一定是個人或一群人，組織的氛圍亦可以產生霸凌的效應，造成組織性霸凌。例如：組織因素包括組織對員工有過分的苛刻工作要求，或指派的工作困難度過高容易導致無法完成任務，或很難在所定下的標準下完成任務，造成職場壓力過大而失去工作滿足感。此外，組織漠視職場壓力及受害的員工，不作適當的因應或改革；用拔擢利誘或用紀律處分作為脅迫受害人等不當的管理，都會助長組織性霸凌。

霸凌的效應

如前所言，霸凌導致受害者身心受創，包括身心受到高度壓力，患上創傷後壓力失調症候群（post-traumatic stress disorder），自尊心受挫，肌肉骨骼出現毛病；畏懼症、失眠、憂鬱、自責增加、消化不良等身體及心理上的毛病。由於身體不適、精神不振而請病假所造成的收入損失，甚至要離職，都是霸凌的惡果。霸凌是否出現在職場是有跡可尋的。這些跡象包括：當員工經常無法完成組織的目標，組織出現的投訴、請辭及要求調職的次數愈來愈多，請病假而不上班的員工數目愈來愈多，愈來愈多因違反紀律而遭懲

罰的事件出現等，這些跡象都是霸凌存在的警訊。若對霸凌視若無睹，或輕忽處理，組織必定要付出高昂代價。例如：員工不甘受欺凌而離職，組織要付出昂貴的人事成本，包括招聘及訓練等。留任的受害員工的身心健康受損，都會帶給公司沉重的負擔（病假及醫療費用）。再者，在職員工要花時間精力應付霸凌行為，導致生產力降低、士氣受挫、損害員工的互信及合作。還有，組織要付出調查霸凌行為的行政成本，及可能會惹來官司及連帶要付出不菲的訴訟代價，並會傷害組織的社會聲譽。更嚴重的是，霸凌若普遍存在，員工會對組織失去信任，無法盡心盡力工作，做事得過且過，一有機會便會拂袖而去。這種人力資本的損害及流失，都會重創組織。因此，組織不能對霸凌行為坐視不理，必須制訂有效的對策處理，包括組織應制訂政策明文禁止職場霸凌行為，將此定位為組織為員工提供健康及安全職場的責任之一；當接到有關霸凌行為的投訴或見到霸凌行為，必須即時處理；若霸凌行為普遍存在組織內，有關的投訴必須認真地處理，及快速地調查真相；在無罪推定原則下，將涉案者重新安排工作崗位；在職場提高員工的自主性，清楚規定工作內容，及員工決策過程中所應扮演的角色；提高員工對霸凌行為的認知及警覺性；鼓勵員工遇事必報；改善經理處理衝突的敏感性及能力；人力資源部門要保持跟員工的獨立接觸；組織高層要公開展示對組織內對錯行為的堅持及誠意，以及杜絕霸凌行為的決心。

職場沉默

職場沉默一般稱為組織沉默（organizational silence），是指成員集體蓄意地保留對組織的意見、關心及資訊，這些資訊或意見是有關組織的，可以用來改善組織的品質（Morrison & Milliken, 2000; Pinder & Harlos, 2001; Van Dyne, et al., 2003）。職場沉默是

屬組織性的集體行為，不是個別行為。無論從管理或從職場倫理角度來看，職場沉默若成為組織的常態，表示成員縱使看到組織的問題或弊病，但卻選擇沉默，不願向同事透露或向上司報告；或者，成員可能對組織改善方面有意見或建議，但卻把它收藏起來，不向組織高層建言。從除弊角度看，沉默令組織無法知道弊端的存在，未及早發現問題，失去糾正弊端或尋找解決問題的機會，令弊端愈趨嚴重，問題愈難解決。在興利方面，沉默使組織上層無法獲得低層員工改善組織的建言，壓縮或切斷了組織進步及提升的可能。因此，無論除弊或興利方面，沉默都不利組織的生存與發展。

沉默的類別

職場沉默可以從沉默者的動機方面，來區分3種不同的職場沉默（Van Dyne, et al., 2003）。第一類默從型沉默（acquiescence silence）中，成員跟組織產生疏離，沉默者處於一種退縮狀態，表現的行為是對工作疏離及不投入，沉默者認為表達意見是無法改善任何事情的。第二類是防禦型沉默（defensive silence），沉默者由於懼怕而蓄意保留意見，不將資訊或意見公開地表達是為了自保，避免意見表達後會為自己帶來麻煩或不利。第三類是為他型沉默（pro-social silence），其動機是為了維繫合作而隱藏意見或資訊，這類沉默是為了他人或組織的利益，而並非為了個人利益而出現的。從上述分類可見，職場沉默主要是因為成員害怕將意見講出來會對自己產生不利，或認為自己的意見不會被重視，或由於組織已有習以為常的沉默文化，或由於成員為了報復組織的不公不義，因此不願表達意見，或為了團結或以和為貴等。上面所言的默從型沉默在內容上類似退縮式沉默（withdrawal silence）：成員跟組織關係是屬於疏離或退縮（resignation）、表現的行為是怠忽職守、怠惰苟且、尸位素餐。成員事事處於被動或疏懶狀況：不關心、不理會、不作為、得過且過、事不關己、局外人心態。縱使他們心中

對組織有看法、意見、資訊或期望等，都掩埋在心中，不予表達。這類沉默是組織的負累。❸

沉默的原因

上司本身藏而不露的想法及與下屬互動的習慣，以及組織對建言及言論自由的政策及氛圍，都會導致職場沉默（Morrison & Milliken, 2000; Kish-Gephart, et al., 2009; Perlow, & Williams, 2003）。首先，管理層除了在專業及經驗之外，還有不少不明確表達出來的想法，會影響他們如何對待建言的員工。若管理層認為員工都是各謀私利，就會視建言目的是為了討好上司，並不是為了組織好，因此不必認真對待。有些管理層是從低層一級級擢升上來，認為自己經驗豐富，且對組織非常熟悉，知道什麼是對組織最好的，因此會認為自己無所不知，不用其他人提意見。不少上司與下屬的關係相當隔閡，少有面對面的互動溝通；若遇到負面的言論，亦沒有以非正式的諮詢來瞭解問題的習慣。還有，一些管理層認為組織上下最好是看法一致，因此對意見持負面態度。除此之外，某些上司對負面的建言，或反映組織的不足及有待改善的意見，心存恐懼，擔心這些負面的意見會反映自己的無能或處事不當，有些還視這些建言是對個人的攻擊。這些都會令上司對下屬建言或表達意見多持不友善的回應，令建言員工心生害怕而導致沉默。另一方面，組織若缺乏暢通無阻訊息溝通的政策及機制，缺乏言論自由，建言無懼的文化氛圍，加上組織決策高度集中化，都會助長職場沉默。

沉默的效應

職場沉默對組織是不利的。就決策而言，決策者取得愈好愈全面的資訊是穩當合適決策的前提，然而沉默排除了決策者獲取多元的觀點，尤其是批判性意見的機會，大大削弱達到平衡及客觀的

判斷及決策的可能。決策偏頗不客觀，組織發展很難能取得最佳的選擇。就偵測錯漏方面，沉默壓抑了有關組織弊病的資訊，毛病弊端被隱藏起來，到暴露時恐怕要付出沉重代價。沉默對員工的負面影響亦是明顯的。員工選擇沉默其實反映了幾個重要有關員工的狀況：感到自己不受組織重視，受到組織／上司的不公平對待，覺得自己人微言輕，全由他人擺布，可以自我掌控的東西極少，感到無能；思想與行為產生緊張：覺得自己有建言的責任，但又不願將意見向上表達。員工感到不受重視，自然難對組織產生信任，亦不會全心投入組織，承擔感自然低。員工覺得受到不公平對待，或任人擺布，會感到職場壓力，工作滿足感低，工作熱情少，退縮不理事，心生去意，或離職，更甚者會做出破壞或違規行為。沉默的員工，是組織之負債。

職場歧視

美國社會普遍存在兩性及種族歧視，這些不公平清楚地表現在就業方面。非裔美國人的所得只是白種美國人的七成半。男女性並不是同工同酬，在低薪工作（年薪2萬5到3萬）中男女性差別不大，但當薪資愈高時，男女性的所得差別就愈來愈大。例如：女性心理學家所賺的是男性同行的83%、女性教授是男性教授的75%、女性律師是男性律師的69%。美國年前全球最大的量販店沃爾瑪涉及的性別歧視官司，是典型的程序正義違背的案子。❹

職場各項政策或程序，若缺乏程序正義，很容易導致歧視。除了言論自由之外，程序正義的執行必須符合保障正義的規範，包括一致性、撤除偏見、代表性及準確性等。這些規範在公司的營運中可以保障客觀及不偏不倚，減低偏見或歧視。例如：在招聘面試時提的問題要避免偏見，同時要儘量對每一名面試者以同一形式及態度來提問。在評鑑員工工作績效時，對同類工作的員工必須用同樣

的準則，用公開及清晰的工作績效準則作評鑑，不能有私相授受、徇私偏袒。在招聘廣告中，排除包括性別、年齡、種族、族群、殘障、政黨身分、性取向、宗教等方面歧視的成分。在實際執行招聘時，亦要遵守這些規範。

就業歧視

臺灣職場有就業歧視嗎？依就業服務法所指，就業歧視是雇主以跟工作不相干的因素對待受雇者，造成不公平。若雇主做招募、甄試、勞動條件、升遷、調職、獎懲、訓練、福利或解僱時，不去考量求職人或受雇人的能力、經驗或績效，而以跟工作無關的因素，如「種族、階級、語言、思想、宗教、黨派、籍貫、出生地、性別、性傾向、年齡、婚姻、容貌、五官、身心障礙或以往工會會員身分」因素，就構成就業歧視。歧視可分直接及間接兩種。雇主明顯用不相干的因素對待受雇者就構成直接歧視，如雇主指定只准許已婚人士申請某一職位就犯了婚姻歧視，或在廣告中用年齡來限制職位申請者就觸犯年齡歧視。間接歧視比較隱晦，表現上看似中性及無歧視成分，但骨子裡卻包含歧視。若雇主在招募時規定應徵者不得有老花眼，是變相的年齡歧視，因中高齡人士都有此眼疾。又例如：雇主招募時要求應徵者要容貌端莊，身材適中等，亦是一種容貌歧視及體型歧視，因為這些因素跟工作無關。縱使有法可依，但執法不容易。在真實世界中，所謂上有政策、下有對策，若雇主存心不公，倫理不彰，各式各樣的職場歧視都很難完全杜絕。因此，與時俱進的良法及有效的執法，應配合職場倫理的建設才是治本之道。

性別歧視

就業歧視範圍廣泛，本段只就性別歧視及年齡歧視稍作申論。先談臺灣的職場性別歧視（楊茹憶，1999）：上世紀80年代

開始，婦女大量進入職場，遇到不少跟性別歧視有關的不公平對待，其中包括單身禁孕與性騷擾。1997年實施的勞動基本法雖提供一般的勞動保護，但卻沒有防止性別歧視的條款。1990年提出的男女工作平等法草案，經歷了十二年的波折，終於在2001年12月21日立法院通過成為法令，正名為性別工作平等法，目的是：「為保障兩性工作權之平等，貫徹憲法消除性別歧視、促進兩性地位實質平等之精神」。性別工作平等法的第三章對職場性騷擾作規範。此法指出性騷擾有兩種：敵意工作環境性騷擾及交換式性騷擾。前者是「受僱者在工作時，僱主、同事、客戶，以性要求、或作具有性意味或性別歧視的言詞或行為，造成一個敵意性、脅迫性或冒犯性的工作環境，以致侵犯或干擾受僱者的人格尊嚴、人身自由或影響其工作表現的情形」。後者是指「僱主利用職權，對受僱者或求職者為明示或暗示之性要求、具有性意味或性別歧視之言詞或行為，作為僱用與否、報酬、考績、升遷或獎懲等之交換條件之情形」（勞動部，http://eeweb.mol.gov.tw/front/main/294）。由於有具體的利益交換，交換式性騷擾類似於日本的對價型性騷擾。法令規定僱主有責任採取措施防止及懲罰性騷擾行為。❺

年齡歧視

根據香港勞工組織的職場年齡歧視調查（東方日報，2016）❻，85%受訪者認為僱主在招募及升遷中會歧視應徵者，而著名的國泰航空和港龍航空規定空中服務員的退休年齡是55歲，被航空業工會指出跟不上時代，因為不少外國的航空公司已取消或延遲退休年齡。香港雖有法律保障公民不受性別歧視，但卻無有關法律禁止年齡歧視。

臺灣將於2025年進入超高齡社會，每5人就有1人超過65歲，每2位老人才有1名幼兒。隨著臺灣社會的急速老化，經濟成長停滯，失業率偏高，勞動市場更加對高齡就業者不利，中高年齡的員

工容易遇到不公平的對待，職場年齡歧視情況可能會愈加嚴重。根據yes123求職網做的一份「中高齡勞工職場現況調查」（中央社，2015），有七成受訪者的中高齡勞工透露在找工作時遇到很多困難，認為雇主有年齡的顧慮，而有5.7%懷疑雇主是年齡歧視。依勞動部的說明（http://eeweb.mol.gov.tw/front/main/295），年齡歧視可以表現在包括招募、甄試、勞動條件、升遷、懲罰、解僱等各方面。在招募上，將申請人限制在30歲以下、排除中高齡應徵者；在甄試方面，於勞動條件上，在撙節開支上，規定中高齡員工比年輕員工更多天的無薪假期；在升遷方面，規定40歲以下的員工才有晉升的機會；在獎懲方面，規定40歲以下犯兩次大過才被解僱，40歲以上者犯一次大過就得離職；在大幅裁員方面，無視員工的工作能力及績效，規定50歲以上是被裁員的對象。年齡歧視不一定只針對中高齡員工，年輕的員工也可能成為歧視的受害者，例如：公司規定未滿30歲的員工不能當組長等。總之，組織若只按年齡在職場對員工作差別對待時，就是年齡歧視。

職場腐敗

　　世界銀行對公家機構貪腐的定義是：貪腐是為了私利的公家權力的濫用。[7]OECD亦提出相似定義：政府官員為了財務或其他利益而作的積極或消極的濫權。[8]私人公司的腐敗具有類似的性質，分別是被濫用的私權力（組織給予個人的權力），而非公權力。不管是政府部門或私人機構的職場腐敗，共同點是腐敗人為了私利而損害組織利益或公共利益（國家及社會）的權力濫用。私人企業的貪腐，著名的臺灣企業如台塑企業及富士康亦難倖免（附錄：案例二及案例四）。

　　職場腐敗的貪腐，是涵義更廣的道德腐敗（moral corruption）：作了道德上不當或不義的行為就是道德腐敗（葉保強，2016）。

道德上的不當或不義行爲主要分爲兩類，第一類是做了不應做的事；第二類是沒有做應做的事。前者是積極的不義，即行不義之舉；後者是消極的不義，見義而不爲。總之，道德的基本要求是：做應做的事，不做不應做的事；應作爲的要作爲，不應作爲的不作爲。要問的是，什麼是應做？什麼是不應做？標準是什麼？簡言之，符合有合理根據的道德（規範及美德）就是應該做的準則，違反它則是不應該做的。就職場倫理而言，應做的行爲是符合組織利益及社會公益的；而不應做的行爲則是違反組織利益及社會利益的。組織利益是指其依正當目標及手法而達到的利益，即有正當性的利益（legitimate interests），而有正當性的利益則是能用合理的道德理由來支持的（justifiable by reasonable morality）。一般而言，凡具備道德正當性的組織利益原則上跟正常社會合理的利益相容及一致，缺乏正當性的利益跟其社會公益是互相矛盾的。組織若作出有害社會利益的行爲則是行爲不義，組織成員若不問是非參與其中，就是不義行爲之共犯。另一方面，參與不義行爲的組織成員若是知情卻無所作爲（如阻止、舉報），亦是犯了無作爲的不義。反之，若組織成員認爲行爲不當，不參與組織不義之事，組織成員便是做了應做的事，雖然可能違反了組織的命令及可能面對懲罰的處分，但在道德上，這類面對不義而不參與（不作爲）是對的。若組織成員的行爲不僅於此，還積極向有關當局舉報不義之行（即作應做的事），其行爲在道德上更是可嘉的。另一方面，組織若在做對的事，組織成員應全力以赴參與其中，努力輔助組織目標的達成；而不應做的行爲，如怠惰散漫、輕忽職守、敷衍塞責、尸位素餐、偷工減料等。綜合言之，組織成員應做符合社會利益的組織任命之事，而不應爲了組織利益而損害社會利益。組織成員應以組織具正當性的利益而作爲，而不應滿足其缺乏正當性的利益。

華人社會瀰漫著鄉愿文化，不少人做事鄉愿，不問是非，善惡不分。鄉愿這個詞有二千多年的歷史，孔子不齒鄉愿，論語有言，

「鄉愿，德之賊也。」鄉愿乃道德敗壞之人。道德敗壞之意跟上文的道德腐敗之意同。在職場上不問是非，不分善惡，就是鄉愿行為，就是職場腐敗。職場上若大部分人都對鄉愿習以為常，不以為忤，後果是嚴重的。最明顯的惡果是做對事的人沒有得到肯定，做錯事的人沒有受到懲治，是非被顛倒，假以時日，鄉愿文化令無人願做對的事，無人敢堅持不做錯的事，獎錯懲對的風氣形成後，職場以錯為對，抑善揚惡，組織產生反淘汰，必然崩壞。鄉愿文化為何在華人社會根深蒂固？這跟華人社會長期重關係輕專業、重人情輕法理，追求虛浮的人際和諧，怕得罪人有密切的關係。重關係、人情屬個人主觀性及具特殊性的，因人而異，隨境而變；專業法理具客觀普遍性，是非對錯是客觀普遍的，不因人而異，不隨人情關係而變，重專業、重法理跟重是非、重對錯有密切的關聯；相比之下，重人情、重關係的則跟重是非、重對錯愈拉愈遠。重人情、重關係、輕是非、輕客觀，正是構成鄉愿性格的元素。

職場欺瞞

不管是為了個人私利還是為了小撮人或組織的利益，說謊是組織常見的腐敗行為（Robertson, & Rymon, 2001），導致組織巨大的損失（ACFE, 2014）。說謊是指行為人說一些自己明知是假卻意圖令他人相信是真的話。對人說謊就等於做了欺瞞對方，說謊（lying）等於廣義的欺瞞（deception）。這裡討論的職場說謊並不是指無關宏旨、無傷大雅的小謊話，而是指一些不斷重複，愈說愈大、愈說愈嚴重，及愈來愈多人參與的集體性說謊，而這種不斷升級的說謊現象是組織腐敗的一種（Fleming, & Zyglidopoulos, 2008）。

欺瞞之升級

　　組織說謊為何會不斷地升級？說謊從個人行為演變成集體說謊（collective lying）的過程大致如下：某人說了謊，或某組人說了謊，若這謊言引起旁人懷疑或組織的監察機制揭發了謊言，說謊極可能就只成一次的動作，不會重複，升級因此不會發生。然而，若謊言沒有被發現，及一些調節因素（moderators）的出現，謊言延續的機會將大增，且會變本加厲，從個人到小組到更大的一群人，成為一個組織性現象。組織的複雜性（organizational complexity）是調節因素之一，能強化說謊的過程，令說謊變得更容易，謊話會說得更厲害且有更多人參與。一些因素可以抑制或防阻欺瞞的升級，若這些因素不存在的話，說謊會從個人行為演化成為組織行為，加強說謊的通暢性、嚴厲性及廣泛性。欺瞞升級的過程大致如下：一旦個人或小組說了第一個沒有被發現的謊言，若有再說謊的誘因及行為人對說謊作了合理化的動作，說謊便會開始升級。第一個謊言之所以出現，主要由於有說謊的誘因，而謊言一旦出現，說第二次謊的機會就會增加，因為相關的誘因會比第一次更大，至少說謊人有很大的誘因再說謊來掩蓋第一次的謊言。例如：一家分公司的總經理為了隱瞞季度營收不佳而說謊，試圖欺瞞總公司，欺瞞當然無法改變績效欠佳的事實，於是總經理再次說謊來掩蓋第一個謊言的誘因因此會增加。此外，若說謊人用合理化伎倆來掩飾謊言，則會增加再次說謊的順暢性，令說謊人更容易再說謊。

　　說謊如何會變本加厲？第一，說謊人會為第一個謊言而說更多的謊話，因此將會說謊變得更嚴重；其次，說謊的情況並沒有因謊話而改變，若謊言繼續進行，導致說謊的情況不會被妥善地處理或正式地面對，再次說謊的誘因並無消失，由於第一個謊言的出現，誘因變得比之前更大；第三，說謊是有一定的風險，人為何冒險欺瞞？行為心理學認為，人們在做令自己會有所利益的選擇時會避開

風險，然而，做對自己有所損失的選擇時就趨向冒險，較易作冒險的選擇。同樣的原理出現在欺瞞的情況，說了謊怕被發現遭受懲罰（有所損失），因此會敢於冒更大風險來再說謊。這些條件會令說謊變得更為嚴重。

欺瞞除愈趨厲害外，還會令更多人參與集體說謊。過程大致是：當謊言變得嚴重時，謊言已超出個人或少數人所能控制，需要更多人配合來圓謊，其間，更多人會被說服、利誘或威迫而加入說謊行列。本來未涉案的人很難抗拒被招納為說謊的共犯，因為欺瞞事件通常是組織內位高權重或人脈深厚的人物所發動的，下屬通常會懾於權威而被迫成為共犯，同事或礙於人情而不敢不配合。再者，欺瞞行為經常用華麗的語言包裝，令其看起來無什麼不當之處，因此比較容易接受及執行．此外，成為欺瞞的共犯是一漸進過程，後來的加入者通常是在不知不覺中陷入欺瞞的泥沼。再者，組織成員有社會認同的壓力，及人在組織內要合群（conform）才能生存，亦是不可輕視的迫人犯罪的無形力量（見下頁圖4.1）。

如上文言，組織的複雜性：高度的工作區別化及專門化、複雜的分工等，亦會加強欺瞞的升級，令欺瞞變得更容易、更嚴重及更廣泛。謊言若只出自一人之口，責任歸屬自然明確，但若謊言來自一大群人（每人可能說了一點點並非很嚴重的謊），欺瞞的責任則會分散到多人身上，每人只要負一點點的責任，加上欺瞞所導致的後果可能延後出現，時間甚長，責任愈加模糊。另外，組織的層層分工及分工的細碎，導致低透明度，是惡行容易躲藏的環境。若有人作出惡行，組織的複雜性會給予其很好的掩護，令惡行不易被察覺或監控。

如前所說，一些調節因素可以阻止欺瞞升級的。若缺乏再說謊的誘因，升級可能會終止。問題是，導致第一次說謊的條件通常仍存在或會變得更嚴重，如績效未改善或變得更壞，再次欺瞞的誘因會比前更強。一般來說，欺瞞誘因存在的機會似乎是常態。其次，

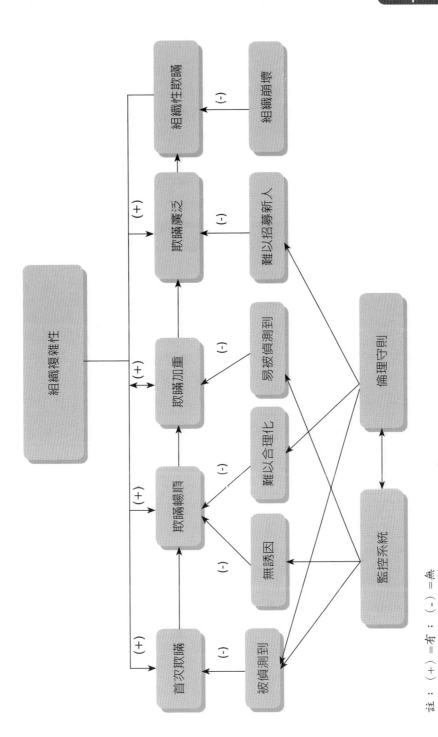

圖4.1 欺瞞升級過程（Fleming & Zyglidopoulos, 2008; 840）

註：（+）＝有；（-）＝無

若欺瞞者拿不出合理化的藉口，升級亦會停止或被阻擋。類似的調節因素對欺瞞之嚴重化亦會發揮作用。當謊言愈說愈大、愈多人參與時，局外人可能會生疑，或驚動有關的監督部門。若監督部門不是怠惰失職而能發揮功能的話，欺瞞的嚴重性會受到控制。欺瞞廣泛化的前提是清白人被教化成腐敗的參與者，若清白人所持的價值及道德信念足以幫助其抗拒腐敗的教化，欺瞞亦不會在組織內作人傳人的廣泛傳染。

職場揭弊

揭弊者或吹哨人（「whistle blower」）以前又稱告密者（informer）〔臺語「抓耙仔」、廣東話「二五仔」（snitches）〕，但告密者包含了負面的涵義，做告密的人被看成是打小報告，好像是做了背叛的事，很不光榮的行為一樣。其實這只是對揭弊者不問是非的扭曲及抹黑，真相剛好相反，揭弊者是為了公共利益而舉報的。在西方社會，有相關的法律來保障揭弊者的權益。依英美的法律，揭弊者是有特定的性質。凡將涉及公共利益的不當之事舉報的員工都可稱為揭弊人，並受到法律保護，以防其受到因揭弊而來的報復，包括各種不公平對待或失去職位等。很多有名的揭弊事件都涉及重大的社會或國家利益。以美國為例，奈達（Ralph Nader）在上世紀揭發通用汽車（General Motors）的汽車不安全設計而導致多宗車禍；此外，有關越戰祕密的五角大廈文件（The Pentagon papers）、安隆案（Enron Scandal）的沃堅斯（Sharon Watkins）揭發做假帳、911事件聯邦調查局的女幹員向上級提出恐佈分子的資訊等，都涉及重大社會利益及國家安全，因此是對社會及公眾有利的正面行為。

英國揭弊政策

英國對揭弊有明文的規定，符合揭弊的要件揭弊人的權益才受到保護。揭弊者所揭露的弊案可以是已經發生的、正在發生的，或揭弊者相信將會發生的。揭弊者包括了公務員，如警察，及私人公司的員工；在機構內工作的實習生都可包括在受保護的範圍之內。很多機構在契約上都有保密條款，禁止員工透露機構資訊，但這條款對揭弊者是不適用的，揭弊者不必受這類條款的約束。揭弊者所舉報的內容是有特定範圍的，包括犯罪行為、詐欺、他人健康及安全受到威脅、環境受到破壞或將會受到破壞、機構作了違法行為、有人涉嫌掩飾罪行等。個人的投訴，包括受到霸凌、騷擾或歧視則不屬於揭弊保護的範圍，除非這些個人的情況跟公共利益有關。有些機構設有揭弊的規則，包括揭弊者要署名舉報。匿名揭弊雖然可以保護揭弊者身分，但不署名的舉報的缺點是處理機構若要更多的資訊時無法跟揭弊人取得接觸，因此無法將事件作進一步的處理。具名檢舉的揭弊者可以要求將姓名保密，而受理機構必須盡力為揭弊者保密。依英國的法律，若揭弊者向媒體揭弊，在大部分的情況下揭弊人的法律權利就會失去。若員工對公司或有關機構處理舉報不滿的話，可向上一層的有關機構舉報。

臺灣揭弊狀況

臺灣自2011年塑化劑食物安全弊案曝光後，接著包括頂新的黑心油事件的一連串弊案陸續被媒體報導，弊案涉及很廣，犯案時間很長，有很多機會出現揭弊但卻沒有出現揭弊人。單就塑化劑案而言，2011年3月間，由食管局技正楊明玉在例行檢測中發現異象後鍥而不捨地測試，揭發部分食品含塑化劑，牽涉廣泛，導致五大類食品，包括「運動飲料」、「果汁飲料」、「茶飲料」、「果醬、果漿或果凍」、「膠囊錠狀／粉狀之型態」等產品，因上游原料供

應商為了追求超額利潤，以廉價的工業用塑化劑（非食用添加物）替代合法食品添加物起雲劑。2012年12月27日，最高法院裁定，昱伸香料公司負責人賴俊傑、簡玲媛夫婦以詐欺等罪，分別判定有期徒刑十五年及十二年，併科罰金15萬及12萬元，昱伸公司判罰金2,400萬元；販售塑化劑給昱伸的金童公司負責人判刑八年，金童公司判罰金1,600萬元，全案定讞。2013年5月16日，下游廠商金果王公司負責人，在事件曝光後明知昱伸香料公司的原料不得加入食品，仍持續販賣已作好的水蜜桃汁、鳳梨汁給廠商，直到檢警找上門，被押才停止出貨。最高法院依詐欺、違反《食品衛生管理法》等罪，判金果王公司負責人有期徒刑一年二個月。消基會與500多位消費者在2012年3月聯合向法院提起團體訴訟，向昱伸、賓漢等37家廠商求償，求償金額24億，判決結果（2013/10/17）出爐，法院僅判廠商賠償120萬。

　　弊案長期在進行，且涉及為數眾多的共犯，整個供應鏈不少人都涉案、都知情，卻長期協助掩蓋弊案，令消費者長期受害，反映了臺灣職場內人們仍不願或不敢做揭弊動作，原因當然很多，職場輕忽倫理或缺乏倫理資本應是主因之一。對罪行的知情共犯者滿布整個供應鏈，明知不對仍長期地在做及協助執行，除了不問是非、不理道德、鄉愿成習之外，倘若有揭弊的正面教育宣導及相關政策及法令，職場人有揭弊意識及文化，弊案不會持續如此長久仍無人將之揭露；反之，若揭弊者在案發不久就出現，弊案不會持續這麼久，受害人數不會如此的多。因此，發展及深化揭弊文化的急切性是不言而喻的。臺灣目前是沒有獨立的保護揭弊者的法令，食安弊案後，政府提高了檢舉的獎金，將現時被裁定有罪的罰金由20%提升到50%。若是重大食安弊案，還有機會獲得50%以上的獎金（內部員工檢舉的「吹哨子」額外獎金最高為400萬元）。然而以獎金鼓勵員工舉報不法行為，是不足的，制訂全面的法令才會更有效遏止弊案的出現。

正視揭弊倫理

通常揭弊者都受到各種不公平的對待，若不對這個為了做對的事而受到懲罰的不公不義作出糾正，會令很多想做對的事的人遇到不法或不當之事時憂心受到報復而不敢作為，導致不法行為發生而令社會蒙受損失。回到倫理面，為做對的事而揭弊反而受到懲罰是嚴重違反倫理的。揭弊是做對的事，不只不應受罰，而應受到肯定及鼓勵，才合符倫理。因此，職場揭弊應是員工的重要義務之一，機構應予以肯定，明示對揭弊的態度，及制訂有關揭弊的政策，一方面保護揭弊人，另一方面遏止及阻嚇違法作弊行為。

「不要得罪人」這條在華人社會行之有年的職場「金科玉律」其實有其黑暗的一面，導致職場倫理腐敗。不難想像這規矩的一些行為結果：遇到違規亂紀之事時會裝作看不見、見到同事做事偷工減料若無其事、同事出差虛報支出裝作不知情、知道上司在做假帳虛報業績時不吭聲、明知公司違法亂傾倒有毒廢物卻照樣執行、屢見公司上下賄賂官員而袖手旁觀、職場違反政府安全規定而不敢舉報等。做應做的事，包括舉報，大都會認為沒有好下場，因為得罪了人；若得罪的對象是位高權重的人或有勢力的人，後果更不堪設想。小則可能受到諸般刁難，孤立杯葛；大則可能失去工作，甚至會危及人身安全。問題是，面對職場腐敗而敢做對的事的人，肯定會得罪腐敗的人，但錯不在做對的事的人，而是被得罪的人。不幸的是，倫理腐敗的職場顛倒是非，小人得道，好人遭殃。職場揭弊肯定跟這黃金律互不相容，然違反黃金律不但不表示揭弊是錯的，反而凸顯其隱藏著不公不義，應將之揚棄，不應奉為黃金律。

造成職場陰暗元素的原因是多元的，職場是工作壓力的來源、是工作設計及分配上管理問題；歧視是政策及文化問題，欺瞞是個人問題亦是組織問題，沉默反映了職場領導及組織文化，腐敗

是環境與人的問題。無論如何，要說明職場的陰暗大致上仍會借助爛蘋果及爛桶子模式，即人與環境因素是職場負面因素的主要原因（葉保強，2016）。就爛桶子論方面，組織設計不良，權力缺乏制衡，沒有適當的監督，輕忽倫理的組織文化及劣質的領導都是不當行為的主要環境因素。就爛蘋果論而言，人若無是非感、同理心低、輕忽道德、不擇手段、道德自我弱、倫理觀念扭曲、道德思考能力不足，都很難拒抗誘惑或壓力而作出違反倫理的行為，而在需要作出倫理反應時閃躲逃避，無所作為。對比之下，人的正向因素包括個人的正確道德信念、同理心、正向道德自我、道德能量、道德情緒等都會與倫理行為有密切的關聯。一般而言，凡在這些面向呈現正向的，包括有正確的道德觀念、能用有理由的道德原則及相關的事實來思考倫理問題、有辨識倫理問題的能力、能站在別人的角度來思考問題（同理心）、有是非感等，在一般情況下都會做出對的事，成就善行。

職場友誼

職場可以有真誠的友情嗎（Friedman, 2014, 101-105）？工作中究竟能否發展或維繫真正的友誼？職場友誼能否有助於工作效率的提升？助長合作？加強創意？有助互信？究竟如何測量職場友誼？有研究發現職場友誼是生產力的最有力的測量項，又有研究顯示，與最好朋友一起工作會令精神更能集中、更有熱情、對組織更忠誠等。又有研究發現，職場友誼會產生生產力高的員工，原因不單是朋友之間好合作，跟朋友並肩工作若憂心做得不好會令友人失望、損害友情，友情的聯繫會迫使雙方都盡心做事，防止犯錯，以及把事情做到最好。有好友一起工作的員工亦會留任較久，原因是同事亦是好友的工作環境較容易留住員工，人始終需要友善的人際關係的環境，友情正好提供了較佳的人際環境。有人不為更高的

薪資或更誘人的職稱而離職他去的原因之一，亦是友情所賜。比對之下，缺乏友誼的職場對員工有何影響？不少人都會遇到同事不是朋友的困擾與不快，輕的是彼此溝通不良，默契不夠；嚴重的是關係緊張，誤解頻頻，互相猜疑，合作困難，甚至互扯後腿，變成仇敵，互相殘害。惡質人際關係製造諸多紛擾，無法專心工作，精力耗損，人如身處煉獄，苦不堪言。

如果友誼對工作好處多多，公司是否可以積極製造有利於友誼發展及維繫的環境？有人認為友誼由機率所決定，是基於緣分，不能強求。問題是，若職場友誼完全讓機率來決定，公司要付出多少成本？公司是否可以營造可以發展及維繫友誼的環境，發揮友誼在職場的正面效應？回答這個問題，先要瞭解構成友誼的要素。首先，朋友之間要有實質的接觸性，彼此有親近的親身經驗，如同在一所學校唸書、同住一條村子、同在一個部門做事等。這個鄰近性特性產生了熟悉性，熟悉對方的性格、喜惡、才能、嗜好、理想、弱點等，這些都是友誼的要素。第三個特質是類似性，彼此類似性高才會互相吸引，氣味相投是成為好友的基礎；大家喜愛登山、中國書法、莫札特、日本料理等類似性，將大家經常緊密集結在一起，愈多接觸情感聯繫愈加濃厚，感情愈好愈加喜歡聚集。三個特質互相促進，彼此加強；信任、體諒、心中話、分享祕密等，界定好友的東西就會產生。

職場內的同事如何會變成朋友呢？依一個研究，當兩個同事一起工作約一年及偶然在一些項目共同合作後，同事變成了朋友的徵兆是，他們愈經常談非工作以外的事，且有愈來愈多職場以外的共同活動。值得注意的是，由普通朋友到親密朋友，由親密朋友過渡到摯友的關鍵在哪裡？在同一辦公室工作及具備類似性等，都不足以促成這些過渡，關鍵在於雙方是否能自動地向對方透露私人、家庭、工作的資訊。自動透露隱私產生了雙方的親密性，長線朋友關係亦因此而建立及鞏固。重要的是，自動披露必須有相應的回報，

若只有一方披露，另一方保留，披露的一方會有受騙及被背叛的不好感受，最壞的情況可令朋友關係終止。摯友既稀有亦脆弱，可見其珍貴。

上文提及的鄰近性、熟悉性及類似性等性質，都是職場友誼的設計原則，凡能促進這些特性的措施都對職場友誼有利。協助員工在職場建立友誼是有學理根據的。如上文言，人需要社會聯繫，聯繫愈多，社會網絡愈厚實，人愈感到安全及被支持，有助減低日常的壓力，壓力感低的人的身心愈能抵抗壓力及疾病。若員工在職場有深厚的社會網絡，愈能應付工作的壓力；反之，員工愈感到孤單，愈感到無人支援，愈難抵抗壓力，工作愈容易出錯。友誼提供了必要的支援，令員工更能面對工作壓力時保持身心健康。

親密友誼在職場是否百利而無一害？非也，友誼過了頭容易發生以情害理、徇私包庇等不公不義之事，為了少數人的利益而犧牲他人及公司利益。例如：好友及同事同樣犯了類似的錯誤，經理若由於友情而縱放友人卻懲罰同事，便是偏頗執法不公；又或將機密資訊向友人傳送，令友人在競爭升遷上占有不公平的優勢，亦是藉友情而徇私，圖利好友，造成不公平；或為好友犯錯掩飾，損害公司利益；或拉幫結派、搞小圈子、以權謀私、排斥異己、破壞組織團結與合作、損害互信及合作。友情的適當界線宜確定清楚，哪些領域適合友誼、哪些範圍不適宜友誼，都是要審慎處理及制訂規則，防止友誼之濫用，避免以私害公，發揮職場友誼的正面效應。

註 釋

1. 第一類包括資訊服務業、醫療保健服務業的系統研發工程師，及手術室醫療人員、運鈔和人身保全等；第二類如公務機關技工工友、保育員等。第三類如駐衛保全、抽水站人員等。若雇主要員工超時

工作，將會受到處罰。

2. 見Safety and Health Assessment and Research for Prevention, US Department of Labor and Industries. April 2008, Report#87-2-2008。

3. 一個對職場沉默的延伸論述（Kish-Gephart, et al., 2009），聚焦在由恐懼而生的沉默上，納入恐懼強度及對恐懼反應所需時間的長短的變數，為這類沉默提供更細緻的分析。

4. 見葉保強，2013，290-292頁。

5. 2016年5月2日立法院三讀通過性別平等法修法，規定百人以上企業需設幼兒設施及哺乳室，受惠勞工人數從244萬增至368萬人，占全國受僱勞工的56.47%。可說是職場性別平等的一大進展。

6. 調查時間是2015年11月至2106年1月，樣本數287在職者。

7. 世界銀行定義，見http://www1.worldbank.org/publicsector/anticorrupt/corruptn/cor02.htm

8. 見Glossary of statistical terms, OECD。http://stats.oecd.org/glossary/detail.asp?ID=4773

5
Chapter

職場領導

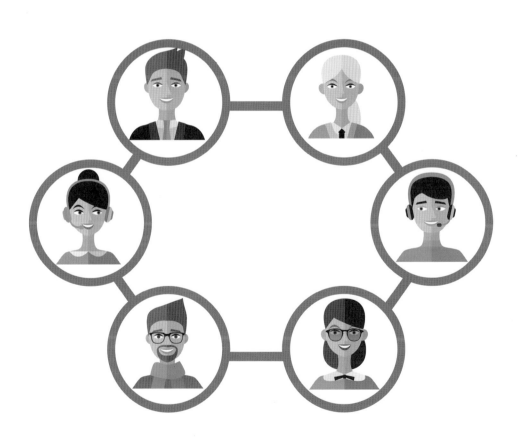

　　職場上，好的領導人將下屬團結在組織的目標下，激發他們的熱情爲組織打拼。最近一項大型研究歸納出20項領導特質（Feser, et al., 2015）：支持部屬、大力鼓吹組織所需的改變、爲組織目標獎勵員工努力及爲後果作出澄清、有效及熱情跟員工溝通、培訓員工、制訂及分享共同的任務、將追隨者作區分、促進小組合作、加強互相尊重、對員工表揚、組織好團隊及工作、作出高品質的決策、推動員工工作動機及將他人優秀的品質發展出來、對事情有批判眼光、做事重視成果、失敗後快速復原、在不確定的時刻保持冷靜及信心、扮演組織價值的模範角色、尋求不同的觀點、及有效解決問題等。在這20項特質的其中有4項：支持部屬、做事重視成果、尋求不同的觀點、及有效解決問題，尤其能彰顯有效領導（effective leader）的性質。❶另一項跨文化的研究顯示（Dickson, et al., 2012），領導包含能力及過程兩個核心元素。近年研究領導已成顯學。❷除了有效領導外，對領導倫理（leadership ethics）有廣泛及細緻的論述。❸

破壞型領導

　　領導的型態很多，包括交易型（transactional）、轉變型（transformational）、眞實型（authentic）、倫理型（ethical）、破壞型（destructive）、家長型（paternalistic）、威權型（authoritarian）、魅力型（charismatic）、僕役型（servant）等類型，各有不同的特質及職場效應：對員工及對組織本身的影響（葉保強，2016）。爲了方便起見，本章集中探討兩種領導，即破壞型領導與建設型領導。前者以威權領導爲代表，後者以倫理領導爲原型。對下屬及對組織本身帶來負面影響的領導方式或領導人就是破壞型領導，同時是壞領導；對下屬及組織都產生良性效應的領導方式及領導人就是建設型領導，亦稱好領導。除此之外，家長式領

導流行於華人社會，本章後半部探討其特質及職場效應。

在領導學的文獻中，過去大部分都集中研究領導的正向方面，有些研究根本視領導為代表正面的東西，因此不把史達林、希特勒、毛澤東等為人類社會帶來災難的人視為領導。這個看法未免偏頗，忽略了能號召追隨者在特定目標之下作出行動就是領導的特性。而好領導跟壞領導的關鍵區別在於領導的手法、動機、目的是否具有正當性。近年有研究聚焦於領導的陰暗面，探討領導的失能（Burke, 2006; Hogan, & Hogan, 2001; Swartz, & Watkins, 2004），而壞領導跟領導失能有密切的關聯。

領導特性

破壞型領導是概括性高的觀念，涵蓋範圍很廣，文獻中有不同的名稱，包括「濫權主管」（abusive supervisor）、「霸凌式上司」（bullying boss）、「無法忍受的上司」（intolerable boss）、「小暴君」（petty tyrant）、「脫軌領導」（derailed leader）、「有毒領導」（toxic leader）等。這些不同的名稱都分別指涉破壞型領導的重要特性；重點雖然有異，但其中重疊的地方卻不少。一個具綜合性的定義（Einarsen, et al., 2007: 208），將破壞性領導規定為：「由領導人、上司或經理作出違反組織正當利益的系統性及重複性行為，令組織之目的、工作、資源及有效性受到損傷及／或破壞，及／或對下屬的工作動機、幸福或工作滿足感，造成損傷及／或破壞。」

這個定義有幾個重點要多加說明。首先，破壞行為具有系統性及重複性，而不是偶爾為之的個別行為。換言之，這些行為是在長時間內定期及經常發生的。有些領導有時心情不好，或判斷錯誤而作出不當的行為，若沒有系統性或重複性，不屬於破壞性行為。其次，這些行為是否蓄意的。定義之作者認為是否構成破壞性行為的關鍵是行為結果而不是意向，只要結果對下屬或組織有破壞性就足

以構成破壞性領導行為。有破壞意圖卻沒有破壞結果的行為，是不算破壞的。但這看法是有問題的，就算沒有達成破壞的結果，有意圖破壞本身應屬破壞行為，而無意圖破壞但做成了破壞的結果，應被視為無心之過或判斷錯誤的破壞行為。有心為惡而無作惡之結果是惡，無心之惡但有惡之結果是可原諒的惡。因此，把為惡的意向排除於破壞性行為之外是不妥的，應將意向或結果納入定義內才是恰當的，即是說，破壞的意圖或破壞的結果都足以構成破壞行為。另一方面，破壞性行為所損害的組織利益必須是具有正當性的，正當性利益是指合法，合乎社會利益及符合有理由的道德及習俗的利益。破壞型領導的行為對下屬及組織都有影響。藉由職位而帶來的機會，破壞型領導可以對下屬及組織濫用權力，行為不當，傷害下屬的尊嚴、工作動機及工作滿足感，同時亦耗損組織的資源，削弱組織效能，妨礙目的的達成。

　　破壞型領導有以下的行為表現：輕忽下屬的尊嚴或利益、視下屬為工具、經常及隨時對下屬公開侮辱／低貶／刁難／霸凌／威嚇／操弄／壓抑等；否定其工作、做事偏頗不公、做事從不詢問下屬意見、要下屬絕對服從、不容許質疑決定、做事專橫、不聽取意見、不容異議、對異議者伺機報復、心胸狹隘、排他性強、媚上欺下、結黨營私、以權謀私、喜怒無常、口是心非、心腸狠毒、自以為是、喜愛奉承、麻木不仁、虛偽作假、自戀、唯我獨尊、親小人、遠君子、獎罰不公、不問是非、善惡不分、死要面子、裝模作樣、難以捉摸、要人臣服、過度管控（Lipman-Blumen, 2005a, 2005b; Conger, 1990; Hogan & Hogan, 2001; Ashforth, 1994）。職場之破壞性行為，包括偷竊、毀壞器材、在外面散布組織壞話、甚至造謠抹黑、傷害組織聲譽，極端者還會在產品上下毒，都與不正之領導人之惡質管理等有密切關係。其他的壞效應包括工作疏離、不信任、不合作、不投入、退縮，這類破壞性行為要組織付出昂貴的代價。

　　破壞型領導的行為有多元的呈現，但自戀這個特性是跟破壞性有明顯的連結。依心理學觀點，自戀者有以下的特徵：自以為比他人優秀、過度正面的自我評價、自以為獨一無二、自私、追求成功等（Campbell, & Foster, 2007）。嚴重的自戀會被歸類為性格偏差：人格上會沉醉於自己的成功及無節制的權力之中、要人家過度對他的賞識、無同理心、嫉妒、狂妄自大、占他人便宜、不合理地以為很多好東西都是他應得的（APA, 2000; 2013）。職場自戀者容易作出不利組織或同事／下屬的行為；在自戀性格測量表上得分高的人的自尊脆弱，動輒視小事或他人行為為威脅或冒犯。位於管理位置的自戀者，有兩種加強其自戀的資源，物質性資源包括高檔名車、昂貴儀器、豪華辦公室；人際資源包括下屬的討好奉承及經常關注的目光。破壞型自戀者的自信呈現得很堂皇，要讓人人都感受到，熱愛財富權力，要他人喜愛，全無節制的追求這些東西；人際互動方面會識大體，交際禮儀上該做都會做；但會貶低或利用他人而無悔意；經常改變方向，價值虛無。

領導的成因

　　領導包括了追隨者、領導人、領導過程，及領導的環境。事實上，破壞型領導的形成因素包括領導的個人因素、願意接受領導的追隨者，及促成的外在環境三者（Padilla, et al., 2007）。破壞型領導人個人可能具領導魅力、有個人獨特風格、有吸引人的願景、有鼓動人心的熱情、能煽動群眾的能量、精力過人等特質，令追隨者折服、崇拜或認同。其次，破壞型領導人有強大的權力慾，但權力並非為了社會利益，而是為了使自己更有權力，用來操控、威嚇或壓制他人依自己的意志行事，或將意識型態強加於追隨者上；換言之，破壞型領導要的是駕御他人的個人化權力（personal power），而不是社會化權力（social power）。如上文言，破壞型領導人很可能有自戀性向，自戀人追求個人化權力，心中只有自

己、不把他人的利益放在眼裡、自私自利、好出鋒頭、占他人便宜、認為地球是環繞他而轉動的、別人要為他服務、欣賞他、崇拜他。破壞型領導人可能在成長期間受到虐待、拋棄或霸凌，這些負面個人經驗決定他以負面的方式看世界及對待其他人。受虐待挨打的經驗令他們對人產生不信任及敵意，形成仇恨意識。這些元素累積起來，足以構成破壞性傾向。

　　沒有願意的追隨者，破壞型領導會孤掌難鳴。哪些人會自願跟隨破壞型領導人？追隨者感到可以從領導人身上獲得自己所需的東西，例如：受人欺負若有人出來為他討回公道，或如食物、安全等得到滿足，會追隨這領導人。凡能滿足這些需求或需求期望的人便會有追隨者。這類追隨者很可能自我形象不佳、自尊不夠、自信不足，覺得自己一無是處，需要依靠強人為他指點方向及解決問題。另外，這類追隨者獨立性不夠，隨波逐流、依賴性強，要依靠外在的力量或規範來指點方向，判別對錯，很容易會受破壞型領導人的自信及霸氣所吸引。再者，這類追隨者的看法及價值，包括自私、個人化權力等，跟領導人相當一致。值得注意的是，追隨者不全然是被動的，會有自己的個人盤算，認為領導可以為他們帶來好處，就算不是即時得到好處，心裡總是盼著好處將會來臨，追隨是在等待著領導的回報。最後，環境因素可助長破壞型領導的形成。例如：社會不穩定、人們感到有外來威脅、集體主義文化、不重視個人自由及權利、缺乏制衡權力的制度、人治、信奉權威等，都是孕育破壞型領導的溫床。總之，這三大因素互相依賴，彼此促進，製造破壞型領導之完美風暴。

威權領導

　　在華人社會，一種常見的破壞型領導是威權領導。威權領導的重要特徵包括：崇尚權威、等級尊卑、熱愛權力、專橫任事、論資

排輩、愛好面子、好為人師、不受批評、不好講理、我說了算、喜愛操控（下屬）、要下屬順從。具體瞭解威權領導的行為，有量表可供參考（表5.1）：❹

表5.1　威權領導量表

專橫作風	不願授權、下行溝通、獨享訊息、嚴密控制。
貶抑部屬	漠視建議、貶抑貢獻。
形象整飭	維護尊嚴、表現信心、操控消息。
教誨行為	要求高績效、斥責低績效、提供指導。

（Farh, & Cheng, 2000）

領導的效應

　　心理學家就威權領導對下屬產生的反應，有以下觀察（Farh, & Cheng, 2000）：下屬會採取順從、公開支持上司、不會唱反調、不會公開地衝突；或對上司表示臣服、無條件接受指導、表達忠心不二，或對其產生信任，表示尊敬或畏懼；或表示羞愧、認錯、聽教、改過等。威權領導的其他職場效應，絕大部分都是負面的。威權領導會導致員工的工作效率下降，人際關係破壞及衝突頻頻，產生越軌行為及不信任（張新安、何惠、顧峰，2009；于海波、鄭曉明、方俐洛等，2008；高日光、孫健敏，2009；李寧琪、李樹、張樹根、劉毅，2010）。此外，威權領導不利於下屬對上司的情感信任和認知性信任，及導致下屬對上司產生不滿意，亦不利於員工的組織承擔等（樊景立、鄭伯壎，2000）。再者，這種領導方式對員工產生強大的壓力，令員工憤怒情緒大增（吳宗佑、徐瑋玲、鄭伯壎，2002；趙安安、高尚仁，2005）。就職場的言論表達方面，威權領導對員工建言有負面的影響（周建濤、廖

建橋，2012）（見上文），威權領導不容許下屬質疑決策的正確性及合理性，而建言恰好踏上這條紅線。人有趨吉避凶的天性，認知到建言有觸犯禁忌的風險，小則招致上司不悅，大則招惹上司的刁難或報復，自然對建言有所保留，知而不言是最佳的自保方法。此外，威權領導對分配正義、程序正義及互動正義的影響都是負面的（王萍、包歡歡，2013）。威權領導對下屬正義感的影響並非很明顯，但員工對領導行為的公正性的感知則有負面影響，表示下屬愈感到威權的行為愈不信任領導（周浩、龍立，2007）。鄭伯壎（Cheng, et al., 2004）發現威權領導若有仁慈及德行作為調節，可能抑制了威權的負面性質（如貶抑下屬）而稀釋了其負面效應，弱化了下屬之敢怒而不敢言，逆來順受所產生的不滿及怨氣，不會演變成公開的衝突與對抗。問題是，這種順從或臣服是真心還是被迫的，分別會產生不同的結果。若領導一旦變弱，如生病或失勢，被壓迫的服從便會被釋放，不滿及怨氣便會爆發，對抗與不服從便隨之而起，昔日有的領導效應便會消失。這些例子無論在政治或商業上都屢見不鮮，強人一旦倒下，平日有的穩定及秩序隨即瓦解，亂象爭奪不斷。威權領導的其他負面影響，包括下屬工作士氣低落、工作散漫低效率、工作滿足感低、職場正義感低及離職率高等，都在很多的研究中被證實（Tepper, 2000, 2007; Tepper, et al., 2008）。

建設型領導

　　如上文言，建設型領導無論對下屬或組織都有正向效應。對下屬而言，建設型領導尊重下屬、關懷下屬、協助下屬解決困難，聆聽他們意見，糾正他們的行為，寬容其無心之失，協助他們成長與成功。在建設型領導的帶領下，下屬的工作熱情被激發出來，對組織有承擔，他們從對領導信任延伸到對組織信任，認同組織及工作

有滿足感。下屬以上的表現，令組織的凝聚力大，產生高素質的合作及創意，生產力提升，競爭優勢自然出眾；組織有好聲名，員工有榮耀感，更能投入工作，組織承擔強，善的循環持續不衰。以下以倫理領導作為建設型領導的代表，探討其特性及職場效應。

西方倫理領導

倫理型領導近年逐漸受到西方組織學及領導學所重視，發掘及構建倫理領導的特質。❺根據研究（Resick, et al., 2006; Resick, et al., 2011），西方倫理型領導的特質，包括品德／誠信（character/integrity）、利他主義（altruism）、集體動機（collective motivation）、鼓勵部屬（encouragement）、問責性（accountability）、尊重他人及為他人著想（consideration and respect for others）、公正及不歧視（fairness and non-discriminatory）、態度開放及有彈性（openness and flexibility）等，不但適用於西方社會，同時亦是非西方文化中被認同的領導特質，雖然不同文化對這4項特質有不同的解讀及落實方式；換言之，領導的倫理要素有跨文化的適用性。以下分別介紹文獻內流行的倫理領導特質的兩個量表：簡單版本及複雜版本。

領導特質（精簡本）

簡單版本的倫理領導，包含了10個特質（Brown, et al., 2005）：私人生活合乎倫理、成功不單看結果還要看相關的手段、聆聽員工心聲、對違反倫理規則的員工作紀律處分、決定既公平亦平衡、值得信賴、跟員工討論商業倫理或價值、作對的事並以此為榜樣、為員工的最大利益著想、做決定著眼於什麼是對的事。用這10項特質做變數來跟其他變數作相關性分析，發現倫理領導跟關心他人；跟人互動時保持公正；領導過程中的誠實及值得信任；與轉變型領導人的良性影響力等都有重要的相關性，而與霸凌

型的監督有負面的相關。這些變數亦可以用來預測其他的組織行為，包括員工對工作滿意、投入，員工認為領導人是否領導有效，及是否願意向管理層建言等。在辨識領導型態方面，這組特質同時可以作為測量領導人是否屬於倫理型的指標（Treviño, & Brown, 2007）。

領導特質（複雜本）

複雜版本（Kalshoven, et al., 2011）包含更詳細的領導倫理特質，分布於7個面向內：以人為本（people orientation）、公平（fairness）、權力分享（power sharing）、關心永續性（concern for sustainability）、倫理指引（ethical guidance）、角色釐清（role clarification）、誠信（integrity）。每個面向的細項分別如下：以人為本的內容：對人的感覺及工作表示關心、找時間來跟人接觸、關心部屬個人的需要、真心關照部屬的發展、部屬遇到難題時表示同情、照顧部屬。公平的內容：對無法控制的事不會向部屬究責、不會向部屬追究部屬無法控制的工作、不會要部屬為不是部屬的錯誤負責、不會利用部屬來達到他／她個人的成功、不會只關注他／她自己的目標、不會操弄他人。分享權力的項目包括：容許部屬對重要決定有影響力、徵詢部屬有關組織發展策略的意見、分派部屬具挑戰性的責任、容許部屬在制定個人績效目標時扮演重要角色、不會禁止他人參與決策、不會只聽取直接向他報告的人的意見。關心永續發展的內容是：喜歡在友善的環境中工作、對永續性問題表示關心、在單位內帶物件的循環再利用。倫理指引的項目：清晰地說明有關誠信的行為守則、向部屬清楚陳述所期望的誠信行為、釐清誠信指引的細則、確保部屬遵守守則、釐清部屬及同事觸犯不倫理行為的可能後果、鼓勵部屬之間討論誠信問題、對遵守守則的部屬表揚。角色釐清的內容：列明組織期望每個人達成績效的明細、對這些明細加以說明、釐清優先次序、釐清每個人的責任。

誠信內容是，信守承諾、言詞可以信任、說話算數。這七個面向包含了38個項目（指標），無疑比包含10項量表更能細緻地展示倫理領導的內涵。值得注意的是，量表是參考西方社會而制訂的，不一定完全適用於東方社會。

華人倫理型領導

倫理型領導的主要特徵在於以倫理來領導下屬，華人社會的倫理領導有什麼特質？近年臺灣的心理學家因應華人文化建構了「德行領導」這個觀念，內容上跟倫理領導重疊性頗高，差異處是納入了中國文化特質。德行領導的特質包括了6個元素（徐瑋玲等，2006）：一，**公平無私**：賞罰分明，不以情害理；公平處理，不偏袒不包庇近人熟人；二，**正直不阿**：見義勇為；不同流合汙；不畏權勢，堅持是非；三，**廉潔不苟**：不取不義；不以權謀私；不假公濟私；不占別人或組織便宜；四，**誠信不欺**：言行一致，表裡如一；誠實；信守承諾；不言因人異；五，**心胸開闊**：虛懷若谷，虛心受教；有容人海量；心胸寬大；不妒嫉他人；六，**盡責模範**：有擔當，不推卸責任；不求他人做自己做不來的事；帶頭解決困難；以身作則，為人表率。大陸學者（務凱，2009）因應大陸狀況制訂德行領導量表（本章附錄表5.5），其行為指標包括以下的項目：不貪求不法所得；為人正直；不偏袒與自己親近的人；以身作則；為人誠實，不說謊話；把公司的利益置放個人利益之上；公平對待下屬；信守承諾，說話算數；是下屬做人做事的好榜樣；不推卸責任；心胸開闊，不計較；不會嫉妒比自己有才能的人。德行領導可視為倫理領導的華人版本，其內涵可以跟倫理領導的內容作比較，辨認兩者之異同。將西方的倫理領導觀念連結華人的**德行領導**作綜合的理解，會獲取一幅繁富、多元的倫理領導圖像。

領導的成因

　　倫理型領導的養成有個人因素及組織因素。就個人因素方面，倫理領導人的人格特質、動機、道德能耐、倫理信念等是跟一般的領導人是不盡相同的。倫理型領導多是有自律型、親和型的人格特質，而無神經質傾向。其二，他們的權力傾向是親社會的權力動機，而非個人權力動機。其三，他們具備複雜倫理思維能力，能區別及辨識複雜的人際關係及處境，從多方面來思考及解決問題。其四，他們重視達到目的之方法在道德上是否適當；為他人利益著想，用美德及規範指引及約束行為。**就組織因素方面**，有三個因素促成倫理領導之養成：組織內出現倫理角色的楷模、供人學習及模仿。倫理領導的特質，都會被有心模仿者觀察到而加以學習，日後成為倫理領導。其次，組織之倫理文化（ethical culture）可以為成員界定或區分在職場內哪些行為是合乎倫理的，哪些是違反倫理的。另外，不同的文化會衍生出不同的行為，影響倫理決策（葉保強，2016）。

領導之效應

　　心術及行為不正的領導對下屬會產生壞的示範作用，這正是「上梁不正下梁歪」之涵義。領導人的一言一行對下屬是有強大影響的。研究顯示，倫理領導對下屬及組織都會有正面影響（De Hoogh, & Den Hartog, 2008; Mayer, et al., 2009）。[6]首先，由於倫理領導重視職場倫理，扮演了模範生的角色，提升部屬的倫理素質，真誠地關心部屬，部屬仿效及報恩，產生忠誠、信任、承擔、超義務行為。職場的大部分員工若具有這些善行，工作的動機及滿足感自然會提高，自然有利於生產力（競爭力）。中國大陸的研究發現（任迎偉、阮萍萍、王存福，2012）[7]，德行領導對組織是有利的，跟員工之工作滿足感、情感承擔、規範承擔、個人績效、組織績效都有正面的關聯。另一研究發現（王萍、包歡歡，

2013），仁慈及德行領導與組織正義有正向相關，無論對分配正義、程序正義及互動正義的影響都是正面的。倫理領導對成員建言等，亦有積極的作用（梁建，2014）。

家長式領導

華人社會由於長期受到專制政治及儒家親親尊尊禮教的薰陶，重尊卑、明親疏、辨等級的傳統根深蒂固，社會的權力差距（power distance）大，威權型領導及家長式領導在職場隨處可見。家長式領導不只出現於華人社會或東方社會，其他集體主義強，權力差距大的社會的家長式領導亦相當普遍。上文已討論過威權型領導，為了更完備呈現華人社會的主要領導型態，本節探討家長式領導的特性及職場效應（周婉茹等，2014；周建濤等，2012；張燕等，2012；景保峰，2015）。❽家長式領導可以有建設性一面，亦有破壞性一面。

家長式領導最突出的性格，就是以家長照顧子女般來領導下屬。對待子女，不同的家長有不同之方式。以今天社會而言，有的家長比較寬鬆，給子女很多發展空間，儘量避免過度干預子女的行為，尊重子女的選擇，順其自然發展。有的家長亦比較威權，家長說了算，重要決定由家長包辦，不必詢問子女的意向，子女只能順從，不得反對或反抗，家長對事無分大小都要管，比用心是為了子女的幸福。這兩種方式之間存在不同程度的自由與管制。總結來說，家長式領導的核心是以家長意志為依歸的領導，若仁愛元素較多者則是仁愛性的家長式領導；若威權色彩較濃者則是威權的家長式領導。兩者之間夾雜著這兩元素的混合體，即仁愛家長式領導中間亦可出現威權的行為，而威權家長式領導有時亦會展現仁愛的表現。但值得注意的是，威權行為出現在前者並不會令仁愛家長式領導變成威權家長式領導；同理，仁愛行為出現在後者不會將威權

家長式領導轉變為仁愛家長式領導。總言之，家長式元素是這類領導方式的基本特性，仁愛或威權元素是次要特性。抽離基本特性領導方式就不再是家長式了，但排除次要特性並沒有改變家長式的基本性質；換言之，沒有仁愛或威權性質，並無改變家長式領導的性質。

家長式領導量表

配合這個概念的一般整理，下面的幾個家長式領導的量表，給予這類領導更具體的內容。

表5.2　家長式領導量表之一

1.理想的上司就像父母一樣。
2.上司最知道什麼是對下屬最好的。
3.經理應為下屬提供父執般的忠告及方向。
4.有權的人應如照顧自己子女般照顧下屬。

（Aycan, et al., 2000）

表5.3　家長式領導量表之二

我的經理
對員工生活的每方面都感興趣。
在職場創造家庭氣圍。
詢問員工有關工作問題。
像員工的家庭中的長輩（父母、兄長）。
以家庭長輩身分為員工在不同的事情上提出忠告。
未徵得同意就為員工作決定。
對每位員工都很熟悉（個人及家庭）。
員工工作外需要幫助時（如居住問題，或子女學費），為公司盡力協助之。
期望員工投入及忠誠，報答對他們的關照。
當員工表現不佳時，給他們改善的機會。
相信自己是唯一知道什麼是對員工最好的人。

（Pellegrini, & Scandura, 2006）

表5.4　家長式領導量表之三

工作地方有家庭氛圍	對待員工如同對待子女；像長輩般給予員工忠告；營造職場有家庭氛圍；當員工如子女般負上責任；保護員工避免受到外面批評。
看重個人關係	對每個員工都重視與他一對一的關係；重視認識每位員工個人及其家庭生活；與員工交往從不隱藏喜怒哀樂；密切關心員工的發展與成長。
參與員工與工作無關的生活面	需要時會為員工毫不遲疑做事；員工有需要時，隨時準備幫助處理與工作無關的事，包括住房、健康等；參與員工紅白二事、子女畢業典禮等；員工私人生活遇上麻煩時（如婚姻問題）願意從中調解。
期望忠誠	期望員工受到其關照及提攜，能以忠誠及尊敬回報；對員工的擢升或解僱做決定時，工作表現不是最重要的準則；員工評審時忠誠比表現更重要。
地位層級及權威	重紀律也重提拔；相信自己知道什麼是對員工最好的；徵詢員工有關工作的意見，但作最後決定仍由自己來做；對每一項工作都要控制及瞭解；雖然跟員工有親密關係但保持距離。

（Aycan, 2006: 461）

　　整合上述量表的內容及華人文化元素（周婉茹等，2014；周建濤等，2012；張燕等，2012；景保峰，2015），家長式領導的行為包括：對下屬照顧擴及其家人；常對下屬噓寒問暖；關心下屬起居；幫下屬解決生活難題；像家人般關心下屬；依下屬個人需要，滿足其要求；無微不至關照跟他熟絡的下屬；當下屬工作表現不佳時，會無微不至的照顧；當下屬工作表現不佳時，會給予適當的輔助。❾

　　另一個因應臺灣社會而制訂的量表（7大構面30指標），提供更具體全面的家長式領導行為內涵（Hsieh, & Chen, 2011, 54-55）：一，在個人意向方面：不易當眾表露感情或看法、在做決定時不易表露個人的意向、與員工接觸不易表露情緒、不會在公開的場合談自己的感情／情緒或價值。二，在跟員工互動方面：保持因人而異的個人接觸、友善但保持適當距離的接觸、對不信任的下屬維持友善但不親近的關係、保持適當的個人隱私空間及神祕、在團體互動時，會努力建立一個友善的組織氛圍而自己會保持一段距離、信任下屬但為了創造對話空間而不露底線。三，在取得共識前：會儘量做私下的溝通及協調、有需要時，為了取得妥協折衷會容許規矩之外的例外、在人際互動中會考慮彼此的尊嚴及面子、會維持適當的空間讓員工建言，或能保持彈性來維護彼此的尊嚴及面子、為了維持彈性，有需要時會避免用正式及明顯的方式。四，保護領導權威方面：不輕易公開演講、只講場合所需的話、依照自己的想法，將服從的下屬的聘任作優先順序排列、為了組織和諧，對臣服的下屬的聘任作優先排序。五，獎勵方面：會採取低調方式關照可信賴的下屬、瞭解下屬的不同需求，會適當地調配資源來滿足他們、經常參與親信的聚餐以加強感情交流、跟親信的聚餐因親疏有別而有所不同、動員親信來支援。六，組織出現不和時，會私下設法來消解紛爭、用多層的管道來加強人際關係、跟不同的組別保持和諧人際關係。七，個人聲名維護方面：做事嚴守規矩法律、以禮待人、自制、高道德標準、在公開場合展示謙遜／仁慈／和藹可親及有禮、有爭執時擔當調解人，公平處理紛爭、不管公開或私下，避免令他人或自己出醜。❿

家長式領導效應

　　依大陸研究（任迎偉、阮萍萍、王存福，2012）⓫，家長式領導對組織績效的相關性不明顯外，對其他的組織績效有正相關性。

一個採用三元模式的研究（林志揚、葉恒，2013）[12]，將家長式領導的三元高低程度的不同組合，分類成幾個次類：低威權、低仁慈、低德行；低威權、高仁慈、低德行；低威權、高仁慈、高德行；高威權、低仁慈、低德行；高威權、高仁慈、高德行。研究發現，仁慈德行的家長式領導（低威權、仁慈、德行）有正面的領導效能，但效能比威權、仁慈及德行均高的領導效能爲低。[13]依另一個研究，仁慈領導、德行領導對下屬的公正感受到正義感有正面的影響（周浩、龍立，2007）[14]。

追隨者

俗語云：有什麼樣的領導人就有什麼樣的追隨者。領導包括追隨，有領導人就有追隨者。從領導與追隨兩者不可分割看，這句話很有道理。雖然領導人跟追隨者之間存在懸殊的權力不對稱，但上司不能在所有的情況下爲所欲爲、唯我獨尊，下屬亦不會全是盲從附和、唯命是從的傀儡；就算是在日本的戰國時代，擁有絕對威權的領主在作重大決策之時，並不是一人說了算，完全漠視家臣的規勸或反對意見。當時的名將如織田信長、武田信玄、德川家康等都有出色而忠貞的家臣，經常不惜冒死來勸諫領主。這並不表示家臣向領主建言，尤其是講領主不喜歡聽的話是輕而易舉的事。事實上他們都得冒著觸怒領主及被懲罰的風險，心中極度惶恐不安。今天的職場，若沒有對員工說眞話的有效保護，敢言的下屬向上司提出不同調的建言時，同樣的惶恐不安是難免的。民主社會對公民基本權利雖有法律保障，但這種保障仍無法直接延伸到職場上，就算敢說眞話的員工亦不會無時無刻、無所顧忌地暢所欲言。事實上，就算是最先進的民主國家仍未能全面做到這領域的保障，遑論新生的民主社會或剛發展的經濟體了。雖然如此，不管言論自由保障有多少或是否有效，現代民主法治社會的職場下，大多數的領導人不會

像古代社會時可以胡作非爲、濫用權力、傷害無辜，而下屬亦不會
默默承受傷害而不敢吭聲。

追隨者特質

近年對追隨者的研究結果（Uhl-Bien, et al., 2014; Crossman, &
Crossman, 2011; Baker, 2007），一改昔日對追隨者的刻板印象，
發現追隨者不全是被動的跟隨或盲目地服從領導人，而有主動及批
判的一面。好的追隨者既有批判思想，亦有積極行爲、善於自我管
理、有責任心、認同組織的目標及價值、不斷提升專業知識及技
能、專注工作、尋找挑戰及從中學習與向上提升、獨立思考、敢於
直言、夠勇敢、誠實及可信。好的領導自然不能沒有好的追隨者。
若下屬盡是應聲蟲，只會討好奉承，領導就會自以爲是，容易犯
錯。唐太宗若無魏徵敢言善諫的輔助，恐難成千古明君；明君賢臣
共治，兩者良性依存，如牡丹與綠葉，造就貞觀盛世。

追隨者倫理

好的追隨者有什麼特性？根據研究，好的追隨者應在認知上及
行動上具備下列的要項（Kellerman, 2004; Johnson, 2009），將這
些性質移轉到職場，成爲追隨者的基本倫理：

一、今天職場的下屬要重新認識自己的角色，尤其是要確認
自己義務的正當性。意思是，清楚認識自己職位被賦予的權利及義
務，充分履行應有的義務，在適當時候維護自己應有的權利。下屬
在職責上雖然是有服從上司指令的義務，但指令必須是具有正當性
的；他們沒有義務去執行上司違法及不合理的指令，或參與、協助
或執行不當的或失德的行爲；而有權利拒絕執行違法亂紀的指令，
或參與、協助或執行不法或不當的行爲。簡言之，下屬無義務爲上
司執行沒有正當性的任務，及有權利拒絕執行缺乏正當性的任務。

二、好的下屬應珍惜組織賦予的權利或權力，或在法律上保障

的權力及權利，將之好好運用來做對的事，或防止錯誤事的發生。不要為了避免得罪上司或有減損同儕間之情誼，或不利於「組織團結」、「人際和諧」，或害怕遭到報復或打壓，而見到違法亂紀之事而不作為；亦不應懾於上司權力或同儕的壓力，做不應作的違規、違法的事。在自己的職權範圍內，應作為的就要作為，不應作為的就不作為。

三、好的下屬應在重大的事情上表明立場，不應避開責任。畏懼於上司的權威或喜好，對重大的錯誤事件保持沉默、虛假或不甘心的附和都是不對的。這個做法會將自己變成不自願的共犯，同時無法阻止錯誤的發生，或錯失扭轉由小錯誤演變成大錯的機會。

四、下屬忠誠的對象是組織或公司，並非僅指特定的個人。對上級的忠誠可以提高合作，令任務更有效完成，前提是上司的行為是符合組織的利益、守法及遵守組織規矩，及對人行事符合倫理。下屬的忠誠不應誤用在違法亂紀、貪汙瀆職、以權謀私的上司上。下屬對上司的忠誠須建立在倫理正當性的基礎上，盲目的忠誠不只不合倫理，同時帶來麻煩或危險，不自覺地成為不當或犯罪行為的共犯或幫凶，助紂為虐。

五、下屬應對上司指派任務的正當性及所導致的結果，保持健康的懷疑精神，盡量要求澄清疑問，不應在不清不楚的情況或缺乏合理的理由下執行任務。例如：下屬可以問：這項工作是否違法？是否符合組織決策程序？是否符合組織的利益？是否符合社會的公平正義？是否會傷害無辜？是否會有人獲得不法或不合理的利益？這個任務若執行其相關的行為可以攤在陽光下嗎？若所指派的工作日後曝光，能為其合理地辯護嗎？

六、好的下屬深知單獨對抗位高權重的上司，不單無效更可能還會招來危險，因此會與志同道合的夥伴建立聯盟，加強作戰力。這些團結的力量給予動機不善的領導人當頭棒喝，令他認清問題，避免犯錯，改弦易轍，考慮更佳的選擇。另一方面，也可令心存不

軌的權重者有所節制及顧忌，不敢胡作非爲，作出損害組織或社會的勾當。再者，聯盟可以增加個人安全感，減低單獨作戰的惶恐與不安，亦較不容易受到單獨地處分或打壓，更容易使更多最初有所顧慮的人加入。這些都會增加集體抗爭的成功機會。

　　七、若在組織內部已經窮盡了所有正規及合理的管道，仍無法阻止不當行爲出現的話，若不當行爲涉及重大的公共利益，如危害公眾健康或製造嚴重的環境公害等，下屬就應向組織外尋找救援，包括向相關部門或外界作揭露，令有關方面作出回應，防止危害或災難的發生或惡化。

　　好的領導配合好的追隨者，互相依賴、彼此促進，成就更完備的建設性領導。配合適合的環境，好領導的效應愈能發揮，爲組織獲取更大的成果。

註　釋

1. 樣本數是189,000，從分布在歐州、亞洲、北美洲及拉丁美洲的81個組織中採樣，涵蓋的產業包括農業、能源、政府、保險、顧問、礦產、房地產。組織員工人數在7,500到30萬之間。

2. 見Burns, 1978; Bass, & Bass, 2008; Chemers, 2002; Chatman, & Cha, 2003; Chen, & Lee, 2008; Dirks, & Ferri, 2002; Smith, & Wang, 1996; Yukl, 2010; Dickson, et al., 2011; Dickson, et al., 2012; McClelland, & Boyatzis, 1982; Tyler, et al., 1985。

3. 見Baserman, 1996; Ciulla, 1998; Ciulla, 2007; Kanungo, & Mendonca, 1996; Johnson, 2009; Rhode, 2006; Treviño, et al., 2000; Palanski, & Yammarino, 2009。

4. 另一量表，見本章附錄，表5.7。

5. 見Baserman, 1996; Brown, & Mitchell, 2010; Brown, et al., 2005; Brown, & Treviño, 2006; Den Hartog, 2015; Eisenbeiss, 2012; Rubin, et al., 2010; Treviño, & Brown, 2007; Piccolo, et al., 2010。

6. 參Toor, & Ofori, 2009; Niu, et al., 2009; Piccolo, et al., 2010; 張永軍，2012；梁建，2014。

7. N＝245，四川、山東、浙江，民營及國有企業共12家。

8. 其他近年相關的華文研究文獻，列於參考文獻。

9. 有仁慈家長式領導的提法，見本章附錄，表5.6。

10. Hsieh, & Chen, 2011，312份有效問卷（回收率77.6%），樣本取自桃園、新竹及苗栗的公立小學校長。量表文字經筆者稍作修改。

11. N＝245，四川、山東、浙江，民營及國有企業共12家。

12. N＝504，回收率71.4%，福建泉州5家民營企業。

13. 三元模式在觀念上是有爭議的，其中主要問題是原模式將三元等量齊觀，視為家長式領導的構成元素，涉及混淆了基本特性與次要特性之嫌，扭曲了家長式領導的性質。由於篇幅有限，將另文處理。

14. N＝428，回收率85%，湖北、廣東、河南14家企事業單位。

附　錄

表5.5　德行領導量表

> 不貪求不法所得。
> 爲人正直。
> 不偏袒與自己親近的人。
> 以身作則。
> 爲人誠實，不說謊話。
> 把公司的利益置放個人利益之上。
> 公平對待下屬。
> 信守承諾，說話算數。
> 是下屬做人做事的好榜樣。
> 不推卸責任。
> 心胸開闊，不計較。
> 不會嫉妒比自己有才能的人。

（務凱，2009：57，文字經作者稍作修改。）

表5.6　仁慈家長式領導

> 對下屬照顧擴及其家人。
> 常對下屬噓寒問暖。
> 關心下屬起居。
> 幫下屬解決生活難題。
> 像家人般關心下屬。
> 依下屬個人需要，滿足其要求。
> 無微不至關照跟他熟絡的下屬。
> 當下屬工作表現不佳時，會無微不至的照顧。
> 當下屬工作表現不佳時，會給予適當的輔助。

（務凱，2009：57，文字經作者稍作修改。）

表5.7 威權領導量表

要求下屬完全服務他的領導。

開會按照他的意思作最後決定。

他認為的模範下屬，必須對他言聽計從。

若不依照其指示辦事，將會受到嚴厲處罰。

當工作目標無法達成時，他會嚴詞地要求下屬解釋。

當工作目標無法達成時，他們斥責下屬。

公司大小事都由他獨自決定。

當下屬公開反對他時，他們很不高興。

不讓下屬察覺他的真正意圖。

（務凱，2009：57，文字經作者稍作修改。）

6 Chapter

未來的工作，
未來的職場

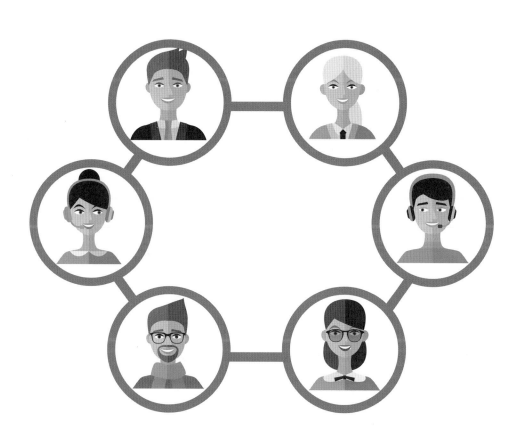

　　上世紀網路商業還未出現，職場工作的節奏比較緩慢，上下班有規定時間，工作壓力遠比今天的低，下班可以把工作拋在腦後，與家人朋友相聚及做自己喜愛的事。再者，那時上班族就業穩定、有假期、有福利、論年資升遷、職涯軌跡清楚。時移世易，受全球化及科技普遍所賜，今天的工作及職場起了巨大變化，昔日的穩定秩序已一去不復返（Bollier, 2011; ILO, 2015; National Research Council, 1999; Unum, 2014）。

工作性質的改變

　　面對全球化之競爭，無論政府或私人公司都為了控制人事成本，大幅精簡編制，減少正職員工，改聘兼職員工、臨時工，或派遣員工，原來的正職人員工作量增加，一人當二或三人用，工作壓力驟增。不少企業推行「責任制」，取消正式的上下班時間，員工經常要把工作帶回家，職場和家庭的界線變得模糊，工作生活嚴重失衡，且職位不穩，隨時會被解僱。就工時而言，依主計總處資料，2013年國內正常工時（不計加班時）前五高的產業，分別為：理髮及美容業、保全及私家偵探服務業、其他服務業、其他個人服務業與不動產經營及相關服務業。這五種行業每月平均正常工時都在183.3小時以上，高於整體勞工的168.5小時，亦超出「勞動基準法」規定的168小時（林毅璋，2014）。

　　典型就業的巨大改變有目共睹，除朝九晚五、固定職場、長期僱用、全職工作等傳統工作型態之外，是快速冒起的非典型就業。這種以彈性僱用為主軸的僱用方式，產生了臨時工（temporary work）、兼職或部分時間工（part-time work）、暫時工（contingent work）、外包工（subcontracted work）、派遣工（dispatched work）、租聘工（leased work）等新的工種，這種通稱為「不安穩的僱用」（precarious employment），漸漸成為不少

產業的僱用常態，隨之而來是就業愈來愈沒有保障，勞動者的職位岌岌可危，隨時可能失業。從事這類工作的人稱為「不安穩工人」（precariat）（Standing, 2011），其中有些人一天打幾份兼差工作，早上甲公司上班，中午到乙商店做事，晚間到丙料理店出勤；有些人則一週換數個職位。更有些極端的例子，一年就做過十餘家店的派遣工或臨時工。對不安穩工人而言，工作因不同的雇主而定，職場隨著不同工作而改變：工作無定，職場多變。不安穩工作的非典型就業的共同特點是，典型就業享有的穩定收入、福利、勞工保險、退休金、醫療保險、假期等全都跟其無緣。加上工資低、工時長、職位不穩定、無法律保障，以非典型工作為主要收入的勞動者，根本是就業市場的次等公民，是「薪酸一族」，窮忙一生。

　　歐盟（European Union, 2012）在2012年的調查顯示，在27個國家的臨時員工占所有僱用者的比例自2000年的11.6%上升到2011年的14%。臺灣方面，2008年的兼職工、臨時工或派遣工大約為65萬人，是全數就業人口的6.24%，到2011年則增加到69萬人（占6.5%）（行政院主計處，2011）。依2013年的報告，從事部分時間、臨時性或人力派遣等三類非典型工作的人有75萬9千人，占全體就業人口之6.94%，較上年增加2萬3千人，其中臨時工或派遣工（與部分時間工有重疊），有59萬人。非典型工女性占7.85%，15-24歲青少年占25.28%（扣除逾六成利用課餘或假期工作者後，比率是9.34%），國中及以下程度者占10.69%較高（主計處，2013）。這類不安穩就業本身就是壓力源，是健康殺手。在不安穩就業之中，派遣工及臨時工尤其是最弱勢的一群，每逢遇到經濟衰退，派遣工或臨時工會首當其衝，失去工作，其所受到壓力遠遠超出長期僱用全職工的壓力。這群身心最容易受到傷害的勞動者，卻是勞動及醫療保障最沒有受到照顧的一群。

　　派遣工是近年愈來愈流行的工種，跟傳統的僱用方式有很大的

區別。派遣工這種非典型僱用型態涉及三方面：要派公司、派遣公司及派遣員工。要派公司是需要派遣員工的公司，但要派公司跟派遣員工沒有僱用關係，僱用派遣員工的是派遣公司，它按要派公司的要求提供派遣員工。因此，派遣僱用之三角關係是有異於典型僱用的僱主與僱員的兩邊關係。派遣僱用常出現以下幾個問題：要派公司主要為了減低生產成本向派遣公司要求提供人力支援，執行特定的工作。要派公司不用給派遣員工福利、假期，又無需投勞保、健保，可以節省大筆的人事成本。派遣公司雖然負責派遣員工的福利及保險，由於是營利組織，為了利潤會儘量壓縮人事成本，包括不提供在職培訓、薪資偏低，或不按勞基法給付加班費等。其次，派遣員工若在要派公司工作時發生意外受傷或死亡，責任歸屬問題並不明確。派遣員工在要派公司工作時派遣公司倒閉，導致無法領到薪資，誰來負責派遣員工的薪資亦有待澄清（詹火生、林昭禎，2010）。勞動部針對這些漏洞，制訂了相關的契約藍本，防止這類弊端的出現（本章附錄：勞動部派遣勞動契約應約定及不得約定事項）。

零工經濟的工作

零工經濟（gig economy）、分享經濟（sharing economy）、按需經濟（on-demand economy）的網路經濟崛起，創造了新的服務，滿足了消費者需求，同時為社會大眾造就了新的就業機會。上世紀20年代，美國酒吧的一些演唱者，賣藝者的工作，被稱為零工（gig work），零工經濟的零工有近似的性質。今天，零工包含兼職工、自僱工（self-employed）、契約工、短期工、自由工（freelancers）、散工、臨時工、按件工（piece workers）等。而網路商業中包括叫車服務的Uber、借宿的Airbnb、做雜務的TaskRabbit等網路公司所提供服務的人，正是零工的典型。但這些

零工或契約工究竟對工人是好是壞，對社會有利還是有害，是一個頗具爭議的議題。

事實上，這些新式工作好處及壞處都有。好處是，為想要找非正式工作的人提供就業機會、賺點外快、補貼開支；集結社會上閒置的勞動力或資源而善用之，以產生價值。例如：Uber的零工就是利用自己的下班時間用自己的汽車接送客人，尤其是在叫車的尖峰時間滿足客人的要求；而Airbnb則讓屋主將空置的房間短期出租有需要的客人，活化物資的價值。這些活動都提高經濟效益，但亦會不利於另外的一些利害關係人。例如：Uber的叫車服務就直接搶走職業出租車司機的生意，而Airbnb則對旅館業造成不少的衝擊。另方面，零工的雇員雖然享有容易找工作及彈性工作的自由，但代價是工作缺乏如典型就業包括最低工資、有薪假期、勞保及健保等的各種保障。最近Uber的司機在美國加州提出集體訴訟，要求被當作正規雇員一般給予勞工在法律上的保障。

依世界銀行的資料（World Bank, 2015），非典型就業無論在發展中經濟及已發展經濟都是不可逆轉的趨勢。2012年在經合組織國家的11.8%的勞工是臨時契約工，2015年在波蘭亦上升到26.9%，西班牙是23.6%、葡萄牙則20.7%，而日本有13.7%。在歐盟臨時工的工資比契約工的工資少了14%。荷蘭2016年的零工人口約有200萬人，占就業人口的25%，其中一半是個體自雇者；預測五年內，這比率將上升至30%-35%（經濟部，2016）。任何可以拆散分組的工作都可以用非典型工作來完成，工作的原子化（atomization of work）令公司可以在全球招募工人，價低者得到工作，這樣大幅降低人事成本對雇主相當有利，但卻不利於非典型工作者，尤其令他們缺乏典型就業者有的勞工保障及福利。世界銀行因此建議要加強管制，對各種零工加以保護。世銀提出零工的契約應遵守以下的原則：一，不管是何種的契約，契約應確保對勞動者的足夠保障。二，政府應立法，給予臨時工或兼職工與正職長期

工一樣的保障。三，雇主應為非典型工人提供適當的職業培訓，加強他們的技能、職涯發展及職業流動性。四，將定期僱用契約及不限期僱用契約的福利及解僱程序同等化，這可避免限期契約續約時被濫用。五，當公司有職位空缺時，雇主應告知限期契約員工這個機會，讓他們跟其他工人一樣有同等機會申請到長期工作。六，在契約內要納入試用期，以確保員工具備必要的專業及社會技能。七，防止在試用期對非典型工的不當對待，應就每一職位設定試用員工的最多數目。

美國零工經濟的比較活躍，近年一份調查提供了具體的數據（Steinmetz, 2016），可略窺其貌。2016年報告揭示，美國有44%的成年人參與零工經濟，他們身分是司機或乘客、屋主或住客等，總人數約9,000萬人。依另一項調查（2015年11月），約有22%成年人，約4,500萬人提供這類服務，有42%的人使用這類服務。提供的服務包括乘車、住宿、雜務、租車及食物貨品運送等，而打零工六成以上是男性，五成以上是少數族裔，五成是年齡介乎18歲到34歲，而四成是城市居民。七成打零工的人對工作滿意，只有2%不滿意。接近六成零工者認為由於缺乏法例監管，會被雇主占便宜。

臺灣以零工為名的就業統計數字不完整。香港則有部分的資料。根據2004年到2014年香港的有關資料（「香港2013年經濟預測」），從自僱工作為零工的一類來看，可略知零工就業近況。就行業看，不少自僱者多為陸路運輸業的司機及流動式機器操作員、家居服務和美容及美體護理的個人服務者、銷售人員及模特兒、保險及退休基金經紀人，以及教育輔助專業人員。運輸及零售行業的自僱比率近年來有所下降，而金融及保險業和公共行政、社會及個人服務業的自僱比率則維持不變或上升。按性別及年齡看，自僱者以男性較多，尤其是40歲或以上的男性。女性的自僱比率則相對較平穩。另方面，較年輕的自僱比率在這十年亦相對穩定。按學歷分

析，教育程度較低者從事自僱的比率一般較高。2014年，初中或以下教育程度人士的自僱比率為8.4%，而高中教育和專上教育程度人士的自僱比率分別為6.2%和4.9%，而在較高技術的行業，包括保健、法律、創意及技術行業的自僱比率則上升。總之，這十年的自僱者之就業數據反映「零工經濟」仍處於萌芽階段。

假想零工經濟比較活躍的美國中的一名典型零工的勞動細則（Hanauer, & Rolf, 2015），可更具體瞭解零工實況。阿福是一家飯店的職工，年齡20多歲，在飯店的維修部門工作約五年，但公司給他的工時是法定工時之下的兼職工，一直沒有將他轉為全職員工，兼職工是沒有全職工的福利與工資是較低於全職工，且由於他是兼職工因此公司不用為他購買健保。五年來工資只調漲了少許，趕不上通膨，阿福的生活開支包括房貸、食物、水電費，及汽油費，已經用去工資的一大筆，剩下無幾，財務相當緊張，不得不另找幾份工作幫補生活支出。阿福於是在網路找到TaskRabbit，工餘接一些家居維修小工程，或幫忙處理雜務，平均每月可賺取約400美元。但這仍不夠開支，阿福於是在週末或飯店下班後加入Uber做臨時司機，用自己的車子接送客人。最常出班時間是晚上8時到12時，接載的大都是年輕人，增加了一些收入。由於住的城市是一旅遊名城，旺季時通過Airbnb把自己閒置的房子出租，每位住客平均住二至三天，兩個月亦有不錯的收入，但事先要花一筆維修費把房間修繕好。他又利用Uber合約司機的身分，接送客人來回機場，由於車程比較遠，比較賺錢。這些零碎工作在旺季時可為他增加不少的額外收入，但淡季時可能一個月就只有幾份工作。因此全年的收入並不穩定，除了在打工時的成本支出外，實際的收入並不多，工作經常奔波勞累，年齡稍高時，體力不支，必須減少工作的數量。可以想像，阿福的生活並不穩定，銀行存款不會很多，根本無法累積足夠退休金（無法退休！）。若遇到身體不適或生病，就無法接零工，看醫生要自掏腰包，住院的開支會令他更吃不消，

零工生活苦不在話下。其他零工經濟正夯的歐洲零工生活，亦不一定是勞工樂於做的，很多人做零工是逼不得已（Elan, et al. 2015; Stein, 2015）。另一方面，零工的人生與工作的關係，大致可用一句話作個簡單的概括：「我父親一輩子就是一份工作，我打了六份工，我的子女則同一時間內做六份工。」（Adams, 2015）

未來的職場

工作及職場在過去二十年多經歷了前所未見的變化，出現了新的秩序，除傳統的定時全職工作之外，快速湧現了非典型就業。職場隨著工作性質的改變亦自行演化，雇主、政府與員工若不能掌握這趨勢會跟時代脫節，失去競爭力。

廠房與辦公室

勞心或勞力者工作的地方很不同，藍領在工廠、白領在辦公室，大致上代表了現代職場的兩個主要版本。現代職場的空間、間隔、布置、傢俱及設施的擺設，都直接跟工人的生產力、互動合作、工作滿足感及幸福有密切的關係。未來的工廠或辦公室與現時，會有何改變？

現代廠房的布局主體是福特式（Fordist）的流水生產線，將生產分開成不同的組合，工人被安排到生產線的不同區域內，不同區域互相連接、彼此協調，在同一廠區生產線上的工人分別重複地執行預先安排好的特定工序。富士康在廣東省深圳市的廠區專門生產蘋果手機，在廠區內偌大廠房內的一個角落，可以看到流水生產的執行片段：一名女工在手機母板上插入晶片，坐在下一個位置上的女工則將母板安插在機身板上，接手的女工將機身和玻璃機面套在一起……生產線的測試區、抽驗區、包裝區等都分別執行該區的工作，區與區之間無縫的連接，工人都在流水線的兩旁座位上一個接

一個坐著，手不停地操作，將裝好的組件放在中間不停地移動的輸送帶上，組件移向下一個工序的工人處……工作每3小時有15分鐘的休息，午飯1小時……工廠24小時運作，三班制。

現代辦公室的設計，基本上是廠房設計的延伸，不同的是面積相對地小，原因是辦公不用大型機器，也無需裝配零件，文書工作不必大空間。辦公室的早期設計跟工廠內的流水作業大同小異，一排排的辦公桌旁分別坐著職員，在同一個空間內工作，沒有私人的領域，鄰座的同事在做什麼都一目瞭然，講話內容全都聽到，全無隱私可言。一直以來，這樣的辦公空間安排是否有助於工作效率及保障工作品質，老板或上司很少理會或關心，更遑論員工的工作滿足感了。之後辦公室的設計起了大變化，發明了留存至今普遍使用的立方間（cubicle）辦公室。設計是，四方形的簡易板塊間隔，占地約1.5公尺×1.5公尺，裡面僅可放置辦公桌及椅子，坐在其間的員工彼此看不見隔壁相連的同事，但彼此可以聽到對方交談，工作時有一點個人空間及隱私。這有名的立方間的設計歷史，反映了辦公室過去六十個年頭的進化史，值得做一個簡要的回顧。

辦公室簡史

立方間是美國設計師普爾斯（Robert Propst）所創造的產品（Friedman, 2014: 29-32）。上世紀50年代後期，他受聘於知名的傢俱公司赫爾曼米勒（Herman Miller），任務是開發新的產品。那個年代的辦公室跟今天的很不一樣，在偌大空間內於一到兩個彼此相連的桌子，員工就坐在桌前工作，面對面，或背對背，或旁邊坐著同事。普爾斯正式設計之前，先做深入的研究，親自到不同的地方的辦公室，細心觀察白領族如何工作、如何互動、如何溝通，同時研究不同的設計如何影響白領員工的生產力。經過深入的研究，他認為辦公場所極為不利於工作，虛耗員工的體力及才智，令他們毫無成就感。改革的方向是令員工在工作時不分心，給予他們

隱私，及讓他們有個人的空間及能自己控制工作的節奏。具備這些功能的產品：行動辦公室（action office）於是應運而生。這個設計概念相當不錯，可惜產品銷路不佳，雇主認為設計占地太多，令生產成本提升，不願購買。普氏於是修正原設計，推出行動辦公室2（action office 2），這款其後聞名天下的立方間（cubicle）很受市場歡迎，為公司賺進很多。問題是，立方間原來的設計是要保障員工隱私及個人空間，這目的實際上沒有達到，原因是很多雇主為了省錢，修改了原設計，把面積縮少。70年代美國員工每人平均約有500方尺的工作空間，但到2010年則減少到200方尺。立方間對私隱亦無改善，雖然員工之間沒有眼神接觸，但沒有隔音造成不少干擾，無法專注工作（Franz, 2008; Schlosser, 2006）。立方間雖然有缺點，但私人房間的壞處亦不少，包括占地太多、造成溝通阻礙、製造人與人之隔閡，亦強化了等級的差異，位高者房大位置佳，位低者房間小位置差。今天的工作很多都需要合作，這個工作的間隔不利於合作。有些組織的辦公地方不用立方間，改用開放空間（open space）。支持者認為開放空間的好處是有助員工之間的溝通，而將員工全放在一個地方可以打破了等級差別的感覺。開放工作間的壞處是，無法阻擋來自各方的干擾、人聲、機器聲會令人分心，別人的視線或隔鄰有耳，會令人感到隱私不被保護。此外，在開放空間的交談大多是短暫及沒有內涵的，大家都知道有人會聽到談話內容，因此開放空間有助於溝通這個說法是不完全可信的。事實上，交談容易不等於是溝通良好，應酬式的交談跟有內涵的溝通有天壤之別，如果有內涵的溝通很難發生，由溝通而來的合作亦不容易做到，未來職場空間的安排必須注意這些要點。

　　如上文所言，通訊科技的普遍已令工作的地點改變或擴大，員工在固定的時間內聚集在一幢樓房內工作這個習慣開始被打破，科技令員工可以在家中做在辦公室做的工作，同時可以跨好幾個時區跟越洋的其他公司的員工合作完成任務，工作確實可以在辦公室

之外有效進行及完成的，因此傳統的職場已不完全適用於今天的社會，職場的性質變化是新的常態。這個變化積極的一面是，雇主明顯可以由節省辦公室的面積而大幅降低營運成本，亦可為員工提高工作的彈性，調整定時、定地的工作方式，提升工作生產力，加強員工對工作的滿足感。如上文言，要提升生產力，一方面要令員工能專注及不受干擾，另一方面要使他們更容易於跟同事溝通合作、分享創意及知識，如何將兩者好好結合正是未來職場設計的主要目標。混合職場（hybrid workplace）是一個有趣的建議，它結合了封閉及開放的空間特色，開放空間之外設有封閉的獨立房間，員工有需要時是可以預約使用。彈性是這類新的職場的特色：兼顧了個別工作的特殊需要（單獨在清靜地方做事）及團隊合作所需的互動與分享。移動技科有助於彈性工作的執行，員工可以面對面的實體接觸，及跟遠處的同事作虛擬的合作。事實上，美國一些領先的企業如Cisco、Intel、Google已經實現這種混合職場（Alter, 2014）。彈性工作不表示虛擬的合作可以完全取代面對面的互動，人們仍需要真實的互動來加強彼此互信及默契，面對面的真人互動所包含的豐富訊息，有助加強互信及默契，令資訊流動，觀念交流更快速，這些優點是虛擬互動所無法完全複製的；因此，將兩者作合適的結合是未來職場的要項。就企業而言，雇主必須因應這變化重新規劃職場，將實體空間跟虛擬空間創造合適的結合，在維持公司的文化及不損害員工的士氣下，兼顧生產力提升及降低成本，打造新的職場。

職場變化大趨勢

　　職場的變化是不爭的事實，以下幾點是值得注意的發展方向。一，員工合作的方式經由新科技的引進而不斷地改變。二，工作需要新的工作文化及規範。三，雇主有更多機會跟其他組織或公

司共同規劃共用工作空間。四，城市及政府官員要創造更多這些空間來協助這種新的工作形式。總之，這裡不但涉及企業及員工，還包括了其他不同的利害關係人，包括政府、建商、建築師、發展商及社會，大家必須對這些趨勢有認知，共同合作來因應職場變化。

《未來職場報告》（*The Future Workplace*）發現（Unum, 2014），未來的職場有4個特色：無年齡限制的（ageless）、重心靈的（mindful）、重直覺的（intuitive），及合作性的（collaborative）。一，無齡職場是針對社會高齡化而出現的，退休制度可能會被取消，高齡員工願意繼續工作而不想退休，他們的體力與智力都能勝任工作，只要他們想繼續參與勞動，雇主應提供機會給資深員工，善用他們的經驗，不要浪費人才。二，職場必須制定政策，除了關注他們的身體健康外，加強員工精神的健康同樣的重要，這才可使他們能在快速及高度連結的網路經濟中維持生產力。三，職場的設計及操作，應利用友善的科技及大數據，瞭解員工的需要，打造更符合人性及方便操作的工作環境。四，職場傳統的層級性結構應被扁平的及開放的結構所替代，這種安排有利於溝通合作。這份報告是結合1,000名英國勞工的調查結果及一群專家的意見，發現職場幾種發展趨勢，提醒雇主若輕忽這些趨勢，沒有因應措施回應趨勢，將會付出很大的代價，包括員工將無法適應變化而產生壓力及身心掏空，容易離職，造成公司重大的損失。配合以上職場變化的一般性描述，以下是對幾項大趨勢（Laing, 2011, 2015; Unum, 2014）：組織結構變化、職場引進機器人、雲端招募人才、職場監督、家中工作、職場健康等，作更具體的描述。

網絡型結構

自工業革命以來，公司的主要結構是階梯型組織（ladder organization），分層分級、等級嚴明、分工精細、角色明確，工序標準化；員工的職涯如爬階梯，從低層一級一級向上爬，薪資福

利等隨著年資而增長，退休後可領退休金。然而，今天已進入了數位經濟時代，工業化社會行之有年的習慣已不太合時宜，數位時代的工作及職場需要不同的工作能力與態度、合作方式及組織結構。逐漸取代階梯型組織的網絡型組織（lattice organization），員工組成多元化、工作方式多樣化、工作趨向彈性，團隊合作愈普遍，控制是非指令式的，領導方式亦非全自上而下。中層管理逐漸消失，組織愈趨扁平，訊息流動快速而自由，溝通方向包括水平、垂直及對角等。

「未來的職場」論壇（The Future Workplace, Unum）認為雇主要吸引及留住優秀員工，必須用心打造有利於合作的職場，精心設計多元的工作空間，包括單獨工作室、小組會議室、封閉會談室、開放空間、創意作坊，及定期互換團隊成員，因應不同的工作及合作方式讓其發揮功能。公司不妨減少自上而下的控制，讓員工更自由地調整工作的步伐及方式，讓他們能更自主地發揮創意，扮演創業家角色，啓動工作熱情及投入。

機器人入侵

2014年PEW一項名為互聯網的未來調查（Smith & Anderson, 2014），蒐集超過1,890名科技專家對人工智能及機器人對工作的影響意見，有樂觀的及悲觀的。樂觀派認為科技在歷史上會取代某類的工作，但科技亦是工作創造者。人們將會創造新的工作方式以回應變化；這些科技會執行人們不喜歡的工作，令人們負責更具意義及對社會有貢獻的工作。悲觀派則認為由科技產生的自動化將消減大部分的藍領工作，但不少白領工作亦很難倖免；雖然少數具備高科技能力的勞工會在新的職場取得優勢，但絕大部分的勞工不是被迫做更低薪的工作，就是面臨長期失業。現時的教育制度沒有為民眾迎接未來的工作做好準備，而政府、企業及社會亦尚未有因應的措施來應付新的職場（Crush, 2016; Smith & Anderson, 2015;

Samuelson, 2015）。

　　機器人對職場所產生的影響，無論從其力度與規模，比工業革命初期引進機器及數位時代的互聯網所產生的衝擊，有過之而無不及。據2013年兩名牛津學者的估計（Frey, & Osborne, 2013），未來二十年間美國約47%的工作都可以由電腦取代。麥堅斯全球學院預測，到2025年，全球有4,000萬到7,500萬份工作將被機器所取代。另一份報告指出（Chu, et al., 2015），美國45%的受僱工作是可以自動化的，若機器人的水平能發展到跟一般人的語音辨認及理解水準的話，這個數字會提升到58%。事實上，機器人成為生產大軍的日子早已來臨，汽車生產線上大量使用機器人已相當普遍，其他的產業亦步亦趨，愈來愈廣泛使用機器人，節省成本及提高生產力。這個不可逆轉的趨勢，不但會對就業市場造成巨大的衝擊，導致大批工作的消失、大規模的失業，且會重新界定機器在生產上所扮演的角色，及啟動人與機器共同合作的深層思考，規劃人與機器人共事的新角色及相關的管理與規範。

　　機器人不斷被引入職場，首當其衝的是製造業，工人會大量被取代。現代的機器人研究有長足發展，製造了更精明、更能做事的機器人，不但能做重複性單調生產的動作，其他需要細緻、手眼協調的工作都難不倒它。執行危險性高、汙染性高的任務，比人力更能勝任。此外，倉庫業及電子商務、快遞業等亦普遍使用機器來大幅提高生產力，減少人事成本。亞馬遜電商的倉庫管理，從接到客人訂單，到貨架上找尋訂單上列出的貨品，然後輸送到包裝部經人手包裝，接著寄送到客戶地址，程序大部分交給機器來完成。機器人的使用不限於製造業，一般白領階級所執行的工作，包括祕書、助理、會計、售票員、速食店服務員、大賣場的店員、餐廳侍應生，亦會被智能機器人所取代。此外，庶民餐館的廚子等工作，會隨著智能機器人的引入而消失。現代日本大街小巷之路邊，不只出現飲料的自動販售機，甚至各式食物，包括漢堡、拉麵、便當等

自動販售機亦愈來愈流行。當然這些機器無法跟智能機器人相比，但可以被機器所取代的工作，當然可以被機器人所替代。一般而言，凡是可自動化的工作原則上都可以由機器來做，愈容易自動化的就愈快被取代（Frey, & Osborne, 2013）。此外，工作屬於慣常性的、重複性及可預測性的都岌岌可危，被取代是遲早的事。比照之下，愈需要規劃性的、互動性強的、要有創意的，及不可預測性的工作，就較難被機器所取代。依此準則，不易被取代的行業包括教師、工程師、律師、程式設計師、家居修理技工、護士、醫師等（Brynjogfsson, & McAfee, 2014）。按CNBC報導（Zuo, 2016）富士康已用機器人取代人手，其位於江蘇省的昆山廠區的員工從11萬減少到5萬，省了很多的人事成本，這是不可逆轉的趨勢，未來其他企業及產業都會仿效。昆山市政府宣稱，2015年包括富士康的33家臺灣廠商，已投資40億人民幣來開發人工智能。

雲端人才庫

近年雇主招募工人，不但可以利用網路的人力銀行，同時還會使用雲端資源，在大量的合適人選中搜尋適當的員工。這種雲端人才招募法，是雲端人才（the human cloud）資料庫中，將雇主〔求人者（requesters）〕及為數眾多的自由工作人〔求工者（taskers）〕聯繫及作配對，讓求人者在特定工作上自行競標，由求人者決定誰得到工作。例如：亞馬遜的機械手（mechanical turks）人才庫在任何時間，就有來自190個國家達5萬名的求工者；而Upwork的資料庫就聲稱有來自180個國家約1,000萬的自由求工者，他們每年競投約300萬份各式各樣的工作。

這個人才招募法對雇主有利。首先，雇主可以即時知道有哪些人願意接這項工作，節省一大筆傳統招募的成本。其次，這批工人不必配置辦公室或電腦、印表機、空調等設備，又不用給予醫療及勞工保險、病假或週休例假，這是第二筆省下的大錢。對求工者而

言，人力雲端除了讓他們找到工作外，有多大好處則視乎個別情況
而定。首先，全球做競投的最直接結果是造成了向最低工資競賽，
同樣資歷的軟體工程師，印度工程師的薪資是美國工程師的十分之
一，精明的美國老闆難道會放棄印度工程師不用，而選美國的同業
嗎？當然不會。同樣道理，當香港及新加坡的教師跟臺灣的教師競
爭工作時，馬來西亞的雇主會選前者還是後者是不用多說的。若廣
泛地使用雲端人才庫招募，這會導致傳統的工作之薪資向下調或停
滯不前，或製造愈來愈多非典型就業、職位岌岌可危的工人，及產
生嚴重的所得不平等。但支持者認為人才雲端庫仍有其積極的意
義，對不願過朝九晚五固定地點工作的人，或想多賺一點外快幫補
家庭開支的人，這是一種不錯的選擇。有些招募人才平臺不採用競
標的方式，而在申請者中精選一些符合求人者要求的求工者，而求
工者亦可提出最低的工資要求，以限制向最低標走之弊端。有些公
司先在初次的僱用中觀察求工者的表現，試用期內若表現出色，及
具備公司的招聘要件，即可獲聘為正式雇員。目前，如其他非典型
工作一樣，這類的工作大部分是不受勞工法例管制的，求工者受剝
削或其他不公平的對待風險很高。

職場監控

　　愈來愈多雇主利用科技來監管員工的工作，無論員工身處何
地、在做些什麼，甚至他們的情緒如何，雇主都可以一目瞭然。其
實雇主用科技監視員工工作很早就有，送貨司機或長途貨運司機的
駕駛路線及行車速度記綠都有GPS等科技來監管；公共客運車上裝
有錄像機，記錄行車時司機及車內狀況。職場隱私如何管理是不乏
爭議的，究竟什麼程度的監視才是合理的？監視的範圍有多大？監
視之時間有多長？等都得做合理的界定。除此之外，未來的監視可
能會延伸到員工下班之後，甚至家居生活，這樣的監視是否侵犯了
員工工作以外的隱私？雇主提出的理由是，員工在下班後的活動跟

他的健康有密切的關係，健康的員工不只生產力高，同時可以為公司省下因健康不佳請病假所導致之生產力損失，或生病入院的醫療開支。況且，現時在市面上銷售的穿戴式健康監測儀，可以精準及更易記錄員工包括血壓、運動量、睡眠品質等健康狀況，這些健康資訊可以幫雇主精準瞭解員工健康狀況，發現問題就及早治療。這種監視可以被納入本章末所論述的健康計畫之內，是有利於員工的。健康監視從好處想可以視為公司對員工的善意表現，但從壞處想這些健康資訊亦可以用來對付員工，以不健康為理由迫退員工。還有，員工可能對這個貼身的監視程度感到不自在而產生壓力，反而對健康有害。究竟要如何監視、要不要監視，仍有很多地方需要討論。

退休終結

隨著人口的老化，高齡員工延後退休，或以兼職身分繼續就業已成趨勢。依世界衛生組織的資料，自1990年開始，全球人口的出生預期壽命增加了六年，命長了退休金是否夠用就成了大問題。很多面臨人口老化的國家都因應這個問題，立法將退休年齡延後到65歲或67歲，讓高齡員工繼續上班交稅，部分舒緩退休金財務不足的困境。由於醫療進步，注意飲食及運動，人們變得愈來愈健康。60歲退休時仍身心硬朗，工作力不減，迫退他們企業或政府不只失去經驗豐富的員工，國庫亦失去了他們的所得稅。有些政府制訂政策，安排達法定退休年齡的員工逐步退休，而不是突然從職場全身而退；即是說，他們可以選擇每周工作三天而不是五天，或每周每天工作半天等，或乾脆延後退休，或甚至取消退休年齡，只要員工仍有工作能力，是否退出職場全由雇主跟他們商議後決定。事實上，有些退休員工擁有寶貴的技能與經驗，一時很難補回，雇主及政府就應好好珍惜這些員工，讓他們繼續發揮所長，為企業及社會服務。再者，有些員工的經驗令他們轉業易如反掌，不用再培

訓，這些人才要多加利用，不應浪費。當然有一些低技術的勞力員工，轉職可能要更多的培訓。無論如何，工作令人跟社會保持連結，比無所事事對人的身心都有好處。

很多國家都有職場歧視，高齡化社會的年齡歧視會更加普遍，就算有相關禁止歧視的法令存在，雇主仍會用盡方法對高齡員工做或明或隱的歧視。以企業裁減人員而言，年齡愈大者被裁撤的比例愈高。另一方面，在招聘上，年齡大的求職者會比年輕的求職者有更大的機會不被選中，很多雇主都認為年輕者更有適應力、更便宜及更懂電腦等。問題是，認為年長的求職者適應新環境的能力差其實是偏見，很多轉業有困難的高齡員工之所以缺乏最新的技術，主要是昔日雇主沒有提供培訓的機會，讓他們跟不上時代需求。另一方面，雖然他們年資高要給予相對較高的薪資，但他們的經驗所帶來的生產力是值回成本的。私人企業要改變思維，去除過去對高齡職工的偏見，承認他們仍是有活力的工作者，珍惜他們的經驗，好好加以利用，並與政府有關的政策配合，達到雙贏的效果。政府方面應採取長線的策略，為高齡就業者制訂職場友善的政策，作出相關的投資、規劃就業培訓計畫，發揮高齡就業人士的經驗及技能，為社會作出貢獻。日本對高齡勞工的回應，值得其他國家學習，政府設立了銀髮人力資源中心，為60歲高齡人士提供就業機會的經驗。無論如何，未來的職場將會出現更多的高齡員工，他們的工作節奏或方式可能與千禧世代的員工（見下文）不一樣，但管理層應調整思維，採取措施，教育員工，不要將他們視為二等職員，要給予尊重，避免歧視。代與代之間如何融洽地合作，互相體諒，如何互動與學習，是門大學問。這個狀況，正如早期大量女性進入職場後，男性管理者及員工需要學習處理兩性合作的關係一樣。總之，員工需要學習與不同年齡之間的合作、體諒與寬容，是職場倫理必須加強的地方。

職場未來空間

回到基本點，職場的主要功能是為員工提供不受干擾、能專注工作，但有利於溝通合作的場所。按這個目標，理想的職場空間安排就是在這幾項要素取得平衡。做法是（Friedman, 2014），令員工在工作時感到安全，不受其他人在背後監視或偷窺，因此座位的安排要照顧到這一點。其次，人喜歡接近大自然或綠地，人們見到綠油油葉子的樹木時心情會愉悅及情緒會放鬆，在接近門窗的位置及窗外有綠色景觀的座位工作，可以稍微消減單調的感覺。另外，有陽光照射到的地方，人們心情愉快，注意力集中。現實中世界上很多的職場都設在城市裡，城市土地昂貴，寸土寸金，辦公空間每一方寸都是成本，精打細算的老板必把每方寸都物盡其用，擁擠會是常態，寬敞肯定是夢想。況且，城市就是一座冷冷的混凝土鋼筋森林，處處滿布玻璃帷幕的高樓，阻擋陽光射入及妨礙空氣流動，壓縮了日照的時間，人多、車多及空調多都造成空氣、噪音等汙染。暑天尤如火爐，跟滿布樹木清風陣陣的景象南轅北轍，無法打造接近自然或綠色職場。雖然如此，大量放置綠色室內植物、改善照明、懸掛自然風景的圖片，儘量模擬接近大自然的環境，亦是補救方法之一。研究顯示，員工在這類工作環境下更能集中、更有效率，及工作滿意度都有改善。

除了空間的設計外，職場的人文元素亦同樣重要。將職場打造獨特的個性，令員工有與眾不同的感受及榮譽感，也是理想職場要關注的重點。一個流行的做法是將公司的歷史及英雄故事、對社會有貢獻等人物，在公司顯眼的地方展示出來，如公司的大堂、走廊或會議室都是可選的地方。難度更高的是用職場來反映公司的核心價值或精神，這必須靠優秀的設計才能有適當的藝術表達，否則可能弄巧成拙，或為笑柄。在打造個性的職場時必須有同事的參與，因為他們瞭解公司的特色或個性，讓員工參與這類活動會加強他們跟公司的聯繫，助長他們對公司的歸屬感（Alter, 2014）。

家中工作

隨著通訊科技的普遍，傳統的職場邊界開始變得模糊，有的工作是可以在辦公室以外執行及完成的；因此有人會問，家中工作（telecommuting）是否比在辦公室工作更有生產力？未來的辦公室是否可以延伸到員工的家中？員工是否在家中工作比在辦公室工作有效率？這些問題的答案則視個別員工的工作習慣，尤其涉及的有關工作性質而定。有些需要團隊經常面對面溝通的合作性工作，應是在職場內進行比較有效；有些工作是相對地個人化或無團隊合作性質，則可在家中完成。研究顯示，若一項工作可以同時在辦公室做或在家中做，在家中做的生產力會更好。原因很簡單，在家中做的好處是不用通勤所耗的時間（2小時）及壓力（試想早上七時起，上班族在東京或上海的超級大城市被地鐵員工推進擁擠的車廂所耗費的精力及由擁擠而產生的心理壓力！），減少職場的干擾，可以兼顧小孩的照顧，或在休息時做一些家務，對員工都是有利的。視工作需要，員工不必一週五天返回職場，可以選擇二至三天在家工作，只要有適當的監督及配套措施，不但無損員工的生產力，且可令員工的生產力提高及對工作更滿意。當然在家工作不是沒有缺點的，家中的舒適可能令工作不夠專注，一時看電視、一時上網，或做其他的事，但這些不良習慣是可以改變的。員工若選擇在家中工作就要重新學習新的工作方式，並養成自制習慣，做在職場應做的事，負起家中工作的責任。

千禧世代

2015年時的美國，18歲至34歲的成年人屬這個世代的人，人數約5,400萬人，占美國勞動的三分之一。這群出生於1980年至2000年之間的千禧代（Millennials），是嬰兒潮世代（Baby Boomers）以來最大的年齡群體。美國勞動局資料顯示，2015年此

世代是勞動人口中最大的世代。而國際會計商Deloitte（Deloitte, 2015）預測，到2025年千禧世代將占全球勞動力之75%。依不同的觀察與調查（Lewis, 2015; Krueger, 2014; Hope, 2016; Gilbert, 2011; Deloitte, 2015），千禧世代有以下的特性：熟悉上網、數位技術熟練、對變化很能適應、工作中追求意義、不太重視金錢回報、認為自己有才能、社會應提供他們應享有的、追求創意、公平對待、工作生活平衡、能同時執行多項工作、受過良好教育、對自己有高期望、偏愛團隊工作、尋找挑戰、期望快速擢升、願意回饋社會、關心社會、喜歡上司對自己工作表現的回饋及給予支援、接受有創意的工作、給予適當風險的任務、塑造團隊工作氛圍。這世代的人亦留給世人一些負面印象，包括自戀、沒有忠誠、不能與人作面對面互動等。這世代的員工最愛的職場有以下的特點：能對他們才能給予肯定、為他們安排可以發揮才能及作出貢獻的位置或工作、公司的薪資、利潤分配及升遷都符合公平原則、對影響他們的決策能夠參與等（Krueger, 2014; Lewis, 2015）。對照之下，嬰兒潮世代幾乎沒有這些特性，他們期望工作穩定、在大公司工作有保障、在組織階梯一步步往上升、遵守規則、服從上司、不喜歡承擔風險、對公司忠誠、不太關心其他的利害關係人等。要發揮千禧世代的價值，必須制訂一套適當的政策及互動習慣，不能用對待嬰兒潮世代的方法與態度來對待千禧世代（Hope, 2016; Gilbert, 2011）。在這過渡期，即嬰兒潮世代退休延後或重返職場，千禧世代不斷湧入職場，兩世代如何保持良好的互動及合作、彼此尊重及體諒、製造融洽的職場氛圍，亦是職場倫理的挑戰。

職場健康計畫

美國員工健康狀況不佳非常普遍，如吸菸、肥胖症、肺癌、心血管疾病、容易感冒、營養不良等，而體重超重及經常坐著工作會帶來很多疾病。能夠針對這些不健康的生活習慣的健康計畫

若能有效執行，是可以協助吸菸的員工戒菸，減低由吸菸所導致的健康風險；鼓勵員工多運動，由運動帶來健康。總之，將不健康的員工逐漸變爲健康，將健康的員工操得愈健康，這些效應是可以持續多時的及有實效的。對比之下，沒有健康計畫的員工，公司每年要花費昂貴的醫療費用，因請病假等於生產成本的增加，健康的員工不但可以爲公司節省可觀的健保費用，同時會提升公司的生產力。依蘭克顧問公司（RAND）2013年的一項研究（Mattke, et al., 2013），大約75%的計畫都包含疾病管理及生活方式管理（lifestyle management），該研究調查了美國全國50家雇主約60萬員工。就投資回報而言，疾病管理計畫針對那些患有慢性疾病的員工，生活方式管理計畫乃針對有高患病風險的員工，如吸菸或肥胖症的員工，幫助他們減低風險，預防發展成慢性疾病。就投資回報效益而言，這些計畫整體可以爲雇主的每一名員工每月省下約30美元的健保支出，其中疾病計畫所省下的是87%。參與疾病管理計畫的員工可以每人每月省下135美元，主要原因是來自入住醫院的人數減少了三成。值得注意的是，只有13%員工參與疾病管理計畫，其餘的87%是參加生活方式管理計畫，表示絕大部分人參與的計畫對整體的節省只屬輕微。就投資回報而言，計畫的每1美元的投資整體回報是1.5美元；若分開來算，疾病管理每1美元有3.8美元的回報，但生活方式管理則只有0.5美元的回報。生活方式管理是長線的，不是每一有健康風險的員工都會發展成疾病，同時不健康的習慣要經歷一段很長時間，才會發展成疾病，但此期間雇主卻要爲員工投資。因此在投資這類預防性的計畫時雇主必須精打細算，挑選那些相對於預防成本是高風險的項目作投資。根據報導（Rossi, 2015），一項分析36個健康計畫的研究發現，大公司用於員工健康計畫的每1美元，可降低醫療支出3.27美元。而就生產力提升而言，每花1美元在健康計畫就可減少2.73美元因不上班所涉及的成本。另一個研究發現，長期性的疾病奪去了美國每年約11兆美元，

這些損失都是由因生病或入院而不上班及帶著不健康身體上班所導致的。一項對62個有關研究的後設分析發現（Chapman, 2012），有健康計畫的公司其病假、健保、工傷賠償及保險支付，比沒有計畫的公司少25%。

《哈佛商業評論》2014年一項對20家公司的研究發現（Rowan & Harishanker, 2014），有健康計畫的公司平均每年的健保支出有1-2%的增長，而全國公司健保支出的平均增長則是7%。5-6%的健保支出節省是很不錯的成績。依報導（Rossi, 2015），研究發現成功的健康計畫要有五項要素，才能帶來積極的效益。一，完備的計畫提供多種選擇。但這些計畫必須符合實際及令員工容易參加，華而不實或難以開頭的計畫效用不大。二，職場本身必須反映高度的健康意識。例如：食堂及飲料機都要販賣健康的食品及飲料，避免垃圾食品及飲品。環境保持安靜，有定時及適當的休息時間。有些公司設有運動的空間或健走步道。公司的整體政策及實務都支持健康。三，計畫應與其他方面，包括職場安全、福利部門、人事部及其他的基礎建設要素連成一體，彼此配合。四，健康計畫要與其他的支援連結，例如：公司的員工援助計畫與健康計畫連在一起，令員工碰到影響他們的健康、工作的情緒及身體狀況時，更易得到援助。五，自願健康篩檢及教育。公司可以僱用外面的公司做健康篩檢，員工可以選擇自願健康篩檢（膽固醇、體質指數、血壓、血脂等），瞭解自己的健康狀況，並可依據所得到的數據資訊，制訂改善健康之目標。高危險的員工可另找外面的醫療協助，制訂改善計畫。為了保護個人隱私，健康資料都以整體形式提供給公司，裡面沒有可以辨認個人身分的記號，公司可用這些資料來制訂針對性的計畫協助員工。除了極少數的企業外，這類健康計畫在華人社會職場應是不存在的。這個美國經驗是否可供包括臺灣在內的華人社會職場參考，將之因應在地的特色、制訂相關的計畫則要視政府、企業及勞工三方面的職場健康意識及執行意志了。

附 錄

派遣勞動契約應約定及不得約定事項

中華民國101年6月26日行政院勞工委員會勞資二字第1010125521號函發布
http://www.rootlaw.com.tw/LawArticle.aspx?LawID=A040290031005500-1010626

依勞動基準法等有關規定應約定下列事項：

一、工作場所及應從事之工作有關事項。

二、工作開始及終止之時間、休息時間、休假、請假及輪班制之換班有關事項。

三、工資之議定、調整、計算、結算及給付之日期與方法有關事項。

四、有關勞動契約之訂定、終止及退休有關事項。

五、資遣費、退休金及其他津貼、獎金有關事項。

六、勞工應負擔之膳宿費、工作用具費有關事項。

七、安全衛生有關事項。

八、勞工教育、訓練有關事項。

九、福利有關事項。

十、災害補償及一般傷病補助有關事項。

十一、應遵守之紀律有關事項。

十二、獎懲有關事項。

十三、其他勞資權利、義務有關事項。

不得約定事項：

一、與派遣工簽訂定期合約。

二、要求勞工離職預告期間超過勞動基準法第16條規定期間。

三、雇主有權單方面決定調降或不利變更薪資。

四、約定限制勞工請（休）假權益，請（休）假未依法給薪或懲罰性扣薪。

五、延長工作時間未依規定加給工資。

六、預扣薪資作為違約金或賠償費用。

七、約定女性勞工於懷孕期間仍須值夜班。

八、未依規定提繳勞工退休金或將應提繳6%金額內含工資。

九、約定雇主得不依規定記載勞工出勤情形。

十、勞工保險、全民健康保險、就業保險、職業保險未依相關規定辦理。

十一、約定雇主得扣留勞工身分證明等文件、證書或收取保證金，於離職時方能領回。

十二、約定勞工有結婚、懷孕、分娩或育兒情事，應離職、留職停薪或同意終止勞動契約。

7 Chapter 打造職場倫理

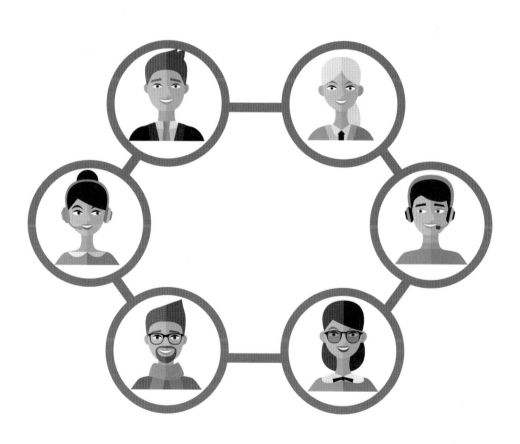

　　好的職場倫理決定於人有意識的設計、蓄意的打造及悉心的維護。近數十年隨著全球化的普遍化及科技的突飛猛進，工作性質及工作的執行都起了巨大的改變。勞資雙方彼此的期望有明顯的改變，職場的社會契約已經產生巨大的變化。職場倫理可以視為廣義的職場社會契約，要打造職場倫理必須掌握這個巨變。其次，職場所處的文化環境是塑造職場文化的主要因素，華人文化中的權力距離、集體主義及依賴關係，都會型塑有中華文化特色的職場倫理，在打造華人職場倫理時必須重視這點。本章以**倫理資本**為整合觀念，探討構成職場倫理的基本元素，包括工作意義與尊嚴、職場倫理資本、職場自主及工作意義感等。

職場社會契約的變化

　　社會契約（social contract）是指人們對社會上基本的價值或理想秩序概括性的道德期望及認定，並以此作為社會上基本的應為或不應為的一般準則（Donaldson & Dunfee, 1999；葉保強，2002）。不同於法律意義的契約，亦有異於心理契約（psychological contract）（Conway, & Briner, 2005, 2009; Rousseau, 1995），社會契約是哲學及道德意義的契約，在現實社會上不一定會全部能成為法律，但反映人們對社會的理想之概括性表達。在現代法治社會中，若這理想能獲得社會共識，及有足夠的合理性及可行性，可通過政治過程成為法律，社會契約便會轉化成為包括經濟、政治、商業等不同層面的法律契約（legal contract）或組織規範。上世紀末，國際商業機器公司（IBM）針對急遽變化的商業社會，預測美國未來職場社會契約的變化（Weidenbaum, & Chilton, 1994）。這個預測分別從雇主及雇員兩造期望獲得的東西到願意付出的東西作思考，認為在舊職場之社會契約下，就期望收獲方面，雇主期望從員工獲得的東西是：員工有倫理及誠實、工作

表現滿意、守規則、對公司忠誠，有需要時才培訓員工；而在員工期望從雇主處獲得的是：希望雇主能尊重及公平對待、關懷他們工作、收入佳、福利好、有擢升機會、工作環境安全健康、就業有保障。新的職場契約下，雇主想從員工獲得的是：倫理及誠實、工作表現卓越、不斷改善、創意及參與、有職場承擔等；員工期望從雇主處獲得的是：尊重、參與機會、好領導、學習機會、成長機會、職場安全健康、信任、工作與生活有彈性，及安穩地過渡到未來。就付出方面，舊職場契約下雇主願意做的事，包括制訂工作指標、支援員工、好薪資、好福利、擢升機會、培訓／再培訓、就業保障、公司上下一家親；員工願意付出的，包括勤奮、彈性、超出期望的工作表現、超時工作、忠誠、被信任等。新契約下，雇主願意為員工付出的包括信任、賦權、促進式管理、多樣式的薪資、專業成長、學習機會、資訊給予、過渡支援；而員工願意為雇主付出的包括參與、願意提出不同的看法、卓越表現、願意犧牲、終身學習、對成功的承擔。美國職場變化雖然不一定能適用於世界各地的職場，但就先進的經濟體而言，就大處看新的社會契約所預見的雖不中亦不遠矣，而對於新興市場或東方社會的不少職場而言，舊的社會契約的不少項目似乎仍大致上適用。

華人社會與職場契約

職場之社會契約離不開其所處的大社會，社會的基本價值及習俗會直接影響職場契約。以華人社會而言，尊權威、重集體及依賴關係等特性，肯定對華人職場社會契約內容有一定的影響。華人社會的職場倫理，必須將這些本土文化元素跟職場的普遍元素做融為一體的結合，打造更能實踐於華人社會的倫理。

荷蘭學者何夫史特（Hofstede, 1980）探討國家文化與工作有關的價值，研究對象是一家其分公司分布在全球40個不同國家的

表7.1 IBM構思的職場社會契約的演變

	舊社會契約			新社會契約	
	雇主	員工		雇主	員工
收獲期望	倫理與誠實 滿意表現 有需要就再培訓 守規則／支援 對公司忠誠	尊重／公平 關懷的管理 好收入 好福利 有擢升機會 安全健康職場 職位保障	收獲期望	倫理與誠實 卓越表現 不斷改善 點子／參與 業務成功的承擔 個人投資	尊重／參與 有原則領導 以績效算薪資 成長機會 學習機會 安全健康職場 工作／生活彈性 安穩的過渡 信任
願意付出	制訂工作期望 管理支援 好薪資 好福利 擢升機會 培訓／再培訓 職位保障 公司一家親	勤奮 彈性 超出的滿意表現 超時工作 從一而終 忠誠／信任	願意付出	信任／賦權 促進式管理 多樣式的薪資 專業成長機會 學習機會 資訊給予 過渡支援	參與 願意提出不同的看法 卓越表現 願意犧牲 終身學習 對成功有承擔

（參Weidenbaum, & Chilton, 1994: 28，經筆者修改。）

美國跨國公司。何氏在1968年及1972年分別做了兩次調查，共收回的問卷有11萬6千多份，問卷提問了有關工作價值的問題，以文化的四個面向來整合結果，發現不同的國家文化（national culture）有不同的價值。其後，何氏（Hofstede, 1991）調查了IBM分布於全球不同國家的員工對一些問題的意見及態度，利用文化的五個面向來整合研究結果，這五個面向包括了權力距離大與權力

距離小（power distance）、個體主義及集體主義（individualism/collectivism）、剛性與柔性（masculinity/femininity）、迴避不明朗（uncertainty avoidance）的高與低，及儒家文化動力（Confucian dynamism）之強與弱。以下簡述華人社會的權力距離、集體主義，及重關係輕法理的傳統。

權力距離

權力距離是指社會上無權或權力少的一群人與有權或權力大的人之間的距離。依何氏的見解，社會中權力少的一群人如何期望及接受社會中權力的不平等分配，可以反映出該社會的權力距離之大小。在權力距離不大的社會，人民之間權力分配的不平等比較小，社會的權力分配比較分散，特權與地位象徵比較不明顯；而在公司或機構內，上級做事經常會徵詢下級的意見。相比之下，權力距離大的社會其權力分配不平等較大，但這種不平等會被視為理所當然的。社會上無權的大多數人非常依賴擁有權力的少數人，權力的集中亦被視為正常的。機構或公司的上下級之間的薪酬、特權、地位，都有顯著的差異。在權力距離大的國家裡，人們重視的價值包括了地位、服從及控制。

集體主義

個人主義或集體主義主要是用來描述一個社會內的成員個人獨立性的程度及社會的團結性。在個人主義強的社會，個人與個人之間的關係是鬆散的，每個人都要自己照顧自己及自己的家人。受僱的人是憑個人的才能或公司的規則，而被任用或擢升。在重視集體主義的社會裡，個人要對所屬的團體忠心，而團體給予個人支持與照顧，作為一種交換。個人是否受僱於組織或在組織內是否被擢升，就要視該人與組織的關係，組織像對待家人般對待員工。何氏認為所有富有的國家或地區（除了香港及新加坡），都是個人主義

比較強的國家，而絕大部分的貧窮國家都是集體主義強的國家。依何氏看法，個人主義比較強的國家如英國，人們重視的價值包括了競爭及獨立。

管理學者瑞丁（Reading, 1983）就何氏的文化價值指標作華人組織層面的解讀，下面是權力距離與集體主義的職場行為表現。就**權力距離**方面：華人社會的經理做決策時會較為專斷、下屬會接受嚴密的管控、員工較喜歡獨斷式管理人員決策作風及較容易接受指令式管理、管理人員喜歡將自己視為仁慈的決策者、員工害怕和老板意見不一致、管理者較不能體恤部屬、上司做決定經常沒有跟員工做正式的商議或諮詢、員工較不願意互相信任。員工工作倫理感較弱、老板認為人不愛工作。就職場的**集體主義**而言，瑞丁認為常見的職場行為有：集體取向、「我們」意識、個人感情依附於組織、強調個人屬於組織、個人生活受到組織的制約、個人的職責／安全感／權力／專門知識是由組織所提供的、個人較注重在人際關係中獲取聲譽、對團體內的人或團體外的人之價值標準差異頗大、排他主義、信任團體決策。❶

關係主義

華人社會非常重視關係，社會中拉關係、搞關係、秀關係、養關係、靠關係等現象普遍存在，華人一輩子在悉心經營關係，比照顧自己更為重要。❷華人社會重人脈、講人情、重關係、輕法理，❸就算社會已經在法治上有長足發展，華人之間的交往仍很依賴關係。社會的共識是，有良好的關係，在做人做事上無往不利，經營好人脈被視為成功之道。坊間流行的一句話：「有關係就無關係，無關係則有關係！」的確反映了關係的重要性。可惜的是，這句話隱藏著令人憂心的負面涵義：若你的後臺夠硬（跟有權勢的人關係良好），你做了錯事或壞事就不必擔心；若你沒有後臺（即無權貴為你撐腰），你的麻煩可就大了！在法治社會中，若人們仍相信這

些，表示在人們的認知中關係比法律更管用，認為依賴關係比依賴法律對自己更有利，做了違法的壞事理應受到法律制裁，但有關係者則除外，關係可以讓違法者不必受到懲罰；有關係者可以超越於法律之外，成為特權階級。關係的負面運用，在法律、社會、經濟、政治及人際關係上，都會製造不平等及不公不義。職場上若負面運作關係，同樣會製造不公不義。集體生活及合作必須建基在平等、理性等普遍性原則上，而法律及有理由的規範具備這些特色，因此社會秩序的維繫及集體利益分配應依賴它們。對照之下，個人關係因為具特殊性，同時是偶然性、隨意性及感情性，不能用之作為社會秩序及集體生活中利益及權利分配的準則。因此，重關係而輕法紀經常會導致腐敗，違反公平正義，同時跟人們作出其他不倫理行為有密切的關聯。❹

　　雖然華人社會重關係，不表示西方社會就不重視人際關係，差別在華人對關係的重視遠超過洋人對關係的重視而已。社會是集體生活，因此不能不正視關係，中外如是，對關係的內涵及作用應多加探討。依社會網絡理論，人在職場上的行為受4種關係的影響（葉保強，2016）。❺第一種是強與弱的關係（strong and weak relationship），指關係強弱可依關係的頻率（frequency）、回報性（reciprocity）、感情強度（emotional intensity）、及親密性（intimacy）加以區分。弱關係（weak relationship）是指生疏的聯繫、不經常的互動、不存感情的關係；強關係（strong relationship）是由兩方的經常接觸、長期合作而形成的，包含了熟悉、情感及信任。第二種複雜關係（multiplex relationship）是指兩人之間有多重的關係，例如：朋友、鄰居、生意合夥人、同事、校友等。複雜關係會對惡行加上額外的制約，因為作出不道德的行為會破壞其他的關係。第三種不對稱感情關係（asymmetric emotional relationship）是指關係人之間的感情及信任存在不對稱的回報，即，甲方對乙方的信任及感情並沒有被乙方全部予以回報。第四種

是位階差異關係。彼此的相對權力構成了位階（status），而位階所構成的關係會影響行為。不對稱的權力關係令位階較低的一方受到惡行對待的風險較高。位階低的一方作出惡行的機會比較低，因為這會引起位階高的更狠的報復。然而，位階高若有德，不一定會利用更大權力來欺壓對方。這些關係的分析，是否有助於關係與壞行為的關聯？不同的關係性質是否可以說明有關係就無關係，無關係就有關係這個社會歪風呢？假定爛蘋果因素或環境因素的影響力不大時，就壞行為跟關係的關聯，不妨作以下的猜想：強關係比弱關係較容易導致壞行為，因為陌生人之間很難共謀行惡；複雜關係較不容易產生壞行為，因為人會憂心破壞其他的關係；不對稱感情關係容易導致惡行，無感情、無信任注入的一方則有較大機會行惡而獲取利益；關係中之位階差異容易導致惡行。這些猜想是否符合現實，有待事實證明。

倫理資本

凡有助於社會生產力的項目都可視為資本，組織需要多種的資本來協助其生存與發展。除了金融資本（financial capital）及物質資本（material capital）外，組織還有賴人文資本（human capital）（Becker, 1993; Burton-Jones, & Spender, 2011）、社會資本（social capital）及倫理資本（ethical capital），才能維持有效的營運及發展。金融資本指資金及信用；物質資本指土地、廠房、機器、傢俱等；人文資本是指具備包括受過教育、具備知識技能、身體健康等特質的勞動者。這些都是大家熟悉的經濟生產要素。社會學家（Coleman, 1995）發現：感恩、尊重、友誼，產生了人們相互之間的熟悉及認識，形成了持久的人際關係，這些社會資本能促進人們彼此互動的互信、互助。社會資本雖然不像前面的資本較容易被量化，但在生產力的提升上會扮演不可或缺的

角色（Coleman, 1988, 1995; Cohen, & Prusak, 2001; Putnam, 1995; Napapier, & Ghosal, 1998; Bartkus, & Davis, 2009）。

在文獻中較少討論的是倫理資本（Ip, 2014; Ip, 2005），它是鑲嵌在組織之體制、規範、守則、價值、信念及人員內的倫理元素，它的功能是指引及約束成員的道德行為及互動，促進及加強組織合作與生產力，有利於組織及社會。倫理資本分布於體制、文化及人員三個範圍之內。職場的權力結構及決策過程、問責程序及其他倫理法律規範是體制型倫理資本；職場的價值、信念、倫理氛圍是文化型倫理資本，而員工及領導的倫理素質及行為、合作關係及互動習慣是人文型倫理資本。三類資本並不是互相獨立、無所連接的，而是互相依賴及相互影響。例如：有良好的領導及人員，就會有良好工作態度或文化氛圍，以及調整權力結構及問責過程。重複不斷的善行製造了正向的回饋，產生有利職場的正向元素，包括職場正義、職場承擔、職場信任、超義務行為（見下文）。值得注意的是，這些正向元素本身就是倫理資本，亦會對其他資本產生作用，形成善的循環。若人員倫理素質低下，常會出現違規及以權謀私之惡行，並對文化及工作態度產生負面的影響，製造不少如上文所言的職場陰暗元素，極端者會形成集體的腐敗，產生為惡的墮落漩渦。

大部分的組織只是口頭倫理，說說道道，實際上言行分家，根本不重視倫理，組織上下心中少有倫理，遑論倫理資本了。只有少數重視倫理的組織，才會有倫理資本意識，珍惜倫理資本及對其悉心管理。事實上，倫理資本的意識源於對善的價值的承擔，倫理資本的獲取是積極經營的結果，價值虛無錯亂的環境無法產生倫理資本，只會抑制倫理資本的出現及發展。倫理資本是珍貴之資源，得來不易，獲取之後必須悉心照顧，不斷滋養維護，令其能茁壯成長，才能永續地支撐及維護職場倫理。若誤以為一旦取得倫理資本就可一勞永逸，疏於照顧；誤以為它可取之不盡，只取不儲；誤以

爲它是永不損壞，不定時維修。這些誤會將會導致倫理資本提早耗損，倫理事故及亂象就會接踵而來，導致腐敗而令組織崩壞。由於較難量化，倫理資本之管理尤其要用心。倫理資本有深淺、厚薄、堅韌與脆弱、結構扎實與結構鬆散之別。深厚、堅韌、扎實的倫理資本，是經過長期用心維護的成果，是職場倫理的基石；而資本淺薄、脆弱、鬆散，則是輕忽怠惰之後果。如文首言，職場倫理是廣義的社會契約，好的職場倫理是以倫理資本爲基礎的社會契約，是具有倫理正當性的。

職場倫理資本

上文提到的三類資本是基本倫理資本，它們彼此之間的加強及促進可以衍生更多的倫理資本，姑且稱爲衍生倫理資本。下面討論的職場倫理資本，包括職場正義、職場承擔、職場信任、超義務行爲等，剔除它們包含體制文化及人文的性質後，餘下的都可歸類爲衍生倫理資本。以職場正義爲例，它包含了制度面及程序面，這些可算是基本倫理資本，但正義亦包含了互動面，人際彼此對待的方式與習慣和感知，可能是經由人員本身的人文素質與制度性因素互動所產生的，因此可以稱爲衍生倫理資本。承擔、信任、超義務行爲這些倫理資本的衍生性，亦可以同樣的理解。值得注意的是，倫理資本彼此之間的互相影響，不但會衍生額外的倫理資本，同時會令原有的資本及彼此之連結更爲鞏固及持久，形成生生不息之善的循環。

職場正義

職場正義有三種。**分配正義**是指組織人就有關薪資、福利、獎勵、評鑑、擢升、工作安排、學習機會等分配的公平正義的感受及認知。職場正義的一個重要關切面是：員工的付出與報酬（effort-reward）之間是否合理（Siegrist, et al., 2004）。當經理執行任務時程序及過程是符合公平原則時，就涉及**程序正義**（Warr, 2007）。公平程序包括管理者或上司在行事時是否保持前後一致、行政中立、適時給予員工足夠的資訊及表達意見的機會、在重大的決策時（如遷廠、收縮編制、關廠等）容許員工的參與及表達意見、員工有投訴管道申訴不公平對待等。員工就上司是否有公平對待他們及對他們有所尊重的感受，就是**互動正義**。互動正義可視為廣義的人際正義，職場內上司與下屬、同級之間的彼此尊重、以禮相待，職場就有人際正義；反之，則缺乏人際正義。上司與下屬的人際互動，是狹義的人際正義。

職場是否有正義，對員工及公司都有影響。研究發現（Cropanzano, et al., 2003），若職場沒有重視正義或經常出現不義之事，會導致員工包括偷竊、破壞，甚至暴力等偏差行為。又一項研究顯示（Sweeny, et al., 1990），員工若感到薪資是公平的，就會有更大的工作滿足感及更大的組織承擔感。根據另一項研究（Warr, 2007; Colquitt, et al., 2001），職場正義對員工的工作滿意感有正面關聯，員工感到組織有正義會有正面情緒。無論分配或程序的不公平，都會令受害的員工產生負面情緒，而這些不公平亦會影響其他具影響力的職場因素。員工若察覺到上司的監督不當（abusive supervision）時，就會認為公司不公平，感受到不當的督導這個變數，可以很準確地預測到員工的主觀滿足感（Tepper, 2000; Tepper, et al., 2008）。若上司給予下屬的監督是配合適時的支援、協助，員工的工作滿足會提升。研究發現（Elovainio, et al., 2002）組織正義是員工健康一個有用的預測變數。違反人際正義帶來員工負面的影響，包括降低工作滿意度、人生滿意度、組織承擔，同時會增加他們的不安、憂鬱及疲憊。

職場承擔

職場承擔的流行稱謂是「組織承擔」，是個人對組織的認同，為組織的利益全力以赴，並自願長期成為組織一員的一種狀態。組織認同（organizational identification）包括認同組織的價值、信念、文化、政策、行為，將自己視為組織不可分割的部分，與組織產生一種榮辱與共、共同進退的關係與感情。組織認同的結果為組織人製造了其組織身分（organizational identity），享受權利及履行義務。❻

職場承擔可分為3種：感情型承擔、義務型承擔及成本型承擔。**情感型承擔**是以情感跟組織作聯繫，有這類承擔的員工通常會為組織全心投入工作，甚至自願作出額外的付出而無怨言；他們樂意協助同事，及作出其他的超義務行為等（Mowday, et al., 1979）。員工之間情感愈深，對公司愈有承擔。**義務型承擔**是以義務跟組織建立聯繫。若員工為組織的付出主要源於義務時，員工的承擔是義務型的。在考量去留時，義務型承擔的員工以是否有違反倫理契約，或是否有違背道德承諾，或是否未有履行義務作為主要考量，而不是以利害或成本來計算的。**成本型承擔**是以成本利益作為跟組織的聯繫。同樣以去留來說明，成本型承擔者會以去留的好處及壞處、有利和不利、離去的利益大還是留下的利益大等作決定，情感或義務全不管用。

承擔是有其職場效應的。研究發現（Mathieu, & Zajac, 1990; Randall, 1987），承擔有助於員工的工作滿足感，減低離職的意向及減少離職，對組織是有好處的。比照之下，缺乏職場承擔的員工其工作消極及被動，會出現退縮行為（withdrawn behavior），包括對工作無精打采、冷漠、不在乎、苟且、經常請假、辭職（Somers, 1995）。缺乏情感承擔會令員工產生不安情緒，亦會對下班後的生活有不良影響。當公司出現困難或危機時，有組織承擔

的員工會較為主動積極針對問題發表意見或提出解決之道,而較少會冷漠或離開公司。研究發現(Griffeth, et al., 1999),組織若有導致員工產生對組織的情感及義務承擔的因素,會增加員工對公司的業務及發展表示意見的意願與對公司的忠心,減低員工離職或對事情冷漠的消極反應。低承擔對個人及組織都不利。組織不會信任及重用承擔不足的員工。如上所言,低承擔員工離職機會甚高,經常請假及工作散漫,容易傷害組織。若上級是低承擔,會對下屬產生不良影響。高承擔的員工高度配合公司目標,可組成穩定及可靠的團隊,提高生產力,因此對組織是有利的。組織亦會重用高承擔的員工,對職涯有正面影響。值得注意的是,過度承擔是有壞處的。首先,過度承擔可能會令成員的組織性過強而失去其個性,為組織馬首是瞻,不問是非,甚至為組織作惡。其次,過度承擔的員工可能導致工作與家庭的失去平衡。還有,可能會固執傳統及既定政策,抗拒變革,甚至不顧一切繼續以往的錯誤(Brockner, 1992; Brockner, & Rubin, 1985; Ross, & Staw, 1986; Staw, 1976)。

職場超義務行為

員工若能盡忠職守把工作做好,企業應有深幸得人之感;若員工不單如此,還經常自覺地作出工作契約義務之外有利組織之動作,類似社會上的A$^+$公民,實是組織之大福。這類能行超義務行為的員工(簡稱「超義務員工」)委實罕有,但其意義值得重視。❼從行為表現上看,超義務員工有以下常見的行為:自願幫助同事解決困難及給予支援、告知跟工作相關的資訊,令同事能順暢地工作;自動執行別人不願扛的任務、執行吃力不討好的差事等。這類員工有良好的工作倫理、任事積極、不畏艱難、保持熱情、積極進言、不同流合汙等。超義務行為的職場效應很明顯地對組織有利(Podsakoff, et al., 2000, 2009; Koys, 2001)。就算人數不多,超義務員工都會提高工作效率與團員合作,增加公司的競爭力。有研

究（Podsakoff, et al., 1997）顯示，有這類員工人數更多的生產小組，無論在產品的量與質方面的表現，都勝於這類員工數量少的小組。

職場信任

有生產力的集體生活若無信任是無法形成的。甲對乙的信任是指甲對乙的承諾、人品、行為、意向、能力、決定、反應等的信任，缺乏這些，人與人之間無法合作，正常的集體生活無法開展及持續。同理，職場沒有信任是無法運轉的。職場信任的重要性不亞於職場正義或職場承擔。職場信任是指職場內之利害關係人之間的信任。職場內部利害關係人包括上司與下屬、下屬彼此之間（Mayer, et al., 1995），而上司可分為直接的上司，及最高層的上司等。在利害關係人之間的信任外，信任的對象可以從特定的個人擴展到小組、部門、公司本身。信任的對象亦可延伸到職場外部的利害關係人，如供應商、客戶、買家、商業同盟等，以及社區、社會、國家。值得注意的是，信任建立在經驗上，但過去的經驗不一定能證明對方在當下及往後仍是值得信任的。例如：甲信任乙在他需要幫助時會幫助他是基於過去經驗，但實際上乙是否都作出同樣的反應則是未知數，沒有百分之百有保證的。因此甲對乙之信任有賭博成分，潛在著不兌現的風險。不兌現的信任會導致信任人損失、傷害或錯誤決定等。雖然有風險，但在正常的社會或組織，人會傾向選擇信任，因為社會或組織有習俗或規範促成信任，這些習俗或規範基本上令信任被獎勵，令違反信任被懲罰。除了個人因素之外（值得信任的品德），令信任成為有效的合作機制的社會習俗或規範，都是人是否彼此信任，或寄予多深的信任之重要背景制度或組織保障。職場信任對職場內的人際信任、合作效率、生產力及員工工作滿足，都有正面的相關性。

好領導

領導的主要型態不可或缺的成分是倫理。此外，如上文所指，一些領導的倫理要素是跨越文化的，成為不同國家或文化所尊崇的領導特質。就職場倫理而言，除了倫理型領導對組織的一些良性效應外（見上文），我們有理由相信，倫理型領導跟職場倫理的其他面向都有密切的關聯。理論上，若領導能充分地落實其倫理領導的特性，如真切的關懷員工、行為兼顧目的與手段的倫理性、關心組織的長遠發展、重視利害關係人的利益等，應會促進及加強職場正義、職場信任、職場承擔等的倫理資本，它們亦會反過來促進倫理領導，形成一個善的循環，互相促進、相互加強。利台紡織纖維公司的東主在重大事件時對員工有情有義，獲得員工二十多年從未中斷過的善之回報，就是很好的本土例子（附錄：案例一）。

職場倫理的要素

好工作

文化型倫理資本中，工作價值是職場倫理之基本。近年，工作尊嚴（dignity at work）、好工作（decent work）等價值理念在全球愈來愈受到重視，國際勞工組織最近推動的好工作議程（Decent Work Agenda）是一個很好的例子，而工作尊嚴在理念上與好工作互相呼應，目的是要確認及維護勞動者應有的工作權利及幸福。依國際勞工組織的定義，好工作指的是人們對勞動生活中之期望的總和，好工作的內容包括公平薪資、職場安全、工作所得足以照顧家人、個人成長發展及融入社會的良好遠景、對職場關心的議題有自由表達的權利、對影響他們的決策有權組織及參與、男女有平等機會及平等對待等。以這個理念而制訂的好工作議程分為四個部分：

勞動標準及權利、創造就業及企業發展、社會保障、社會對話。運動可以視爲國際勞工組織所倡議之勞動基本原則及權利宣言的延伸發展，與職場倫理的推動息息相關，令好工作或工作尊嚴不單是理想的宣示，而是有配套的執行政策及程序，及有可以測量的指標，有助好工作或工作尊嚴能具體地實現於各種的職場之內。2007年幾個國際民間組織在非洲奈盧比舉辦的世界社會論壇（World Social Forum）提出了好工作好生活的運動（Decent Work, Decent Life Campaign），目的是消除貧窮。2007年11月歐州各國政府及機構簽署了一份「好工作好生活運動行動綱領」（Call for Action of the Decent Work and Decent Life Campaign），確認了好工作議程。歐盟及國際公民社會不斷推動這個運動，呼籲政府企業及勞工組織互相合作打造好工作的條件。除了扶貧的主軸外，好工作好生活亦適用於職場。

工作尊嚴

英國的工會及政府的貿易及工業部針對職場的霸凌及騷擾作出了回應，提出工作尊嚴這個理念，引起社會對勞動者工作尊嚴廣泛的關注。現時除了政府外，不少有名的機構，如劍橋大學等世界頂尖的學府都有設置保障工作尊嚴的政策。劍橋大學的工作尊嚴政策（University of Cambridge, 2016）（http://www.admin.cam.ac.uk/offices/hr/policy/dignity/policy.html），開宗明義申明一個令員工及學生都能工作及有效的學習，是有賴於尊重及重視他們貢獻的環境。這種尊重及重視是獨立於他們的年齡、身體是否健全、性別、婚姻狀況、是否有身孕或放產假、宗教信仰、性傾向等。大學所有成員都應在任何時間，彼此以尊重、禮儀及關注對待。所有成員都有權互相要求專業行爲，及彼此有責任以專業行爲彼此對待。鼓勵正向，支持及開放互動的職場文化會助長適當的行爲，這些行爲有助促進員工彼此的良好工作關係及正向的工作環境。此外，大學亦

需要有制度來處理一些不太正向的行為，尤其是包括霸凌及騷擾的不當行為。這些原則性的說明外，大學明列投訴程序、處理的步驟及原則。

這些政策對有效執行保障工作尊嚴自然重要，但對工作尊嚴的內涵仍需作更細緻的論述。尊嚴是一個抽象的觀念，需要將其涵義作更具體的闡釋。人的尊嚴主要表現在人可以因應不同的情況，自由自主作自己想做的事，而不用完全受制於他人。在此狀況下的人是擁有尊嚴的，而被他人以這種認知來對待，可以說是人的尊嚴被尊重。用慣用的哲學語言表達，人被尊嚴地對待等於是說人不單只被視為工具，而是被視為目的，即有自己的想法、價值、感情、偏好、選擇，及可以依這些來作自主行為，不只是其他人隨意使喚的工具或他人意志的執行者。自主性（autonomy）是尊嚴的重要內容，而自主性包含了身體、情緒、認知、道德、行為各方面。各方面若分別能有高度的自主，表示有高度整體的自主性。這種情況在現實上不是很多人可以做到的。由於種種原因（內因及外因），不同的人所擁有的自主性是有差別的，有人自主性低，有人擁有高度自主性；另一方面，個人在一生中的不同發展階段的自主性程度亦會有變化。身體、情緒、認知等不同面向可視為自主性的必要條件，缺乏任何一項都令該面向失去自主性，同時會削減人的整體自主性。例如：人的身體無法自主，是任由他人控制的，人就沒有身體自主。若同樣的情況出現在情緒或認知上時，便會產生不自主的情緒或無法自主的認知。就尊嚴而言，當缺乏身體自主、情緒自主、認知自主、道德自主或行為自主時，人是缺乏尊嚴的；若受他人過度地干預而導致自主受限或壓抑時，人的尊嚴沒有被善待，或人沒有被尊嚴地對待。簡言之，職場上善待人的尊嚴，是在價值上對人的自主給予尊重，及在政策及規範上對之保障及維護。職場上若由於人的因素或環境因素導致員工的自主性受到壓制或削弱，都屬於對員工工作尊嚴的侵害或壓抑，是違反工作尊嚴的原則。反

之，職場內若因人或環境的因素維護及助長員工各方面的自主，是符合工作尊嚴的原則。這個一般性原則在職場的應用，需要對其內容作具體的詮釋，以制訂配套的政策，自主性價值才能被執行。下文對職場自主作進一步的論述。

職場自主性

人愛自由，喜歡有選擇；生活如是，職場上亦一樣。若能令員工有適度的自由、有足夠的自主性，同時維持高的生產力是職場的挑戰。問題是，什麼是職場自主性？自主性是指人能依自己意願而不必聽命他人而自由做事的狀況，但職場的自主並不等於員工想做什麼都可以，而是在職場之合理規範、個人職責及工作所需等制約下的自由行為。依心理學，人人都有做被禁止的行為的傾向，這種傾向大致說明了為什麼愈被禁止的行為愈多人要做。可能的原因是，人有抗拒被管的心理，職場內外人都不想被管。除了少數愛受管制的人外，對事無大小都管的上司，員工普遍都會抗拒，雖然不一定以明確或公開的方式來表達出來。員工覺得管制愈多，感到自主性愈少，工作滿足感不高，愈容易離職他去。壓抑員工的自主性其實有更大的不利，長期被管得太多太死的員工會養成壞習慣，做事全依指令，對上司唯命是從、依賴性高、缺乏主動性。職場內什麼要管，什麼不必管的界線是不容易劃分的，容許員工有多大的自主性是一門大學問，產業特性、個別工作的特質、合作的方式及員工的質素及能力等方面都是考慮因素。

學者（Friedman, 2015）認為，促進職場的自主性有幾個可行的做法。首先，公司要幫助員工瞭解工作的意義，員工若明白工作的意義，或瞭解工作所帶來重要的貢獻，會更投入工作；其次，讓員工自行選擇做事的方式及過程，上司只要確定項目的結果就足夠了。人若能選擇解決問題的方法或程序，會覺得工作受自己所控制，工作是屬於自己的，會對工作產生自豪感；其三，當跟員工共

同處理同一項目時，上司若讓他們多表達意見及展現他們的意見被尊重，會加強他們的自由選擇的感受。再者，上司不要避開負面的意見，包括員工對公司政策的不同意或不滿意，應細心聆聽，認眞檢討。輕忽下屬的不同意或不滿意，會增加他們的不滿及挫折感。很多公司都用加薪或獎金來獎勵工作出色的員工，但這不是最好的做法，因爲財務的獎勵效果比不上道德上的肯定及認可的效應。依一項將86個有關研究整合的報告顯示（樣本有1萬5千員工），員工的薪資水準跟工作滿意度或薪資滿意度都無顯著的關聯。這個結論似乎跟大部分人的經驗不合，原因何在？每月所得之外獲得額外的10%加薪，對員工不是全無正面影響的，但員工的滿意或快樂只持續短暫時日，原因是他們很快適應了新的所得水準，初期的滿足感已經淡去，一切回到當初。再加薪所帶來的快樂或滿足亦會重現這種適應，喜悅不會持久。比較能令員工有持續滿足感的並不是加薪，而是他們在他人眼裡的地位。很多的研究都發現，人們的政經位階最能預測其幸福水平，別人怎樣看自己是人們滿足感的一個重要因素。換言之，人的幸福不在於能賺多少錢，而在於別人對自己的尊敬程度。❽

　　這點對職場倫理有深刻的啓示。如何令員工感到被認可及被尊重，工作貢獻被注意及重視是職場倫理的要項。員工被肯定及尊重不但會有工作滿意感，同時對健康有利。人們受到上司或同儕的肯定及尊重，會感到更少的工作壓力，會睡得更好，生病康復時間較快速。反之，若付出的努力不被重視或肯定，工作動機會受挫，工作興趣受損及最後失去工作熱情。最不受重視的職業，如在速食業內的臨時工，其他行業的各式各樣的短期工及零工的流失率之高是很好的證據。工作被肯定說明了不但工作結果被肯定，工作所展示的能力同時被肯定。當人們感到自己有能力把工作做好，會更願意投入工作，務求更上一層樓，把工作做到盡善盡美。因此，對員工工作的肯定其實是對其工作的正面回饋，而回饋是讓員工認識工作

哪方面有待改善，哪方面是做對了的最佳方法，對工作能力的提升及工作熱情的維持有莫大的幫助。若工作常被忽視，上司對工作不聞不問，對員工心理的傷害不會比惡待員工所帶來的傷害還低。

事實上，上司對員工工作作出肯定並不普遍，就算有做亦不一定做得合適。很多主管最關心的不是員工的工作表現，而是員工是否有犯錯，於是把注意力放在防錯方面，忽略了員工工作的正面表現。另一方面，什麼才是合適的回饋亦要多加反思。一般職場處理回饋都用年度的績效評鑑，但這做法未能發揮功效。評鑑的功能是讓員工跟管理者有機會交談及檢討工作的整體表現，及討論工作的長程及短程目標，但這並不等於適時的回饋。年度評鑑是對過去一年的表現作回顧及歷史性的檢討，沒有即時回饋的功能。此外，有些經理避免做「惡人」，怕傷害與員工之間的情誼，避開員工表現不佳方面，但做「爛好人」只會錯失員工改善的機會，評鑑淪為形式，虛應了事，無實質效用。重要的是，爛好人的評鑑不但是評鑑者的職業疏失，同時會混淆是非、好壞不分，損害職場正義。事實上，適時或即時的回饋才是對下屬工作肯定的關鍵。下屬做得對時給予即時肯定，有加強工作投入感之效能；下屬做得不對時即時給予指正及輔導，對改善工作肯定有裨益。另一種常見的不適當回饋，是人容易隨意對員工作出肯定，一樣會好壞不分、是非不問，令回饋淪為兒戲，失去意義，導致無人會認真對待之，無法鼓勵士氣，提高員工投入工作。

工作之意義感

職場節奏急速，上班族工作忙碌，感受不到工作的意義，原因之一是他們看不到工作的直接成果，尤其是見不到工作對社會的貢獻，導致勞動者跟工作產生疏離感。昔日在作坊幹活的工匠，可以見到自己辛勞的實質成果，工作疏離遠比今天上班族的低。例如：木匠可以見到一件傢俱逐步的製成；泥水匠見到房子從無到有

地被蓋好；補鞋匠面對一雙雙修補好的破鞋。具體可見的成果給予工作莫大的意義，因此工匠比上班族較能直接感受到工作的意義。現代職場分工很細，上班族每人負責工作只屬項目的小部分，很少見到分工累積的最後結果，較難感受到工作的意義，維持工作熱情不易，遇難而退也是正常。反之，人若感受到工作意義，較能無畏於挫折及更能克服障礙而不輕言放棄，因為意義的感受激發了勞動者工作的熱情及續航力把工作完成。研究發現（Grant, et al., 2007），讓員工親眼見到其工作的直接受益人會大大提高員工的生產力。

　　一直以來，管理者都認為高生產力的職場含兩組元素：一，職場的角色清晰、目標明確、具備完成任務的知識技能及支援；二、跟同事良好的合作、有互信及尊重、有建設性的衝突及其疏解。這兩組因素雖然重要，但卻不能窮盡所有成功職場的要素，其中一項常被忽略的因素，正是員工對工作意義的感覺（Cranston, & Keller, 2013）。工作的意義包括員工覺得工作是重要的，對社會有貢獻（如加強人與人間的聯繫、消除貧窮、令人們更易參與社會等）、令消費者獲益（如安全及健康的產品服務）、可以令世界變得更好（如節能減碳、獲取免費的重要資訊）、從未有人做過的（創意產品、更有效的生產程序）、對自己有意義（如學習新事物、個人及專業成長、生命意義）、對公司有貢獻（互信團隊、優良文化、誠信經營、特色品牌）。這些都可以為工作灌注意義，感到工作有意義的員工跟無法感到工作意義的員工，其工作表現有天壤之別（有些研究認為前者的生產力是後者的5倍）。

　　工作之自主性跟意義感有密切的關聯。職場領導可以適當地讓員工有更多的自我控制或更大的自主空間，是有助於員工感受到工作的意義。愈能控制自己工作的員工其對工作的承擔愈強，愈無法控制工作的員工對工作的承擔愈弱。如上文言，就算是小小的適時獎勵，都能產生激勵作用，點燃員工的工作熱情，原因是獎勵本

身是對工作意義的確認。另一方面，不斷學習是工作意義的來源之一，因此公司必須令學習新東西成為職場的常規。人的大腦若經常要整合及搜尋新資訊，會不斷成長，持續的學習能令大腦會變得更靈活及厲害，觀察到事物的新形式，或發現新的聯繫，提升創造力。不斷發展新的技能、應付新的工作需求，會令員工更快樂、更有創意及更聰明地工作。學習對大腦產生良好的效應，搜尋新資訊會增加大腦多巴胺（dopamine）的產生，繼而提升情緒及加強人們對相關行為的興趣，令工作更有趣，及對工作有更大的滿足感。員工沒有學習就會停止成長，失去工作熱情，不投入工作，生產力自然低落。必須指出，上述所列的好職場要素，是不易達到的理想，只有少數的公司或組織才能具備這些特性。全球的絕大部分職場都充滿各式各樣的不足，跟好職場有不小的落差。殘酷的現實是，絕大多數的工作屬於低技術、勞動力強、刻板、單調、重複、了無新意；工作疏離、身心疲憊、無熱情、低承擔、惡上司、混同事，可能是全球大部分職場的常態。大部分勞動者所處的職場素質跟好職場相差甚遠，因此，如何改善職場誠然是大挑戰。

倫理資本與職場倫理

職場是集體工作的空間，工作者互相依賴、彼此合作，是利益共同體（community of shared interests）（Tyler, & Blader, 2000）。好的職場，整體利益（公利）與個人利益（私利）互相協調、和諧共存、人人克制私利（Miller, 1999）、以義制利、有予有取、雨露均沾、共享榮耀（Cartwright, & Cooper, 2009; Grant, 2013）。壞的職場，公利與私利矛盾不解、互相侵蝕、互相抵銷、內訌不斷、人人各謀私利、不公不義、取多過予、只取不予、勝者全取、走向崩壞（Meyer, & Zucker, 1989）。組織必須通過正確的價值確定，協調私利與公利之間的矛盾，建立持久及適當的平

衡。持有倫理資本應可確保這點，因正當價值是倫理資本的基本元素。普遍的價值如仁愛、誠信、成就、普遍主義、快樂、傳統、自我導向、安全、群結等（見第二章）等，都有助塑造一種傾向互信的環境（Mayer, et al., 1995; Schwartz, 1994）。倫理資本的元素應與職場的正向行動及倫理行爲有密切的關聯，我們不妨就從倫理資本跟職場倫理的連結作以下的猜想：

- 跟倫理資本融合的核心及基本價值信念，會跟正道職場倫理有正向的連結。
- 倫理資本跟好工作及工作尊嚴有正向連結。
- 跟倫理資本融合的工作倫理（全球兼華人），會跟正道職場倫理有正向的連結。
- 跟倫理資本融合的權力距離，會跟正道職場倫理有正向的連結。
- 跟倫理資本融合的集體主義，會跟正道職場倫理有正向的連結。
- 跟倫理資本融合的關係，會跟正道職場倫理有正向的連結。
- 跟倫理資本融合的規範守則，會跟正道職場倫理有正向的連結。
- 跟倫理資本融合的監控機制，會跟正道職場倫理有正向的連結。
- 跟倫理資本融合的誘因機制，會跟正道職場倫理有正向的連結。
- 跟倫理資本融合的倫理氛圍，會跟正道職場倫理有正向的連結。
- 跟倫理資本融合的職場領導，會跟正道職場倫理有正向的連結。
- 跟倫理資本融合的人員行爲，會跟正道職場倫理有正向的連結。
- 跟倫理資本融合的體制，文化及人員的融合性愈強，促進正道職場倫理的效應愈大，組織整體倫理愈深厚持久。

整體而言，正道職場倫理跟倫理行爲有正向的連結，而正道職場倫理依靠倫理資本的開發及永續維護。這個概括不但適用於現在的職場，同時適用於未來的職場。

註 釋

1. Reading, S. G. 1983, *Management Styles: East and West*. Orient Airlines Association Manila Conference. 轉引自鄭伯壎、莊仲仁，1984「領導行為概念之文化差異的實徵研究」，《中國式管理——中國式管理研討會實錄》，臺北：時報出版社，511-536。

2. 見Chen, et al., 2013; Huang, & Bond, 2012; Tsui, et al., 2000; Yang, 1994; Su, et al., 2003。

3. 見Bian, 1994; Tsang, 1998; Tsui, et al., 2000; Yang, 1994。

4. 見Bass, et al., 1998; Dunfee, & Warren, 2000; Jones, 2000; Steidlmeier, 1999; Su, et al., 2001; Su, et al., 2003。

5. 見Brass, et al., 1998, 17-19; 及 Burt, 1992; Granovetter, 1982; Krackhardt, & Hanson, 1993。

6. 見Albert, et al., 2000; Ashforth, et al., 2008; Ashforth & Mael, 1989; He, & Brown, 2013。本節將組織認同視為承擔的部分，不加以獨立處理。

7. 管理學者稱之為「組織公民行為」（organization citizenship behavior），筆者認為如此直譯未能精簡地表達其義，用「超義務行為」更為妥當。

8. 職場自主性主要參考Friedman, 2015: 147-148。

8 Chapter 案 例

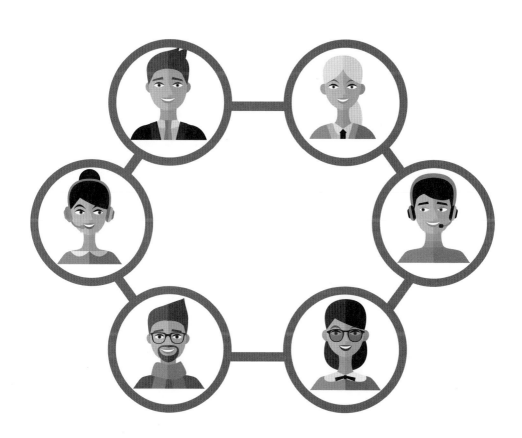

本章選的四個案例都包含了事實陳述及倫理評論。前兩個本土案例：基隆海關集體貪瀆、教育機構集體職務廢弛，共同點是領導敗壞、職務疏失、集體敗壞、監督失靈。第三個案例是2011年震驚全球的311日本福島核災中東京電力的管理崩壞案，此案除了東電高層領導失能外，公司的聽話文化、缺乏監督、官商勾結亦是導致災難失控的主因。第四個案例是孟加拉成衣血汗工廠悲劇，反映了當地業界及政府在企業倫理上的嚴重疏失，長期忽略勞工的權益，唯利是圖，同時亦揭露了全球成衣供應鏈上倫理管理的輕忽與跨國企業的偽善。不難發現，這些案例共同點都反映了不同程度及面向的職場腐敗，都跟體制、人員、領導方面缺乏倫理資本有密切的關係。除了參考本章個別案例的倫理分析外，讀者亦可自行利用本書的論述與案例作連結，辨識每案例涉及的倫理問題，思考其是非對錯及因應之道。❶

八之一　基隆海關集體貪瀆

2012年4月5日，監察院對財政部關稅總局基隆關稅局八名官員作出彈劾，無論從人數及層級都是有史以來被彈劾的官員之最。被彈劾的官員於2011年7月因涉嫌集體貪瀆遭起訴，官員包括前關稅總局副總局長呂財益、現任總務處長史中美、張良章、曾先後擔任基隆關稅局六堵分局長的黃銘章、劉聰明等人，貪瀆過程還涉及他們不當收受報關業者宴飲餽贈、不當介入海關人事調動、代業者向下屬施壓而進行貪瀆行為等。另一方面，財政部於2011年7月11日對海關官員集體貪瀆弊案的相關人員，包括前副總局長呂財益、前股長鄭張達、科員陳玉珠以及課員林東瑩等人，先各記大過一次。財政部指示未來對於已羈押的海關人員將停職外，在主管失職方面，基隆關稅局局長蔡秋吉因對下屬監督不力導致他們貪汙瀆職，被記以一次大過。另外，包括六堵分局長劉聰明、關稅總局驗

估處長史中美，也因對主管督導不周，分別記過兩次。涉案關員的集體貪瀆行為，觸犯了刑法如貪汙治罪條例中的違背職務收受賄賂罪、懲治走私條例中的包庇走私罪。涉案的業者則涉嫌行賄、私運管制物品及偽造文書等罪。

　　集體貪瀆弊案涉案官員的彼此互相包庇掩護，不容易被拆穿。貪瀆官員組成一個隱密的貪腐集團，經由六堵分局驗貨局逐步向外建立聯繫，該分局成員包括課長、祕書、課員、辦事員，差不多全數涉案，貪腐集團用部分賄款設立了「驗貨基金」，供共犯者飲宴之用。呂財益除了好美食、貪高檔食材及禮品，還喜入住每晚價值萬元的東部高檔飯店。業者又投其所好，經常為他安排國外渡假。此案有民眾檢舉才啟動檢調的調查行動。貪瀆官員接受業者透過報關業者的賄賂，玩忽職守，故意讓行賄業者的不得進口之貨品不經檢查就順利通關。這次肅貪行動之成功，是檢調單位獲得一名曾當過關員多年的協助提供內幕資訊，做好偵查計畫，蒐證一年多才採取行動。

貪瀆手法

　　根據檢調揭發，受賄的海關官員用掩人耳目手法，讓行賄的業者不合規格的進口貨品順利通關。做法是關員假裝抽樣查驗，其實一早就跟行賄者串通好，並無真正的抽驗。例如：業者將不能進口的生鮮蓮藕、紅魽等魚貨混雜在可以進口的處理過的蓮藕或鮑魚等貨品之內，並放置在貨櫃的最裡面，受賄關員只會行禮如儀般抽驗貨櫃前端無問題的貨物。又例如：中國大陸的原石材可以進口，但加工石材卻不能，但檢調監控發現，行賄業者的加工石材卻悉數順利通關，直接運到工地。另一方面，酒類、巧克力等高稅率商品，業者對稅率一旦提出異議，依法規，關稅局就要作稅率的審核，重新核定稅額。然而，行賄業者的貨品在不經審查程序就可降低稅率及通關，原因是基層關員受到關稅總局高層受賄官員的指示，

違規作業。還有，其他包括蝦子、燕窩、海參等高稅率的商品，不法業者會用稅率較低的品項頂替作不實的報稅。依業者的供詞，業者是透過全昱報關行的業者賴欽聰行賄關員，賄款多少依不同貨品的價值而定，有時一批貨給30萬元，有時一個貨櫃只要付2至3萬元。基隆關稅局六堵分局除了收受全昱報關行的賄賂外，安貿、凱冠及勝炫等報關行亦涉嫌行賄驗貨員，價碼是每貨櫃4000元到5000元。驗貨課涉貪關員按件收賄，行賄業者每月支付「月薪」給課長，收賄似直銷公司，上層是課長、下層是關員。課長每月收賄3到4萬元。估計從2009年底至2011年7月，整課收的賄款達千萬元。聯繫貪官與行賄業者（十多家進口商及報關行）之間的中介人（俗稱「白手套」），是立法委員助理張勝泰和報關行業者賴欽聰，兩人各有分工，張勝泰負責聯絡關稅總局副總局長呂財益及在局內的人事作關說，而賴欽聰則負責向關員送錢、送禮等，行賄方式是「按件計酬」行賄。業者還協助受賄的關員升官或調職。

本案特別值得注意的是，全課共7名關員中只有1名張姓關員不涉貪。這名2010年調到六堵分局的關員，上任後即公開向同事表態不收黑錢，於是受到合謀受賄的關員排擠、譏為「異類」、「怪咖」。涉受賄課員林東瑩是全昱報關行賴欽聰接頭人，負責協調同課共貪者，並代為派發賄款給受賄同事；林東瑩避開張姓關員，不向他關說。

倫理評論

上文論述的職場腐敗，可以協助讀者對這集體貪瀆弊案作一些理論驗證。海關官員如何陷入貪汙的泥沼，成為貪汙共犯集團的一員，是有軌跡可尋的。這起集體貪瀆案明顯都有爛蘋果及爛桶子的因素。

從先環境因素（桶子）看，海關部門各層的監管失靈，造就了貪瀆的機會，形成了產生貪腐意願及行為之爛桶子。這次集體貪

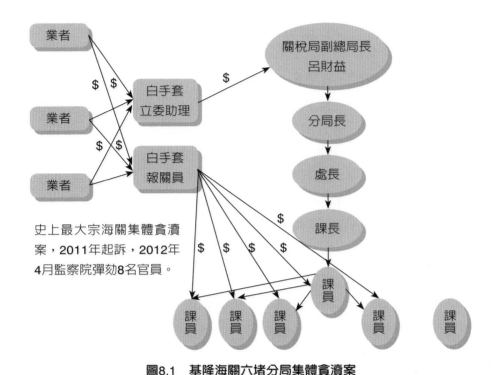

史上最大宗海關集體貪瀆案，2011年起訴，2012年4月監察院彈劾8名官員。

圖8.1　基隆海關六堵分局集體貪瀆案

汙涉及眾多人數與爲期頗長，雖然貪腐共犯者多能互相包庇掩護，祕密行事，但若監管機制有效及切實執行，被偵測到的機會是不低的。基本上，在政府的眾多部門中，海關部門長期是集體貪瀆的高危險地點，關員受賄的機會比其他部門高，有關的監察機構應切實監視這類高危險機關。其次，基層的關員薪資低本身是貪瀆的誘因，爲了錢而冒險犯罪的動機始終不能排除，一旦遇到監督失能，或由他人唆使或引誘，成爲貪汙共犯的機會自然大增。還有，若職場缺乏清廉的組織文化，輕忽法律道德，成員容易行惡行。再者，若加上腐敗上司的威逼利誘，及受賄同事的同儕壓力，關員從清白變成腐敗是遲早問題。集體貪瀆需要共犯，方能成功合謀行惡。但人數愈多被揭發的風險愈高，因此共犯人數不宜過多，且保密性要高才不易被發現。貪瀆集團逐漸形成過程，由少數人開始，先找

到合謀者，跟著祕密招納新人，令其成共犯集團一員。招納可從上而下，即由上級招納部屬，利誘威逼，濫用職權，對欲招納的新人刁難或調職或作不公平的評鑑，施壓、或作隱性的恫嚇，迫使其加入。招納亦可以水平方向進行，由貪腐的同事用排擠、杯葛、孤立、蓄意的敵意、圍剿、及嘲弄的人際策略令受害人無法忍受壓力而同流合汙。極端的情況，貪腐官員還會用設局誘騙方式，令同事誤收不法之財而不知，然後用威脅方式令其入局。

　　人的因素自然在貪瀆行為上扮演重要的角色，而爛蘋果模式在說明本案上是合適的。首先，貪婪是人的普遍弱點，金錢的魔力很難抗拒，若誘以厚利，很多人就甘願為非作歹、冒險犯難。人員缺乏正確價值、品德浮淺、輕德薄義、貪婪好色是本案的大小官員踏入貪瀆之門主要誘因。官為財倒這官場弊案定律不知絆倒了多少的貪官，但仍有不少做官的心存僥倖，認為自己是例外。行賄者就是用財色誘餌令大小官員容易就範，作出違法亂紀之敗行。行賄者善用人的弱點，而受賄者無力抗拒貪婪，於是不神聖的金錢交易就成家常便飯了。犯案官員的人格特質如同理心及道德自我等，以及個人的道德意識、道德理念、道德思維水準，都有助區分官員是否會成為爛蘋果的因素。

　　本案值得一提的是那名孤獨抗拒受賄的張姓關員。這名年輕人能不同流合汙，拒絕成為共犯實在難能可貴。張姓關員每天跟目無法紀、恣意妄為的同事共事，其內心的煎熬實不為外人道。應該是個人的人格特質，張姓關員對正面價值的堅持，堅持做對的事，不向惡勢力低頭，為社會樹立了公務員盡忠職守、誠信正直的優良典範。更深一層思考，政府機關這樣的人有多少？政府招募人員的機制、養成人才的制度，是否能真正落實德才兼重這個價值？

參考文獻

熊迺祺，2011，「有默契，只驗貨櫃前端合格貨」，《聯合報》7
月7日。http://udn.com/NEWS/NATIONAL/NATS2/6443234.shtml

羅兩莎，2011，「海關弊案，涉貪關員，先記一大過」，《聯合
報》7月12日。http://udn.com/NEWS/NATIONAL/NAT1/6452752.
shtml

張宏業、蘇位榮、熊迺祺，2011，「兩白手套喬人喬錢喬粉
味，海關淪陷」，《聯合報》7月8日。http://udn.com/NEWS/
NATIONAL/NATS2/6445649.shtml

熊迺祺、曹敏吉，2011，「海關爆史上最大貪汙，立委助理也涉
入」，《聯合報》7月7日。http://udn.com/NEWS/NATIONAL/
NATS2/6443316.shtml

張宏業、熊迺祺，2011，「海關收賄案，六堵分局驗貨課，僅
一人未涉貪」，《聯合報》8月25日。http://udn.com/NEWS/
SOCIETY/SOC4/6548115.shtml

鄭閔聲，2012，「人數最多層級最高海關集體收賄案，彈劾
8官」，《中國時報》4月6日。http://news.chinatimes.com/
politics/110101/112012040600131.html

「從一個七年級生拒絕沉淪談起」。《聯合報》社論，
2011/08/31。

財政部政風處，2013，《關稅總局副總局長及基隆關稅局人員貪
瀆弊案檢討報告》。102年6月。http://www.ud.taichung.gov.tw/
public/Data/127010/371615485971.pdf

八之二　教育機構集體職務廢弛[2]

　　孟穆獲悉被他檢舉的違規招聘案子最後通過了三個層級的委員會的審議，簡直不敢相信這事會發生在高等學府之內！這案子明明是違反招聘的規定，一名根本不具備應聘條件的申請人居然可以通過系、院、校三層的審查被學校聘用！孟穆在此工作十餘年，不規矩之事司空見慣，但荒腔走板到這地步倒是首次！

　　這宗招聘案從一開始就漏洞百出。依涉案系規定的人員招聘的作業流程，主事系先在組織官網公布招聘啟事，列明招聘要件，收齊申請文件後，主事系對申請人作篩選，制訂面試人員名單，跟著舉行面試，選出合適人選，然後將合適人選的資料外送四名校外專家審查，決定是否為合適人選。收到外審報告後，原系按審查結果審議作出推薦名單，名單再經院一級有關委員會審議，結果再呈送校一級有關委員會審議，作出最後決定，然後由人事部跟進及經施校長作最後核准，發出聘書。依原系的招聘作業規定，在擬定面試名單前，有份參與招聘事宜的原系人員必須事先審查申請人的資料，然後各自擬出名單，系然後開會整合各名單決定面試名單。人事案是重要事項，全系的人員都必須全程參與，包括挑選有資格面試的申請人及擔當面試委員出席面試會議。依作業流程，系人員審查申請人之文件時必須在審查紀錄冊上簽上名字及標示審閱文件的日期。文件是密件，由祕書保管，要審閱時由祕書從保險櫃中取出，祕書會當面紀錄閱讀人的名字。申請人數有十餘人，開會前一天，孟穆取了文件及細閱後，在簽名時卻發現除了另外一名資深同事張立外，沒有其他的簽名。開會當日，孟穆在開會前一刻特地查看一下審查紀錄冊，發現仍沒有別的簽名。這證實了孟穆一直的疑慮，系內的人仍是惡習未改，輕忽職務如家常便飯！不看文件就出席面試之事經常發生，老臣子「倚老賣老」，恣意妄為，不管是人員招聘還是招收新生，都是這樣的不負責任及失職。而新進加入

的人員有樣學樣，感染了這惡習。簽名機制本來是爲了糾正這弊端而設，可惜從來沒有切實執行，原因是系主任是「爛好人」，不敢得罪違規的老臣子，睜一隻眼、閉一隻眼，縱容失職胡搞，這種不良管理製造了招聘程序的不公不義。奈何學校缺乏有效監督，高層不知或不理下層情況，下層胡作非爲可以安然無事，不需付任何代價。

開會時，孟穆提出了有人未看申請人資料一事，但卻無人理會，主持會議的系負責人是新上任的且年資很淺，遇事閃躲，行事以「不得罪人」爲原則，因此不敢處理此事，只要求各人口頭提出面試名單。跟著，有看過文件的張立叫祕書宣讀他的面書名單，選了三人中其中一人是他的學生。孟穆表明沒有一名申請人符合招聘要件，所以沒有名單。這次招募的職位包含了兩個要件：申請人要在（一）應用語言學及（二）中國文化與現代社會這兩個專業上，要有優秀的學術著作及豐富的教學經驗。兩個專業都是系目前教研所需要的，且在繼承傳統及開拓系獨特的學術特色都是至關重要的。孟穆是唯一的委員指出申請人不具備這空缺之要件，但仍無人理會。此時，從未看過申請文件的人要求祕書將申請人的背景作簡單口頭報告，祕書於是唸了申請人的姓名、最高學歷、現職，並沒有報告其出版及教學經驗（行政人員並無背景來報告學術出版事宜）。接著，這些未看過文件的人分別提出人選名單，祕書一一將名單寫在白板上後就開始投票。除了孟穆外，其他人都投票選了兩名申請人前來面試，但被選出來的人都不符合招聘要件。兩名入選人中，其中一名是近年在系任兼職的，跟此人熟悉的一些人開始爲此人說些好話：此人很有禮貌、很受學生歡迎、教學很有熱情云云。孟穆對這荒謬的局面實在難以忍受，於是在眾人面前展示招聘廣告，一字一句地大聲讀出應徵人必須符合的條件，並質問在場的人被選出的人中哪一位符合條件？大家無言以對，隨後有人強辯：反正要等人用，挑兩三名來面試就是了，若不這樣做就趕不及下學

期開課；又有人說：若不這樣做，高層可能會因此而收回名額，再申請就會有困難。這當然是胡扯，說話人不外是要掩飾錯誤、搪塞責任、轉移焦點。張立這時發言，指只有他的學生才符合這個招聘要件，可惜不足票未被選上。孟穆一直堅持無人符合資格就應重新再出廣告，不能爲了權宜而違規，以非爲是，但大家都將孟穆的忠告當耳邊風。孟穆指這做法太荒唐，要大家不要關著門胡作非爲。孟穆簡直不敢相信眼前這幫人可以如此蠻幹胡搞，於是在老大不願意下寫電郵給兩名比他稍爲資深的在場人，包括了張立，力陳此案的違規，盡最後的努力，勸他們懸崖勒馬，不要一錯再錯。但兩人並沒有把孟穆的忠告聽進去，回信支吾以對，沒有正視這個錯誤。

　　縱使孟穆一再指出無人符合要求，系仍硬要辦面試。面試如期舉行。孟穆原本不想參加這場鬧劇，但心想既然事情發展至此，不出席可能無法掌握證據，於是決定出席這場面試，要親眼見證這幫人如何的胡搞下去。面試當天只有一人出席，其餘另一人臨時退出。唯一出席的人正是系內不少人爲她講好話的凱貴女士。面試開始，凱女士簡單介紹了自己的專業及背景，坦然承認自己缺乏應徵所列的專業，但希望系給予機會學習云云！接著，一直幫她講話的兩人分別問了一些跟系所需求的專業沾不上邊的話題，東拉西扯，如閒話家常一般，一點專業內涵都沒有。在正常的學系不會做的事，這裡卻經常出現，如前所說，這是存在已久的陋習。昔日，系所屬的機構現代管理水平不佳，不重視專業，一切靠關係，舊人大部分都是往日靠熟人關係或近親繁殖方式召來的，專業不夠，又礙於個人能力一直未能提升專業。物以類聚，庸才集結，系的水平不難想像。

　　孟穆對這樣的兒戲面試實在無法忍受，於是不客氣地問申請人，依她自己呈報的履歷根本不符合招聘的條件，請問爲何還要申請此職位？申請人重申了剛才的開場白，回答說希望系給予機會。孟穆接著就按招聘所要求規定的專業，問了兩個屬於該專業的常識

問題，果然不出所料，凱女士的回答一再證明她是外行的。令孟穆感到訝異及不滿的是，張立居然說孟穆不應問這類問題，張立的說法簡直莫名其妙，有失大體。面試委員絕對有權向申請人提出有關的專業問題，孟穆於是直斥張立出言不當。當時場面有點緊張，死寂了一陣，跟著有人又接著問一些跟專業無關係的邊緣問題，面談歷時半小時。之後，系開會投票，決定是否推薦面試人。縱使這個不合水平的面試已將申請人的不符合資格的事實表露無遺，但投票結果只有孟穆的唯一反對票，其餘的人都認為此人適合。孟穆真的不敢相信系的其他人可以胡作非為到這個地步。在別無選擇的情況下，孟穆下了決心要檢舉這個肆無忌憚的違規失職案。第二天就帶檢舉信及證據（相關的電郵往來、招聘文書等）到校長室，當時施威素校長不在，孟穆找到庸平副校長當面把案子細說一遍，並要求立即處理。之後，孟穆將檢舉信等用電郵傳給施校長，副本給庸副校長。其後，孟穆在一偶然場合碰到施校長，向其提及檢舉事，施校長告知此案已委託庸副校長處理。

依規定，面試後被推薦的申請人要經過四名校外專家的審查，系接獲專家審查報告將會開會審議，判定是否推薦申請人為職位的合適人選。孟穆認為這一步是多餘的，書面資料及面試資料都一清二楚證明申請人不合適，外審根本是錯誤的及浪費行政資源，但系的人都對孟穆的意見不予理會，把申請人的資料送外面專家。外審程序原來的目的是防止招聘受到內部操縱、私相授受，以保證客觀公正；但是否真的做到則視這程序是否切實執行，包括校外審查人是否具備有關的專業及會負責任地作審查。依外審的規定，職位申請人要自行挑選一件專業作品為代表，連同所有應徵文件包括出版品及教學經驗等送審。

凱女士送審的代表作是有關歐洲古代宗教的論文，單憑這點已足夠證明申請人沒有招聘所列的專業，外審根本是多餘。收回的四份外審報告對申請人的代表作都給予優良分數，有兩位委員的評語

認爲申請人是這職位的最佳人選云云。這些評語確實令人摸不著頭緒，被審的作品明明不是職位所需的專業，就算被評爲優良，完全不能作爲申請人是職位的合適人選的依據；這個連中學生都不會不明白的簡單邏輯，但這兩名專家卻違反了。再者，所附的學術資料亦可證明凱女士的專業不符合聘請要件：無相關的出版績效及教學經驗。在開會決定是否推薦申請人時，孟穆就將此意見清楚表達出來，無人反駁，投票結果只有孟穆一票反對，其餘四票支持推薦此人爲職位人選。接著，孟穆連同所有的證據再寫了第二封具名的檢舉函給庸副校長，庸副校長以電郵回答收到檢舉信。

　　第一封檢舉函是孟穆在面試結束後申請人文件還未送外審時送出的，這一封是系開第二次會作推薦後寄出的。孟穆以爲校方在獲悉第一封信未有作任何阻止已有行政怠惰之嫌，這一次希望不會如第一次又再來一次行政失當吧！結果證明孟穆的期望仍是落空了，這違規人事案居然在兩度檢舉之下仍順利通過其餘兩層的審查，表示整個審查系統形同虛設，如同參與審查人似在昏睡一般，明顯地不合資格的人居然變爲符合資格，錯的成爲對的！這種顛倒是非的情況竟然在高等學府出現，實在是匪夷所思！

　　孟穆就此案感到無比的憤慨，於是去函質問施校長此案爲何在明顯違規的情況下仍被三級通過，要求一個書面的回答，但施校長一直沒有給孟穆一個正式的回答。不但如此，負責代理處理此案的庸副校長在校一級通過此案後不久用電郵告知孟穆，說他就此案諮詢過系主管及院主管，並說兩人都說案子無問題，並稱將孟穆的檢舉函都傳給兩人。孟穆對庸副校長這樣兒戲做事深表不滿，去函直斥其非，指他將檢舉人的檢舉函轉給被檢舉的人是嚴重侵犯檢舉人的權益，表示予以追究。同時孟穆隨即去函施校長投訴庸副校長此不當行爲。之後，孟穆從未接到施校長及庸副校長的回信或交待。

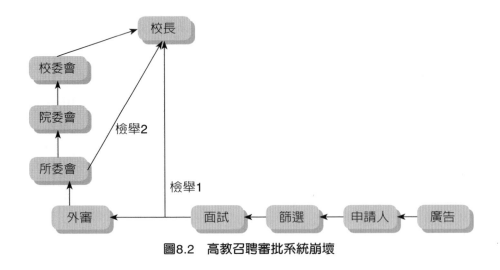

圖8.2 高教召聘審批系統崩壞

倫理分析

　　高等學府內竟然有人在被強烈質疑的情況之下肆無忌憚地違規，蓄意顛倒是非，視規則為無物，實在匪夷所思。另外，施校長及庸副校長應是規範的守門人，秩序的維護者，但在接到兩次檢舉後卻無所作為，嚴重的失職，讓錯誤愈滾愈多，造成嚴重的錯案；尤有甚者，兩人被追問違規案時退縮閃躲，全無擔當，是領導嚴重失能。對這個組織腐敗的兩個流行的說明：一，爛蘋果論：壞人作惡事；二，爛桶子論：壞環境導致惡行發生；似乎對本案相當適用。本案的爛蘋果散布於事件整個流程之中，從開始到終場，恣意妄為者、失職怠惰者、顛倒是非者、職務廢弛者、草率任事者、昏庸無能者俯拾皆是。此外，虛應故事、尸位素餐、弄虛作假、敷衍塞責的組織文化，及領導失能所造成的爛桶子效應在本案亦表露無遺。簡言之，本弊案是爛蘋果跟爛桶子的加成效應結果。

　　爛蘋果者是指道德腐壞者，道德腐敗即指應做的不做、不應做的做。職務廢弛、尸位素餐、不問是非、違法亂規、胡作非為、推

卸責任、恣意妄爲、顚倒是非、怠惰瀆職、以權謀私等都屬腐敗行爲。爛有不同的呈現：有作爲的爛及無作爲的爛。前者包括蓄意違規違紀、胡作非爲、顚倒是非、貪贓枉法等不義行爲；後者包括有能力去惡揚善而不作爲（怠惰失職）、見不義而不加制止或糾正，或見義而不予支持或讚許。再者，行不義者有主動爲惡及被動爲惡的分別。不同類型的惡行，各有相關道德責任及與之匹配的道德譴責。在這案子中的爛蘋果很多，包括原系恣意妄爲的人、院級各系所的委員代表、校方各院的委員代表、施校長、庸副校長、表示被審人是合適人選的外審委員等。各涉案人的行爲，各有倫理後果及伴隨的責任。

首先，原系那幫在被指出違規後仍一直支持不合資格的凱女士的人充分顯示失職怠惰，違反職員應有的責任。最令人震驚的是，此幫人能恣意妄爲，視規範爲無物，不問是非，顚三倒四到如此地步。究其原因，除了犯事者個人品德低劣外，組織環境造就了這種惡行，在華而不實的「教授治校」的口號下，系可以關著門做事，實質的監督根本不存在，德淺品劣者可以互相包庇、彼此護短、失職怠惰，違規違紀不會受到任何的制裁。平日只要做足門面功夫，依章辦事，很容易蒙混過關，整個組織表面上運作正常。在這樣的環境下做壞事不會被偵測到及受到制裁，爲惡不必付出成本，對德淺品劣者而言，這是難以抗拒的爲惡誘因。於是，爛桶子裡充塞了不負責任、胡作非爲、指鹿爲馬的歪風邪氣，理性與道德被粗暴地排擠及踐踏。孟穆面對的職場如賊窩一樣，講理全無用武之地。個別爛蘋果的不當行爲及相關的責任，留待讀者自行細加辨識及評論。

同樣難辭其咎的是施校長及庸副校長兩人。身爲組織最高負責人的首要責任是維持組織的基本規範及秩序，防止違規違紀行爲，守護公平正義及道德，可是，兩人接到檢舉之後，居然無所作爲，既不作出即時的調查，亦不阻止原系繼續處理此違規案子，讓錯誤

如滾雪球一般愈滾愈大，居然通過一層又一層的「審批」。這案亦反映了兩人的顢頇無能，輕忽違規之嚴重。理由是，只要有適當的專業，是否違規一查就知。且檢舉人孟穆本人具備這方面的專業，但兩人卻不尊重組織本身的專家專業，不予重視亦不作爲。兩人就算不完全採信於檢舉人，理應找校外專家來協助，真相很快大白；可惜，此兩人連這都不做。不單如此，孟穆要求兩人回答爲何違規案會被通過，兩人沒有回應，沒有回信或不敢回信。但這種做法是違反行政正義，因爲孟穆提的是正式的具名檢舉，兩人都有不可推卸的義務要回答。無回應及不回信明顯反映兩人無擔當、心虛、權力傲慢、官僚作風，這都不是領導人應有的態度，是錯誤失職行爲。兩人都難逃爛蘋果之指責，要負上嚴重行政疏失或瀆職之責。雖然此案由施校長委託副校長處理，然而孟穆一直都有將檢舉函及相關資料以副本傳給他，所以他不能以不知情或以不是自己親手辦理爲藉口來推卸責任。再者，在孟穆向他投訴庸副校長不當處理其投訴函等事後，施校長同樣無回應也不回信，有包庇縱容副校長惡行之嫌。無論如何，高等學府負責人的德才如此低劣，實在教人搖頭及心寒！

　　庸副校長的失職及無能是導致錯誤擴大的主因，他很早就接獲書面及口頭具有充分證據的檢舉，不但沒有糾正錯誤，還讓錯誤接連發生，一手炮製了一個集體失職的完美風暴。施校長、庸副校長不但是失職無能，同時是背信（betrayal of trust）；他們不但要爲組織負責，同時亦要爲社會負責。因爲社會（通過政府）基於對其信任，才委以作育英才，開拓知識，去惡揚善的重任。可惜，校長卻在本案中犯了嚴重的失職怠惰，縱惡抑善，出賣了社會對他的信任，既背信於政府，亦背信於社會。總之，這案子證明了施校長及庸副校長的嚴重失職、權位的傲慢、不承認錯誤、退縮卸責、才德均缺。更深一層來想，才德俱缺之人居然能坐上大位，不禁令人質疑大學用人的兒戲。問題是，若在體制上沒有更大權力、更公正的

力量對此錯誤案予以糾正，對犯錯的人加以制裁，這些爛蘋果則通通不用爲怠惰失職、胡作非爲而受到任何的制裁，仍會安然無事、穩坐高位，享受社會給予的虛榮。

在一個有效的審議系統內，就算對原系招聘違規的指控全不知情（庸副校長什麼都沒做），假若委員能盡忠職守做好審議工作，同時具有相關的專業的話，是不難發現這是一宗違規案子。然而，院及校級的委員無異議通過本案這事實，充分證明了無人察覺此案是違規。原因可能有二：一，委員用心但卻缺乏應有的專業，導致無法辨識外審報告的高評分是跟招聘所要求的專業無關；其二，委員根本就草率行事，開會只是行禮如儀、虛應故事，只憑原系的案子上書面資料（四票同意、一票反對）就草率通過案子。這所謂「三級三審」的多層集體審議制其實只是虛文，是嚴重的系統漏洞，根本無眞正的集思廣益的品質管理之功能！更嚴重的是，這有名無實的假審議制度，既無審亦無議，製造一種客觀公正的假象，誤導及欺騙世人。在這系統的缺陷下，這個錯誤案子不會是唯一的，亦不會是最後的。

陰差陽錯，失職的庸副校長的行爲，意外地將這個系統性弊端捅破了。若庸副校長作了及時適當的干預，案子可能只在系的階級就解決了，其餘人（包括部分的外審專家）的失職怠惰都不會發生，系統的缺陷亦被埋藏。若不是庸副校長的失職（即，沒有及時阻止錯誤繼續），這個系統的漏洞不知延續多久才會被暴露、各級委員的怠惰失職會隱藏多久才會被揭發！幸好有失職的副校長，讓這系統失能及可能積習成常的集體怠惰一次赤裸地被揭露於世。

返回事實，那些在外審報告上表示申請人是招聘合適人選的兩位外審專家的錯誤亦是離譜的。無論要審查的論文及所有文件指向的結論只有一個：申請人不符合招聘要件。專家妄語原因有二：一，本身缺乏專業，故作出錯誤的評語。二，沒有看過相關文件，就隨便亂說。跟前面的組織內的三級三審一樣，事實證明外審

制度若不切實執行，不但無法保障客觀公正，反而顛倒是非、混淆視聽。事實上，除了少數盡責有專業操守的學者外，不少都草率行事，寫一些大而無當的空洞無物之評語，虛應故事，說不上有水準的學術評審。原因之一是，這些審議要閱讀不少文件，微薄的審議費並不是強的誘因令他們花時間盡心盡力做好審議的。這種司空見慣的學界虛矯、欺瞞、道德腐敗，是系統內的人說不出口的祕密。

其餘十多名的申請者是本案的受害人，他們受到不公平的對待，但凱女士跟他們一樣不合資格，卻獲得面試及最後被錄用。另一名受害者是孟穆，他盡忠職守，在過程中耗費了不少的時間及心力，為了堅持做對的事，敢於單獨跟全系的人對抗，招惹系的忽視及敵意，及可能的報復。此外，施校長及庸副校長兩人不但沒有獎勵孟穆的正直行為，反而用不當的態度來處理其檢舉信，以及對其要求正式回答不予回應及回信。這種縱容壞人、輕忽好人，其實等於懲善獎奸，嚴重違反正義。最後，大學體制是隱性的受害者，大學應是真善美的殿堂，求真尚義應是體制的核心支柱，但本案的程序正義及實質正義都受到蓄意的破壞，真理及正義受到摧殘。

八之三　福島核災與東京電力的管理崩壞

　　2011年3月11日下午2點46分，日本東北宮城縣外海發生芮氏
規模九的超級大地震，震央距離仙台市大約130公里。這場地震造
成這區之陸地東移數公尺，海岸線沉沒了半公尺。地震製造了高
達13公尺的海嘯衝擊東北沿岸，巨大的海嘯淹沒了560平方公里，
超過百萬棟建築被毀損，超過15,000人因海嘯喪生，數千人受傷或
失蹤。另一方面，位於福島的核電廠受到嚴重襲擊後陸續出現氫爆
與輻射外洩，是自前蘇聯時期的車諾比核電事故後，全球最嚴重的
核災。這場重大災難重創日本社會，受輻射外洩影響被強迫撤離家
鄉，流離失所的居民達十數萬人，財物損失及日後的災後重建高達
千億日圓。災難後三年，重建進展緩慢，約30萬居民仍居住臨時住
所，返回家園遙遙無期。以距離福島第一核電廠約58公里遠的新地
町為例，這個8,000多人口、622戶人家受災的小鎮，居民很多還住
在組合屋中。

　　核災三年後，聯合報記者親自到福島核汙染管制區測得輻射
量500微西弗（millisieverts），是一般環境的輻射量每小時0.2微西
弗的2,500倍有多。依核電廠的東主東京電力公司（Tepco）（下稱
「東電」）公布的輻射量，這區的量達每小時4,000微西弗，高過
安全值20,000倍。核災後，日本政府發給災區居民每人一支筆型簡
易輻射偵測器，測試周圍的輻射量。自核災發生後，社會出現對核
災災區的隱性排斥。在福島一廠南方25公里處的廣野町，受核災
影響輕微，境內的民宅與農地在2013年已經百分之百完成清除輻
射汙染工程。核災前，廣野町生產的稻米深受日本消費者喜愛，然
而，核災後銷量慘跌。京都去年夏天舉辦的一場宗教活動，原本要
使用福島縣生產的木材焚燒祭拜祖先，但在民意的壓力下，最後悄
悄的改用其他地方生產的木材。

意外簡要

核災的過程大致如下：地震摧毀了冷卻系統的電力供應，再摧毀緊急的後備發電機。第1號反應堆在海嘯衝擊後5小時出現核芯溶解，引起爆炸將廠房屋頂炸破。第2號反應堆在3月14日及15日溶解，3號反應堆在14日溶解，爆炸摧毀廠房，15日到16日4號反應堆出現火警。在正常運作中，反應堆將水加熱轉變為蒸氣來推動渦輪製造電力，地震發生後，控制棍自動被啟動阻止核反應運行並將之關閉，但由於失去電力，冷卻系統停止操作，在反應堆內的水無法循環流動而開始沸騰變成蒸氣，燃料棒不斷升溫，愈來愈熱，並與蒸氣相互作用而產生了氫氣。估計反應堆內的燃料棒在第1、第2、第3號反應堆內溶解，導致廠房結構損毀，當工程人員試圖將氣體及蒸氣排出壓力容器時，氫氣發生爆炸，摧毀了廠房建築物。員工為了冷卻反應堆將海水引入作為臨時的冷卻劑，但無效。第2號反應堆的爆炸損毀了在反應堆下面的蒸氣壓縮室，導致大量的輻射性物質外洩，廠房附近居民緊急撤離。救援人員最終成功向四個反應堆的儲水槽灌注清水及對損毀的部分修復。9月，廠房的電力供應恢復，冷卻系統重新啟動，反應堆核心穩定下來，然而危機一直持續到12月，東京電力宣稱整個系統受到控制穩定下來。但要將汙染清理及將電廠除役，則要等數十年。

在3月意外發生到11月間，東電僱用了一家公司來處理意外，進行救援工作，企圖控制穩定反應堆，輻射外洩與維修被損壞的儀器設施。當時廠區內的輻射都超標，對入區工作人員的健康及安全構成嚴重威脅。依日本的法規，工人是不准在超出法規規定的輻射（上限是每人每年不超過50微西弗，超過則要勒令停工）環境下工作，但公司為了防阻意外繼續失控，不顧員工的安危，命令工人進入災區。進入災區的工人每人身上都配戴了一個如智慧型手機大小的輻射測量器。有工人透露，為了保住工作，他們用了鉛塊來掩蓋

著測量儀，試圖降低儀表上的讀數。媒體查問東電此事時，東電稱是從另一廠商知悉承辦商有用鉛塊的事，但表示沒有在福島廠區內使用。

2012年3月初，東京電力公司的股東向法院對董事會提出告訴，指東電沒有為核災意外作好安全準備，要求賠償55兆日圓（670億美元）的損失。根據興訟者，提出告訴是要東電的董事會痛改前非，認真地對核安全負起責任，因此官司的訓誡意味很濃。這群包括42名東電股東的興訴人，指東電應利用由賠償損毀而籌募得來的資金來支付這筆賠償金。另外，東電還要面對核災受害人的1,000億的賠償訴訟，約80,000人從意外後核電周邊的地區被撤離。同年2月，日本政府批准額外的90億日圓來協助東電應付賠償。

就福島核災，日本國會成立了一個調查小組，於2012年7月公布了有關福島核電廠（Fukushima Daiichi Nuclear Power Plant）的核災意外調查報告（Nuclear Accident Independent Investigation Commission's Report），報告指地震及海嘯雖是自然災難，但由它們所引發的核電廠意外卻不是，而是一場可以預測及防止的人為災難，而導致災難的正是核電廠的東主東電，小組批評東電管理層嚴重失職，作了一連串錯誤及蓄意的疏失，包括安全標準、緊急因應程序與管理充滿嚴重的漏洞，致令原來可被預測及防止的意外發生。此外，核電廠的監督機構及政府在回應核電廠意外時亦出現嚴重的錯失。

調查報告書的主要結論，清楚指出意外涉及的人為疏失，尤其凸顯東電及政府組織上的疏漏及管理失誤。核意外的原因及責任如下：

共犯結構與治理的缺乏：意外是東電、政府、監督機關三方之間互相包庇，怠惰輕忽及缺乏有效的治理所導致的。意外是集體及系統性失能，是監督制度及組織性的疏漏所致，主事者輕忽對待核

電安全，不將民眾的健康安全當一回事，沒有對防預意外做好應有的安全應變計畫，包括對意外造成損毀的機會作精算及評估，防止意外發生時周邊損害的擴散，規劃好在嚴重輻射物質外洩時附近居民的疏散等。

東電組織力不合格：若東電就有關嚴重意外，做好人員的培訓、定期檢查設備，與掌握更精準知識的話，在意外現場的工作人員於意外發生後的一定時間內，被提供具體處理緊急意外的指引，核電廠就能作出更有效的反應來處理意外。但這些意外應變的標準程序都付之闕如，尤其荒謬的是，緊急應變手冊內的嚴重意外指引的示例，不少段落都沒有印出來。

緊急應變混亂：政府、監督部門、東電管理層以及首相府對這類超級意外，執行緊急回應的心理準備不足，導致無法防阻及控制隨後而來的損害。例如：意外發生後不久的關鍵時刻，首相府沒有宣布緊急狀態；另外，區域核電緊急應變小組理應是首相府及東電之間的聯繫機關，負責通知首相府意外的狀況，可是，意外發生後首相府卻接觸東電總部及福島核電廠，打亂了緊急反應的指揮步驟，製造了混亂。

緊急疏散亂成一團：緊急疏散的執行混亂無序，原因是監督機構多年來沒有就核災意外緊急疏散制訂完善的計畫，以往的幾任政府及監督官員對核災意外危機管理都沒做什麼，而現有的危機管理系統根本無法保護居民的健康及安全。在意外發生後，政府沒有及時向社會通報意外的嚴重性，當政府在3月11日21時23分命令核災區3公里內的疏離行動時，在核電廠所在地的城市只有兩成居民知道意外發生。居民在撤離時，政府發出不同的指令亦製造了不少混亂，由於缺乏監控輻射的資訊，有些居民竟被撤離到有高輻射的區域之內。受災戶在意外發生後很久仍生活在輻射風險的陰霾之中，憂心忡忡，苦不堪言。有些被迫遷離受汙染的居所，暫居臨時屋，有家歸不得，不少人失去工作、家庭破碎、社區崩解、廣大面積的

自然環境生態受到汙染、復原遙遙無期、社會成本極重。約有15萬居民因意外被迫撤離家園。撤離計畫的不完善令很多居民在慌亂逃亡中無法帶走貴重物品，或鎖好房子，且受到不必要的輻射感染。有些居民遭多次撤離，身心受創，一些重病者甚至賠上了性命。

監督失誤：監督部門嚴重失職，沒有切實執行監督核電安全的工作，竟然讓被監督的核電廠自己來監督其安全情況！這些部門缺乏獨立性，跟被監督的電廠及大力推動核電的部門關係密切，這個部門缺乏專業及對保障核電安全並無誠意，根本無法做好監督的工作。另一方面，東電行政怠惰、玩忽職守、缺乏社會責任、完全依照政府推廣核電的部門指示行事。同時，東電只用心跟監督官員搞好關係，令他們睜一隻眼、閉一隻眼，導致監督形同虛設，兩造是一丘之貉。

法律及監管不足：日本現有的法律及監管規則只就實際發生的意外而制訂，並沒有參考國際有關的意外因應及安全措施，對法律作全面認真的檢討，因此不足以應付核災風險。況且，現時的監管規則不是從公共安全健康及社會公益上著眼，而是向推廣核電產業方面傾斜。另一方面，一旦發生意外，相關的利害關係社群的責任歸屬亦不清不楚。

基於以上的缺點，小組有以下的建議：一，在國會設立一個永久性委員會來監督核電安全監管部門，並定期做查核及舉辦公聽會。二，改革災難危機管理系統，清楚界定地方政府及中央政府與電力供應商的責任，並制訂一個應付緊急事故的指揮系統。三，設立一個處理長遠的有關核電廠安全的公共健康系統，執行包括對輻射汙染區域的監控及除汙工作。四，對東京電力公司作澈底的企業改革，及為電力公司之間就安全、相互監督及保持透明，建立新的關係。五，根據獨立性、透明度、專業及功能整合，設立一個新的監督部門。六，依據國際安全、公共健康及福祉為標準，改革有關核電的法律。七，設立獨立的檢調委員會。

　　小組主席黑川清（くろかわ きよし，Kiyoshi Kurokawa）在公布報告時語重心長地說，導致這場災難的根源，是一種日本獨有的組織文化（「Made in Japan.」）：習以爲常的無條件服從、不願質疑權威、死忠於規章計畫、集體主義及閉門造車的組織文化。這種組織文化令成員容易將行爲合理化、掩蓋眞相及逃避責任，跟正道的職場倫理背道而馳。這類職場倫理一天不改，難保未來災難的發生。

倫理評論

　　調查小組的主要結論清楚地表示，災難原因無不與職場倫理的故障及崩壞有密切關聯，雖然報告書沒有採用「職場倫理」等字眼。無論從災前、災中及災後檢討東電的行爲，都反映了東電及政府監督機構的領導失能、組織怠惰、管理目標失焦、缺乏企業社會責任、員工盲從權威、唯唯諾諾的順從文化。尤其是組織文化與災難關聯方面，調查小組主席更能一語道破。從職場倫理的角度分析此災難，還有以下的教訓：意外發生後，東電一直發布了不盡不實的訊息、隱瞞眞相，企圖推卸責任。東電宣稱地震沒有對核電廠造成任何損毀，暗示東電對防震準備十足。依東電的說詞，核電廠意外發生，是在巨大海嘯摧毀了防波堤後將發電機組淹沒，中斷電力令冷卻系統失靈而導致的，由於巨大海嘯的出現是超乎正常預測的，因此意外是天災所造成的，跟管理不善無關，東電是不用負責的。然而，報告指東電太快將意外歸咎於海嘯，事實是，地震可能早已損毀了核電安全的設備，成爲意外原因之一。報告確認了在意外未發生前，一個管理人員發出了檢查反應堆的地震測試指令，但卻沒有執行。事實上，地震導致管線出現裂隙，讓少量的冷卻劑從系統中流失，但卻在10小時後才被發現。在海嘯還未衝擊核電廠前，後備的緊急電力系統可能已經失效。證據是，東電及政府報告海嘯到達電廠的時間並不是海嘯抵達海岸線的時間，而是海嘯流經

離岸1.5公里監測站的時間，這個時間差是決定電廠受損害原因的關鍵。基於上述的證據，報告認為東電將意外怪罪於海嘯而不是地震，是有心逃避責任。

核電廠對意外準備不足，及沒有將意外實情告知當地的居民，明顯是管理不當。當要撤離災區的第一道指令發布時，在最接近電廠的居民只有2%知道意外的發生，而在10公里範圍內的居民在第二天才被告知意外。居民在意外當天被強制撤離家園，在慌忙中只能帶臨時必需用品，被強制撤離多次，或撤到有高輻射的地方。總之，撤離工作十分混亂失控，反映東電及政府都手忙腳亂，不知所措。另外，電廠監測輻射方面完全不及格，例如：有居民被撤離到比留在家中更危險的地方，而意外現場30公里內雖被偵測到有高輻射，但居民卻等到一個月後才被強制撤離。在災區20公里區內的醫院及安老中心要設法尋找運輸工具及住所，困難重重，期間有60名病人由於撤離，導致病情惡化而失去生命。

報告蒐集的證詞中顯示，東電對承包商的管理草率及不負責任。在意外期間進入災區處理意外的承包商，只有一成在接單前才被告知意外的可能發生。一名進入災區救災的承包商僱員稱東電從未告知電廠的事態的嚴重性，直至看電視時才知道電廠20公里範圍內的居民要緊急撤離。承包商的高層，從執行董事、副執行董事及輻射保護主任都知道災區廠房內仍有工人在工作，但卻一聲不響地攜同自己家人逃離，丟下工人不顧。有工人抱怨公司根本不理救災工人的死活。此外，意外期間媒體報導有不顧自身安危的50名工人，甘冒輻射危險留守在最危險的廠區做救援工作。這個「福島50勇士」故事感動了不少人，但其後發現根本不是事實。一名工人在報告書的證詞中表示，留下來的工人並沒有要犧牲的念頭，此外，有些工人是承包商臨時僱用的失業人士，沒有受過處理核災的訓練，亦對工作場所的高度危險一知半解，就算略知其危險，無奈為了生活不得不接這份工作。總之，這些工人進入災區工作，並不是

媒體所渲染的利他主義或捨己爲人的義舉，而這事實卻一再凸顯管理階層不負責任的行爲。

　　本書附錄收錄了東京電力的辦公室守則，它應是員工工作的標準作業守則（SOP），但卻對預防重大災難一點都起不了作用，實在非常諷刺！教訓是，徒具條文規則，沒有良好的組織文化及好的領導，倫理資本乏缺，職場崩壞是遲早之事。

參考文獻

Fukushima report: Key points in nuclear disaster report. BBC News, 5 July, 2012. http://www.bbc.com/news/world-asia-18718486

Japan to probe Tepco radiation cover-up claim. BBC News, 21 July 2012. http://www.bbc.co.uk/news/world-asia-18936831

Mahr, K. 2012. Report: Fukushima nuclear disaster was "Manmade". *Time*, July, 5. http://world.time.com/2012/07/05/report-fukushima-nuclear-disaster-was-manmade/?xid=gonewsedit

Massey, N. & ClimateWire. 2012. Fukushima Disaster blame belongs with top leaders at utilities, government and regulators. *Scientific American*, July 6. http://www.scientificamerican.com/article.cfm?id=fukushima-blame-utilities-goverment-leaders-regulators&WT.mc_id=SA_CAT_SP_20120709

Shareholders sue Tepco executives for nuclear disaster. BBC News, 6 March, 2012. http://www.bbc.com/news/business-17268326

Shukman, D. 2012. How Tepco glossed over Fukushima's vulnerability. BBC News, 7 July. http://www.bbc.co.uk/news/science-environment-18751374?

Tepco needs $22bn more for nuclear compensation claims. BBC News, 29 March, 2012. http://www.bbc.com/news/business-17549985

The official report of the Fukushima Nuclear Accident Independent Investigation Commission. The National Diet of Japan, 2012. https://www.nirs.org/fukushima/naiic_report.pdf

Wakatsuki Y. & Mullen, J. 2012. Japanese parliament report: Fukushima nuclear crisis was 'man-made'. CNN, July 5. http://edition.cnn.com/2012/07/05/world/asia/japan-fukushima-report/index.html

王茂臻，2014，「隨時打包　福島災區得偵測強迫症」，《聯合報》3月9日。

黃奕瀠，2014，「311震3周年　重建才起步　惡夢何時醒」，《中國時報》3月9日。

八之四　孟加拉成衣血汗工廠悲劇

　　血汗工廠一般是指嚴重剝削工人的無良職場，剝削方式包括了超低的工資、超長的工時（包括過長加班）、粗暴的管理、不健康及危險的工作環境等，這些因素都對員工的身體及精神造成長期的傷害。血汗工廠因此等同於不人道及不道德的經營，血汗工廠的老板是無良而失德的，爲文明社會所不容。血汗工廠的繼續存在，有其複雜的原因，並非只是無良商人的產物。在今天全球化深化的經濟中，全球供應鏈內都存在不少的血汗工廠，代表了現代全球商業多層的道德缺失，尤其是供應鏈的職場倫理管理失敗，而在更廣的層面裡，不知情的消費社群之消費行爲，亦助長了血汗工廠的繼續存在。

孟加拉成衣血汗工廠

　　2013年4月24日位於鄰近孟加拉首都達卡的沙華區（SAVAR）內的一棟8層高，名爲廣場Rana Plaza的製衣廠突然崩塌，將正在各廠房工作的工人活埋，導致1,127人死亡。這是全球成衣業有史以來死亡人數最多的工業災難。樓塌發生前一天，安全檢查已證實廣場是不安全，然而工廠的經理仍強迫工人進入工廠生產（BBC, 2013a, b, c,; Yardley, 2013b）。樓塌慘劇原因很多，有四項特別明顯：一、多方面缺乏有效監督工廠經營；二、成衣業界與政府官商勾結；三、工人無法組織獨立工會；四、國際品牌買家沒有做好供應鏈職場倫理管理。這四個原因同時反映了產業及政府多重的倫理缺失，茲簡述如下：

　　孟加拉政府監管的失靈　保障工廠廠房結構的安全是政府的基本責任，然而政府在這方面嚴重的失能及失職、管理不當、人手嚴重不足，既無統一的管理系統，亦缺乏足夠的安全監督及勘

查人員，不但無法阻止不安全的樓房興建，亦沒有禁止不安全廠房之使用。廠房結構安全的檢查並無統一的指揮中心來協調：政府的紡織部負責部分的檢查、成衣業自己亦做一點檢查、各地方的發展部亦做檢查、各大學的工程學院亦擔當檢查工作、一些國際品牌亦派來檢查小組作安全的檢查。但這些缺乏協調及統一管理的檢查證明無用，沒有阻止悲劇的發生。事實上，政府對國內究竟有多少家成衣製造廠及這些工廠的所在地都沒有確實資訊；而實際勘查工廠亦遇到很大的困難，原因是很多蓋好的工廠跟原來的設計草圖有很大的出入；其次很多在上世紀80及90年代建成的廠房，都無建築監圖。據政府發展部最近向國會的報告，單在首都達卡就有約8,000棟建築物不是沒有法定的許可證，就是違例建築物。無法管控不安全的工廠的另一原因是政府人手嚴重不足，負責工廠建築物安全的部門只有40名檢查員，但卻要負責100萬棟建築物的勘查工作。自從崩塌慘案發生後，政府宣稱要對全國超過5,000家成衣工廠作安全的檢查，但對如何解決人力及管理問題則避而不談。另一方面，孟加拉成衣製造及出口商會（Bangladesh Garment Manufacturers and Exporters Association）僱用了10名工程師做檢查，有19家工廠由於檢查不通過而被封閉。

官商勾結 孟加拉成衣製造及出口商會是全國成衣廠的產業聯會，成員有的是國會議員，有些擁有電視臺及報章，不只是在全國經濟占有舉足輕重的成衣產業之重要推手，負責監督及執行成衣出口任務，同時商會的領導層都是政府有關勞工及保安方面高層委員會的成員。國會的300席議員中有六成是跟產業有關的，而約有一成是成衣業的東主，其他則跟產業有直接的財務關係。產業主的巨大政治影響力不言而喻（Yardley, 2013b）。孟加拉的成衣業產占全國出口的77%，是全球僅次於中國的第二大出口國，每年有200億美元的出口產值，僱用員工數百萬，在整體經濟中占有重要地位，因此產業的興衰被視為國家安全議題。另一方面，成衣業亦享

有其他產業所無的稅務減免及補貼，同時課稅較低。正由於這樣，商會被批評是慘劇的元凶之一，同時是孟加拉成衣產業諸多問題的制度性原因之核心。批評者指出，依孟加拉的法律，有關部門根本無權監督成衣業，政府只不過是成衣業老板的一個俱樂部而已，因此由它來監督無疑是左手監督右手。

缺乏有效的勞動法　缺乏有效的勞動法亦是慘劇原因之一。現時孟加拉勞動法最明顯的不足是，工人在組織獨立的勞工組織方面受到多重限制，因此保障勞工基本權益，包括勞工的安全權就無法澈底落實。新法規定勞工若要組織工會，必須有三成的工人簽署申請書，問題是很多工廠的工人人數都超過千人，但廠內卻沒有開會的場地。政府承諾對現時的勞動法作修法，但卻是半串子的，修法包括了產業要雇主與員工建立利潤分享計畫，但所有出口產業尤其是成衣業卻不在此列。如前所言，資方在政府方面有強大的影響力，左右勞動法是易如反掌，因此勞動法及監管工廠自然會大幅向資方傾斜，偏向產業主的利益，勞工權益的保障很難真正落實。慘劇後三週，孟加拉政府基於國際壓力對勞動法進行了修法，聲稱修改的法令是有史以來對勞工最好的法令（Greenhouse, 2013）。新法修改了舊時有關勞工組織工會一個重要部分，禁止勞工部將三成有意組織工會的員工名單交給工廠雇主，這做法可以防止雇主將這些員工開除或向名單上的員工施壓，要他們退出組會申請，而令組會人數低於合法人數而令工會無法組成，但勞工團體擔心由於孟加拉商官關係綿密政府仍會將名單傳給雇主。人權組織批評新法令工人更難組織工會，政府仍刻意且削減工人權益，令他們更容易被剝削或陷於更大的風險。

國際品牌安全協議　慘劇後，美國政府就孟加拉廠房崩塌慘劇傷及勞工權益及安全問題有所回應，警告孟加拉政府若不作改善，會危害享有貿易優惠地位。此外，歐盟向孟加拉提出警告，揚言若不改善成衣產業的安全，就會向孟加拉採取貿易制裁。在此同時，

國際品牌基於社會輿論及為了維護品牌名聲，作了具體的回應。歐洲幾家知名國際的品牌如H&M等，都聯合起來制訂成衣業的安全協議，企圖加強產業安全。瑞士的成衣零售龍頭H&M是這裡最大的買家；英國的Primark及Tesco、挪威的C&A及西班牙的Inditex（擁有Zara），聯合起來制訂了孟加拉防火及建築安全協議（the Accord on Fire and Building Safety in Bangladesh），規定要定期對成衣產業工廠作獨立的安全檢查，及支付相關的費用。協議規定成員每年支付50萬作為經費，並終止僱用那些拒絕在安全問題做改善的代工廠商。美國兩家跨國公司Wal-Mart及Gap稱自行做相關的檢查，並沒有加入這協議。

　　導致這次慘劇的主要原因是結構性的，成衣業的不安全惡名昭彰，可避免的致命意外頻繁。近年不斷發生嚴重的火災及倒塌樓的意外，導致多起的工人死傷事件。發生在2012年11月24日發生的一宗嚴重的火災慘劇，殘酷地展示了悲劇是血汗工廠的宿命。火源是一些違法放在一樓的布料及容易起火的麻料，被旁邊的發電機起火而燃燒起來。起火初期，Tazreen Fashions工廠的廠房內有1,150人正在幹活，火警鐘響起後，工人慌忙跑到樓梯逃生，但經理阻擋工人去路，並命令他們返回崗位繼續工作，並稱警鐘響只是測試，但工人返回崗位後不久，烈火及有毒濃煙從二道樓梯湧上來，從樓下又傳來尖叫聲，突然8層樓的電力全失，窗戶都有裝上鐵窗，樓梯通向火場，無路可逃，112名工人就這樣被活活燒死。政府專責小組的初步報告指責慘劇是工廠東主嚴重疏忽所致，並指工廠的9名中級經理及管工在火警鐘響後仍阻止工人離開他們的縫衣機。工廠內缺乏防火的設施，沒有安裝在天花板的噴水器，亦無設在大樓外面的逃生梯；更離譜的是，那棟樓本身其實仍未蓋好，但工廠就已經開工了。雖然意外頻仍，工人傷亡慘重，但情況一直沒有改善，直到這次超過千人因樓塌喪命，代工業者、孟加拉政府及跨國國際品牌在民憤及輿論的巨大壓力下才開始一些實質的回應。不管

發生在地球哪個地方，血汗工廠的職業倫理缺失都有高度的類似性：工人被迫在危險重重的職場工作、政府偏袒商界沒有做好勞動安全及權益監督、工廠東主為了賺錢輕忽工人生命安全，只把他們當作生產工具、知名的國際品牌買家雖然公開對企業社會責任信誓旦旦，但實質卻為了獲取更大的利潤，無視工人的安全及健康權益。無論如何，血汗工廠的主要利害關係人的職業倫理疏忽與不足是非常明顯。

回頭看國際品牌的安全協議，這個事後補救性做法若在慘劇前就制訂及執行，肯定能救回近千多條人命。孟加拉成衣業的不安全不是什麼祕密，是成衣業的常識，國際品牌不可能不知情，或知而無所作為。

多層倫理缺失

在缺乏有效的勞工及環保規範的保障下，全球化會大大加深了向最低價走的競賽，形成強者全取，弱者要付出沉重代價的局面。強者是跨國企業及富有國家，弱者是落後地區的勞工、社會及其自然環境。落後國家的政府為了經濟發展、創造就業、擺脫貧窮，用盡各種方法吸引外資及富國買家，包括提供各種土地及課稅優惠、寬鬆的勞工及環保規則，力圖討好他們前來投資或向在地代工廠下訂單，形成一個極度向資方傾斜的經商環境；對比之下，勞工、環境及在地社會成為大輸家。血汗工廠的出現就是明證。這個案例中主要的利害關係人／社群是：代工廠的東主及工人、工廠所在地的政府、訂購產品的跨國品牌企業、為跨國企業提供代工廠的仲介公司、英美富有國家的消費者、跨國企業的政府（歐盟諸國、美國）。以下將論述利害關係人的倫理責任，礙於篇幅所限，本章不談富有國家的倫理。

代工廠的倫理

代工廠的東主對勞工權益及職場倫理一向意識薄弱，加上在地政府缺乏完善的勞工法令及有效的監督機制，漠視或輕忽工人權益是稀鬆平常之事。東主有意或無意長期違反工人在工資、工時、健康、安全及福利等的權益，以不人道方式對待工人而不以爲錯，在利潤之誘因下是非對錯靠邊站。在向最低成本競賽的規律下，代工廠處於弱勢根本無力跟國際品牌或仲介公司作公平的議價，爲了取得訂單而壓縮人事成本，工人利益被犧牲成爲定律。在這情況下，就算有心善待工人的代工廠東主亦無力保障勞工。無善心善行的代工廠東主自然是虐待工人的共犯，但有善心卻無能爲力的代工廠東主亦是受害者。無論如何，孟加拉的代工廠對勞工權益的輕忽及違反都是有違商業倫理的，但財力深厚的國際品牌於此有不可推卸的責任。

國際品牌的倫理

能力愈強、責任愈大，是倫理要則。能而不爲、知而不作，都有違倫理。歐美的成衣國際品牌有雄厚的實力，亦有相配對的責任，有能力及責任保障代工廠的工人（Duhigg, & Barboza, 2012）。

縱使國際品牌可以利用其購買力優勢而令代工廠言聽計從，但仍得遵守一些道德底線，不至於讓代工廠爲了接到訂單而對工人爲所欲爲。國際品牌都來自富有的國家，這些國家都有良好的勞工保護法例及監督機制保障勞動者權益，配合國內強大的勞工團體及活躍的公民組織之監督，國際品牌不會在國內做出血汗工廠之類的惡行，但將產品委外生產就會出現這些弊病。如上文所言，原因是代工廠所在國的環境有種種製造血汗工廠的條件，而供應鏈的管理涉及的因素更爲複雜，且國際品牌跟代工廠在地理上距離愈遠愈會有

稀釋責任的效果，對工人的處境感受會更薄弱。加上國際品牌與代工廠中間有仲介公司存在，更會減低他們對委外行為的問責性（見下文）。雖然如此，若國際品牌做好供應鏈的職場倫理管理，切實遵守有關的法令及規範，甄選符合規範的代工廠生產產品，血汗工廠就不會出現。問題是，能符合規範的代工廠不是要找就找到，而基於歷史原因，貧窮國家的代工廠對勞工權益等認知及保護上仍很落後，無能力做到符合規範的生產，硬要代工廠在缺乏能力之下遵守規範，無疑是強迫他們變成血汗工廠。國際品牌應對此有認知及投入資源來培訓代工廠，協助較有機會按規範經營的代工廠發展及提升相關的能力，令其能符合要求。重要的是，若將這種能力提升配合好嚴格的監督，國際品牌的供應鏈管理才算完備。

跨國仲介公司

鮮為人知的國際仲介公司在供應鏈上扮演了關鍵的角色，為國際品牌尋找代工廠，因此在供應鏈的倫理管理上有不能推卸的責任。若仲介公司能嚴格監督及甄選代工廠，血汗工廠自然不會出現；但若它輕忽職責、敷衍塞責，沒有做足監督及調查之工作，代工廠就會經常違規，工人成為受害者。

總部在香港的利豐公司是這類國際仲介的龍頭，扮演貧窮國家的代工廠及富有國家的品牌公司之間的媒人角色，堪稱採購業的沃爾瑪。然而，利豐在批評者眼中卻是血汗工廠的探子，在全球搜尋最低價的工廠，因此跟不少重大的工業意外及剝削工人事件都扯上關係。單以孟加拉近年的成衣業重大傷亡事件而言，2010年利豐為其客戶Kohl's仲介的工廠在火災中就死了29名工人，2011年為其客戶Tommy Hilfiger生產成衣的工廠的意外有50名工人受傷及2名工人在爆炸中死亡，而同年11月由利豐仲介的成衣品牌在Tazreen Fashions工廠火災中燒死了112名工人，利豐因此在這些被指為可避免的致命意外都撇不開責任。

　　仲介公司在全球供應鏈中如一道牆將國際買家與代工廠分隔開來，有助國際品牌一旦遇到醜聞，可以稀釋責任及避開有損商譽的報導及刑責。理論上，仲介公司不但代國際買家尋找最低廉的工廠，同時要兼負監督工廠是否有違規的責任，若遇到違規就要求工廠改善。實際情況並非如此，以利豐這樣具影響力及超高效率的公司為例，它手上有超過15,000家供應商可供選擇，一旦遇到有代工廠違規，快速地更換代工廠比等待違規工廠改善來得實際及省時，但這樣會導致違規工廠失去改善的誘因，而同時亦令利豐所承諾的會嚴格甄選工廠淪為虛文。更值得關注的是，大仲介公司因有龐大的議價能力來壓價，代工廠亦會因應成本在安全、健康等上東折西扣，提高了意外及慘劇的風險。

代工廠所在地政府

　　促進人民的福祉、保護民眾及勞工權益是政府存在的理由。現實世界中，很多政府都未能善盡其責任。問題是，代工廠所在地的國家在政經法制各方面都相對地落後，加上官員貪汙及官商勾結普遍，缺乏人權保障，有法不依或執法不嚴，這些都是製造血汗工廠的極佳條件，弱勢工人必成為被剝削的受害人，這亦是在目前全球化趨勢下新興市場內工人的宿命。沒有外在強大的壓力，要在地政府自動自發改善工人的福利或保障他們的權利，簡直是緣木求魚、自欺欺人。除非出現如孟加拉驚世大慘案，引起全球關注及譴責，及外地政府及勞工團體的壓力，甚至外國採取貿易制裁，否則政府是不動如山，不會作任何實質的改變。孟加拉此次慘劇給政府一個難得的改革機會，但若缺乏持久有力的內部及外部的政治力，克服既有利益集團的阻撓及反彈，改革仍會無疾而終。

富有國家的消費者

　　富有國家的消費者跟血汗工廠有不可分割的關係。富有國家

的消費者追求服飾時尚，尤其是對經常推出新款的廉價成衣趨之若鶩，間接造就了血汗工廠的出現。以一件恤衫在美國生產跟在孟加拉生產的成本作比較，前者的總成本是13.22美元，後者是3.35美元，而其中的勞動成本分別是7.47美元及0.22美元，這些數字充分說明了為何歐美的品牌紛紛找孟加拉代工廠來生產了。消費者很少關心這些廉價產品是如何生產出來的，在消費主義主宰的氛圍下，人們不是為了需要而是為了追潮流、趕時尚而消費，且不少陷入不能自拔的逐物主義，助長了血汗工廠持續。一旦知道所購買的汗衣或恤衫是血汗工廠的產品，有是非的消費者會群起杯葛產品，但這個暫時的做法不是有效遏止血汗工廠的方法，因為罷買或杯葛會導致代工廠倒閉，最終受害者是被剝削但需要工作養活家人的工人。有效及務實的做法是向國際品牌及仲介公司施壓，要求改善供應鏈管理，包括制訂改善及審查機制，及建立諸如人道生產的認證制度，確保代工廠人道地對待工人。歐洲品牌公司在這次樓塌慘案後，創立的改善工廠安全設施的聯合安全協議是一個可行的做法。另一方面，消費者亦要向代工廠的政府施壓，要求立法或修法加強工人權利的保障，特別是容許工人組織獨立工會及確立集體談判的權利。終端消費者應加強認識低價成衣產品的真正成本，關懷弱勢工人的處境，要求國際品牌提供符合職業倫理生產的產品等，對消除血汗工廠其實可扮演積極的角色。

勞工團體、公民社會、國際媒體

勞工團體、公民社會、國際媒體對遏阻血汗工廠扮演了關鍵的角色，不少弊案都是經由勞工組織及民間團體的調查與揭露，接著媒體的廣泛報導，引起社會及政府關注，對代工廠及視商譽如命的國際品牌造成巨大壓力，而被迫回應及作出改善。此外，勞工組織及公民團體擔當監督跨國企業的角色，經常公布調查結果，不單可以藉此來督促跨國企業做正派的經營，同時藉由真相的揭露，讓消

費者瞭解產品生產的過程及眞正成本，成爲日後要求國際品牌正派
經營、改善勞工權益的動力來源。

結論——共同分擔責任

　　血汗工廠的不斷出現，代表著勞動者仍受到不人道的對待，表
示二十一世紀企業的職場倫理仍有待加強。案例顯示一個通則，在
全球化經濟下，職場倫理的有效落實，有賴作爲買家的跨國企業、
執行實際生產的代工廠、國際品牌及代工廠之間的仲介公司，以及
代工廠所在地的政府等各方面都扛起責任。再者，作爲產品的終端
使用者的消費社群，亦可影響國際品牌關注供應鏈職場倫理管理，
勞工組織、公民團體與媒體亦發揮監督及批判作用，利用網路及其
他管道，揭露及批判不法失德行爲，令無良企業（代工廠、國際品
牌、仲介公司）無法爲所欲爲，逼使它們改善。血汗工廠涉及各類
利害關係人或社群，利害關係人的作爲或不作爲，切實扛起責任還
是敷衍了事，都跟血汗工廠的出現與否息息相關。就以防止血汗工
廠出現之責任而言，國際品牌買家的責任是挑選正派的代工廠生產
及定期作監督與協助改善；代工廠東主的責任是要依法、依德善待
勞工，以人道方式對待他們；仲介公司的責任是爲買家提供經嚴格
甄選的供應商，杜絕無良代工廠；在地政府的責任是通過制訂良好
法律及嚴格執法，保障勞工權益；消費者的責任是加強認識低價產
品的生產方式及眞正成本，關懷弱勢工人的處境，要求國際品牌提
供符合職業倫理生產的產品；買方政府對代工廠國家的責任是威恩
並用，用貿易制裁施壓或以優惠政策利誘之，務求建立有效法律及
監督保護勞工權益，同時亦督促本國的品牌企業做好供應鏈倫理管
理。此外，勞工組織、民間團體及媒體繼續扮演監督及批評者角
色，揭露眞相，督促國際品牌、仲介公司代工廠、相關政府關注及
改善勞工權益；教育機構的責任是加強職業倫理教育，令未來參與
企業的學生在思想及價值觀上有正確的認知，進入職場後協助改善

企業的倫理經營。要永久消減血汗工廠，除了利害關係人對責任有明確的認識及切實執行外，有效的行為誘因及規範，以及制衡監督機制的設置亦是同樣重要的。

無論如何，血汗工廠的重要教訓是，政府對企業經營法令的鬆綁及放寬執法，或對企業減少監督，只會為血汗工廠製造更佳的條件。另一方面，血汗工廠之出現，亦有力戳破一個流行於自由資本主義的「自我管理」迷思：政府對企業諸多法令及監督，只會窒礙企業的活力，阻礙財富的創造，只要去除管制企業自然會遵守市場規律做好自我管理及做對的事，為社會創造財富。在利潤掛帥下若無外力監督，企業是不會自動做對的事，在利潤誘因面前倫理道德會被犧牲或稀釋。沒有好的規範（包含法令）及嚴格的執行，沒有可以制衡企業權力的政治力及社會力，企業沒有誘因作倫理的自我改善。因此，要令企業遵守倫理、正派經營，必須回到基本面，建立政府的良好治理及活躍的公民社會，並深耕倫理教育，在制度、文化價值面上建立真正的倫理社會。

參考文獻

Associated Press, 2013. "Retailers embrace reforms in Bangladesh as search for bodies ends; death toll put at 1,127," May 14, http://www.washingtonpost.com/world/asia_pacific/bangladesh-plans-to-raise-wages-for-garment-workers-after-factory-collapse-raises-scrutiny/2013/05/12/41942dfe-bb72-11e2-b537-ab47f0325f7c

BBC News, 2013a. "Bangladesh factory collapse probe uncovers abuses," 23 May, http://www.bbc.co.uk/news/world-asia-22635409

BBC News, 2013b. "H&M and Zara to sign Bangladesh safety accord," 14 May, http://www.bbc.co.uk/news/business-22520415

BBC News, 2013c. "Dhaka building collapse: EU considering action," 1 May, http://www.bbc.co.uk/news/business-22362944

BBC News, 2012. "Bangladesh Tazreen factory fire was sabotage-inquiry," 17 December, http://www.bbc.co.uk/news/world-asia-20755952

BBC News, 2010. "Bangladeshi housing-block fire kills more than 100," 4 June, http://www.bbc.co.uk/news/10232918

Bradsher, K. 2013. "After Bangladesh, Seeking New Sources," May 16, *New York Times*. http://cn.nytimes.com/business/20130516/c16garment/en-us/

Bradsher, K. and Duhigg, C. 2012. "Signs of Changes Taking Hold in Electronics Factories in China," December 31, *New York Times*. http://cn.nytimes.com/article/china/2012/12/31/c31applenine/en/. Accessed on December 31, 2012.

Duhigg, C. and Barboza D. 2012. "Human Costs Are Built into an iPad," *New York Times*, January 25, 2012. http://www.nytimes.com/2012/01/26/business/ieconomy-apples-ipad-and-the-humancosts-for-workers-in-china.html?_r=1&hp. Accessed on January, 25, 2012.

Duhigg, C. and Greenhouse, S. 2012. "Electronic Giant Vowing Reforms in China Plants," *New York Times*, March 29, 2012. http://www.nytimes.com/2012/03/30/business/apple-supplier-in-china-pledges-changes-in-working-conditions.html?pagewanted=all. Accessed on March 29, 2012.

China Labor Watch, 2013. *Apple's unkept promises*. July 29.

Ethirajan, A. 2012. "Bangladesh blaze factory had no safety certificate," 7 December, BBC News, http://www.bbc.co.uk/news/world-asia-20644790

Fair Labor Association. 2012. *Independent investigation of Apple supplier, Foxconn*. http://www.fairlabor.org/sites/default/files/documents/reports/foxconn_investigation_report.pdf, Accessed on March 30, 2012.

Greenhouse, S. 2013. "Under pressure, Bangladesh adopts new labor law," July18, *New York Times*.

Greenhouse S. and Yardley, J. 2013. "Global Retailers Join Safety Plan for Bangladesh," *New York Times*, May 14, http://cn.nytimes.com/world/20130514/c14bangladesh/en-us/

Mustafa, S. 2013d. "Dhaka factory collapse: Can clothes industry change?" 25 April, BBC News, http://www.bbc.co.uk/news/world-asia-22302595

McLain, S. and Al-Mahmood, S. Z. 2013. "Recokoning looms in Rana Collapse," *The Wall Street Journal*, Asian Edition. Friday-Sunday, July 26-28.

Urbina, I. and Bradsher, K. 2013. "Linking factories to the malls, middleman pushes low costs," August 10, *New York Times*.

Yardley, J. 2013a. "Garment trade wields power in Bangladesh," July 29, *New York Times*.

Yardley, J., 2013b. "Bangladesh inspectors struggle to avert a new factory disaster," August 05, *New York Times*.

註　釋

1. 本章各案例的參考文獻分別置於案例之末，不納入本書的參考文獻之內。

2. 本案是根據真實的案例編寫，案中人物的姓名及其他名稱有所更改，不重要的事實細節有所改動，但基本事實不變。

參考文獻

❖**中文參考文獻**

于海波、鄭曉明、方俐洛等，2008，「如何領導組織學習：家長
　式領導與組織學習關係」。《科研管理》29(5)，180-186頁。

小野二郎、金本兼次郎、早乙女哲哉著，張雅梅譯，2015，《巨
　匠的技與心：日本三大料理之神的廚藝與修練》，臺北：時報出
　版。

山崎豐子，2008，《暖廉》（邱振瑞譯）。臺北市：麥田。

文崇一，1989，《中國人的價值觀》。臺北：東大圖書公司。

王安智，2014，「德行領導：本土概念或普同現象」，《中華心
　理學刊》，56卷，149-164頁。

王明達、張錫祿，2008，《馬幫文化》，昆明：雲南人民出版
　社。

王萍、包歡歡，2013，「家長式領導與組織公平感的關係：以浙
　江省30家民營企業爲例」，《經營與管理》，7期，107-109頁。

中央社，2015，調查：逾1成熟齡勞工重返職場，10月21日。
　https://tw.stock.yahoo.com/news_content/url/d/a/20151021

中央研究院語言所，搜詞尋字http://words.sinica.edu.tw/sou/sou.
　html

中央研究院社會學研究所，《台灣社會變遷基本調查第五期第五次
　調查報告》。

任迎偉、阮萍萍、王存福，2012，「家長式領導效能的實證研
　究」，《財經科學》12：297，89-95頁。

朱建民、葉保強、李瑞全，2005，《應用倫理學與現代社會》，
　新北市：空中大學。

吳宗佑、徐瑋玲、鄭伯壎，2002，「怒不可遏？或忍氣吞聲？華人企業中主管威權領導行為與家長式領導的效應」，《本土心理學研究》19，3-49頁。

呂國光主編，2009，《農民工口述史》，武漢：湖北人民出版社。

李寧琪、李樹、張樹根、劉毅，2010，「毀害型領導，領導能力與下屬信任關係研究」，《重慶工商大學學報（社會科學版）》27(2)，59-70頁。

東方日報，2016，國泰港龍被指年齡歧視。1月21日。http://orientaldaily.on.cc/cnt/news/20160121/00176_047.html

周建濤、廖建橋，2012，「為何中國員工偏好沉默：威權領導對員工建言的消極影響」，《商業經濟與管理》11，70-81頁。

周浩、龍立，2007，「家長式領導與組織公正感的關係」，《心理學報》39(5)，909-917頁。

周婉茹、鄭伯壎、連玉輝，2014，「威權領導概念源起、現況檢討及未來方向」，《中華心理學刊》56卷，165-189頁。

周麗芳、鄭伯壎、樊景立、任金剛、黃敏萍，2006，「家長式領導」，45-82頁。刊於鄭伯壎、姜定宇編，2006，《華人組織行為議題、作法及出版》，臺北：華泰文化。

林志揚、葉恒，2013，「家長式領導的效能——基於中國民營企業的實證研究」，《經濟管理》35(11)，71-80頁。

林毅璋，2014，「工時長、薪水少 五大行業最窮忙」，《聯合報》3月3日。

阿祥，「『社長島耕作』教會我們的8個職場生存法則」，Vo Style 2015-08-27。http://buzzorange.com/vidaorange/2015/08/27/learning-from-kosaku-shima-series

姜定宇、鄭伯壎，2003，「組織忠誠、組織承諾、及組織公民行為」，刊於鄭伯壎、姜定宇、鄭弘岳，《組織行為研究在台

灣——三十年回顧與展望》，115-152頁，臺北：桂冠圖書。

洪瑞斌、劉兆明，2003，「工作價值觀研究之回顧與前瞻」，《應用心理研究》19期，211-250頁。

秋山利輝著、陳曉麗譯，2015，《匠人精神：一流人才育成的30條法則》，臺北：大塊文化出版社。

徐正光，1978，「工廠工人的工作疏離：一些相關因素之分析」，《中央研究院成立五十週年紀念論文集》，741-771頁，臺北：中央研究院。

徐旭初、錢文榮主編，2009，《生存故事：50位農民工訪談實錄》，杭州：浙江大學出版社。

徐瑋伶、黃敏萍、鄭伯壎、樊景立，2006，「德行領導」。刊於鄭伯壎、姜定宇編，2006，《華人組織行爲議題、作法及出版》，121-149頁。臺北：華泰文化。

高日光、孫健敏，2009，「破壞性領導對員工工作場所越軌行爲的影響」，《理論探討》150期，156-158頁。

務凱、趙國祥，2009，「中國大陸地區家長式領導的結構與測量」，《心理研究》2(2)，56-59頁。

張永軍，2012，「倫理型領導對員工反生產行爲的影響：基於社會學習與社會交換雙重視角」，《商業經濟與管理》12，23-32頁。

張新安、何惠、顧峰，2009，「家長式領導行爲對團隊績效的影響：團隊衝突管理方式的中介作用」，《管理世界》，121-133頁。

張燕、懷明雲，2012，「威權式領導對下屬組織公民行爲的影響研究：下屬權力距離的調節作用」，《管理評論》24(11)，97-105頁。

梁建，2014，「道德領導與員工建言：一個調節中介模型的構建與檢驗」，《心理學報》46(2)，252-264頁。

許書揚，2013，《CEO最在乎的事——職場倫理與工作態度》，臺北：天下雜誌。

郭子苓，2013，「如果被羞辱能取得勝利，低頭，不過是種手段」，《商業週刊》1350期，84-85頁。

郭新東、王晶晶，2013，「家長式領導的國內研究現狀與研究焦點」，《阜陽師范學院學報（社會科學版）》153，103-108。

單小懿，2013，「盟友術——有一群人，可以全公司走透透，卻不會被提防」，《商業週刊》1350期，86-92頁。

景保峰，2015，「威權領導對員工建言行為的影響：一個有中介的調節作用分析」，《領導科學》4，50-53頁。

曾如瑩，2013，「敵人不一定要殺死，刀下留情，得到更多。」，《商業週刊》1350期，94-96頁。

曾如瑩，2013，「最高段的揹黑鍋，是有智慧的被利用」，《商業週刊》1350期，71-73頁。

黃光國，1984，「儒家倫理與企業組織型態」。刊於楊國樞、黃光國、莊仲仁編，《中國式管理研討會論文集》，21-55頁，臺北：時報出版公司。

黃光國，1992，《工商業社會中的倫理重建》，臺北：台灣學生書局。

黃國隆，1984，「我國組織中員工之工作滿足」。刊於楊國樞、黃光國、莊仲仁編，《中國式管理研討會論文集》，336-354頁，臺北：時報出版公司。

黃國隆，1995，「台灣與大陸企業員工工作價值觀之比較」，《本土心理學研究》4，92-147頁。

黃國隆，1998，「台灣與大陸企業員工對工作價值觀之比較」，97-151頁。刊於鄭伯壎、黃國隆、郭建志主編，1998，《海峽兩岸之企業倫理與工作價值》，臺北：遠流出版。

黃意涵，2016，「議員踢爆，血汗保全被逼簽生死狀　勞動局將

再查核」，《中國時報》3月3日。

楊茹憶，1999，職場中的性別歧視與性騷擾，《第四屆婦女國是會議論文集》，http://taiwan.yam.org.tw/nwc/nwc4/papers/99nwc_202.htm

楊國樞，1993，「中國人的社會取向」。刊於楊國樞、余安邦主編，《中國人的心理與行為——理念與方法篇（1992）》，87-142頁。

楊國樞，1996，「家族化歷程、泛家族主義及組織管理」。《台灣與大陸的企業文化及人力資源管理研討會》，信義文化基金會主辦。

楊國樞、黃光國、楊中芳編，2005，《華人本土心理學》（上）。臺北：遠流。

楊國樞、黃光國、楊中芳編，2005，《華人本土心理學》（下）。臺北：遠流。

葉保強，2002，《建構企業的社會契約》，新北市：鵝湖出版社。

葉保強，2013，《企業倫理》，第三版，臺北：五南圖書。

葉保強，2016，《組織倫理》，高雄：巨流圖書。

經濟部／駐荷蘭臺北代表處經濟組，2016，荷蘭零工將占1/3就業人口，NIS News Bulletin，01/07.http://info.taiwantrade.com.tw/CH/bizsearchdetail/8146328

詹火生、林昭禎，2010，「如何保障派遣工作者之勞動權益？」7月27日，國家政策研究基金會，下載2016/03/14，http://www.npf.org.tw/3/7834?County=%25E5%2598%2589%25E7%25BE%25A9%25E7%25B8%25A3&site

賈良定、陳永霞、宋繼文、李超平、張君君，2006，「變革型領導，員工的組織信任與組織承諾——中國情景下企業管理的實證研究」，《東南大學學報（哲學與社會科學版）》8(6)，59-67頁。

廖炳棋、李世宸，2015，「載考生……查釣客……北市警不再管27項冗事」，《聯合報》4月1日。

趙安安、高尚仁，2005，「台灣地區華人企業家長式領導風格與員工壓力之關聯性研究」，《應用心理研究》27，111-131頁。

趙相忠、王雲峰，2012，「我國民企家長型領導理論研究綜述」，《廣西師範大學學報（哲學社會科學版）》48(6)，183-187頁。

劉善仕、凌文銓，2004，「家長式領導與員工價值取向關係實證研究」，《心理科學》27(3)，674-676頁。

劉時均，2013，「警員的12小時：正事雜事，事事操心」，《聯合報》1月5日A11。

樊景立、鄭伯壎，2000，「華人組織中的家長式領導：一項文化觀點的分析」。刊於楊國樞、黃光國、楊中芳編，《本土心理學研究》13，127-180頁。

潘杏惠，2015，「血汗保全排行，台北台南最操」，《中國時報》1月18日。

鄧志華、陳維政、黃麗、胡冬梅，2012，「服務型領導與家長式領導對員工態度行為影響的比較研究」，《經濟與管理研究》7，101-110頁。

鄭伯壎、周麗芳、樊景立，2000，「家長式領導：三元模式的建構與測量」，《本土心理學研究》14，3-64頁。

鄭伯壎、姜定宇編，2006，《華人組織行為議題、作法及出版》，臺北：華泰文化。

鄭伯壎、黃敏萍，2005，「華人組織中的領導」。刊於楊國樞、黃光國、楊中芳編，《華人本土心理學》（下），749-787頁。臺北：遠流。

鄭政宗、周勝方，2005，「影響台中市警工作疏離及休閒活動參與因素之研究」，《朝陽學報》第10期，207-228頁。

蔡建文，2006，《中國農民工生存紀實》，北京：當代中國出版

社。

賴木成，2015，「山神保佑　我與山老鼠搏命」，《聯合報》3月31日。

龍立榮、毛盼盼、張勇、黃小冰，2014，「組織支持感中介作用下的家長式領導對員工工作疏離感的影響」，《管理學報》11(8)，1150-1157頁。

謝國興，1994，《台南幫的個案研究》，臺北：中央研究院。

鍵盤筆者，2014，「職場上，你不能不知道的『小人指南』」8月16日，http://blog.udn.com/iamwonderful/16247453

鞠芳輝、謝子遠、寶貢敏，2008，「西方與本土：變革型、家長型領導行為對民營企業績效影響的比較研究」，《管理世界》5，85-101頁。

聯合報編輯部，2011，《發現台灣勞動生命力》，臺北：行政院勞工委員會。

職場勵志，2014A，「職場法則二十條」，7月26。http://www.suntw.net/10272.html，下載2015/04/20。

職場勵志，2014B，「辦公室裡的十大生存法則」，8月29日。http://www.suntw.net/10336.html，下載2015/04/20。

❖英文參考文獻

ACFE, 2014. *Report to the Nations: On occupational fraud and abuse*. Association of Certified Fraud Examiners. http://www.acfe.com/rttn/docs/2014-report-to-nations.pdf

Adams, T. 2015. 'My father had one job in his life, I've had six in mine, my kids will have six at the same time'. Guardian, Nov. 29. http://www.theguardian.com/society/2015/nov/29/future-of-work-gig-sharing-economy-juggling-jobs

Aguinis, H., & Henle, C. A. 2003. The search for universals in cross-cultural organizational behavior. In Greenberg, J. (Ed.), *The organizational behavior: The state of the science*, pp. 373-411. Mahwah, NJ: Lawrence Erlbaum Associates.

Albert, S., Ashforth, B. E., & Dutton, J. 2000. Organizational identity and identification: Charting new waters and building new bridges. *Academy of Management Review, 25(1)*, 13-17.

Allen, J. A., Rogelberg, S. G., Scott, J. C. 2008. Mind your meetings: Improve your organization's effectiveness one meeting at a time. *Psychology Faculty Publications*, Paper 93, 48-53. http://digitalcommons.unomaha.edu/psychfacpub/93

Alter, A. 2014. How to build a collaborative office space like Pixar and Google. 99U.com, May 20, 2014. http://99u.com/articles/16408/how-to-build-a-collaborative-office-space-like-pixar-and-google

APA, 2000, diagnostic criteria for narcissistic personality disorder

American Psychiatric Association, 2000. Narcissistic personality disorder-Diagnostic and Statistical Manual of Mental Disorders, Fourth edition Text Revision (DSM-IV-TR), http://wps.prenhall.com/wps/media/objects/5097/5219346/tools/diag_crit_personality_disorders_cluster_b.pdf

American Psychiatric Association, 2013. Diagnostic and Statistical Manual of Mental Disorders (5th ed.), Arlington: American Psychiatric Publishing, pp. 669-672, ISBN 0890425558

Arslan, M. 2001. The work ethic values of Protestant British, Catholic Irish and Muslim Turkish Managers, *Journal of Business Ethics, 31*, 321-339.

Ashforth, B. E. 1994. Petty tyranny in organizations. *Human Relations, 47*, 755-78.

Ashforth, B. E., Harrison, S., & Corley, K. 2008. Identification in organizations: An examination of four fundamental questions. *Journal of Management, 34*(3), 325-374.

Ashforth, B. E., & Mael, F. 1989. Social identity and the organization. *Academy of Management Review, 14*, 20-39.

Avolio, B. J., Gardner, W. L., Walumbwa, F. O., Luthans, F., & May, D. R. 2004. Unlocking the mask: A look at the process by which authentic leaders impact follower attitudes and behaviors. *The Leadership Quarterly, 15,* 801-823.

Aycan, Z., Kanungo, R. N., Mendonca, M., Yu, K., Deller, J., Stahl, G., Kurshid, A. 2000. Impact of culture on human resource management practices: A 10-country comparison. Applied Psychology: An International Review, 49, 192-221. Cited in Pellegrini, E. K. & Scandura, T. A. 2008. Paternalistic leadership: A review and agenda for future research. *Journal of Management, 34*(3), 566-593.

Aycan, Z. 2006. Paternalism: towards conceptual refinement and operationalization. In K. S. Yang, K. K. Hwang and U. Kim (Eds.) *Scientific advances in indigenous psychologies: Empirical, philosophical and cultural contributions, 206,* 445-66, London: Sage.

Baker, S. D. 2007. Followership: The theoretical foundation of a contemporary construct. *Journal of Leadership & Organizational Studies, 14,* 50-60.

Baldry, C., P. Bain, P. Taylor, J. Hyman, D. Scholarios, A. Marks, A. Watson, K. Gilbert, G. Gall and D. Bunzel, 2007, *The Meaning of Work in the New Economy*, New York: Palgrave Macmillan.

Banks, R. 1998. The Protestant work ethic. *Faith in Business Ethics Quarterly, 2*(2), 5-7.

Bartkus, V. O., & Davis, J. H. 2009. *Social capital: Reaching out, reaching in*. Cheltenham, UK.: Edward Elgar.

Barsade, S. G., & Gibson, D. E. 2007. Why does affect matter in organizations? *The Academy of Management Perspectives, 21*(1), 36-59.

Baserman, M. H. 1996. Ethical leadership and the psychology and decision making. *Sloan Management Review, 37*(2), 9-22.

Bass, B. M. 1998. The ethics of transformational leadership. In Ciulla, J. B. (Ed.), *Ethics, The heart of leadership*, pp. 169-192. Westport, CT: Praeger Publishers.

Bass, B. M., & Bass, R. 2008. *The Bass handbook of leadership: Theory, research, and managerial applications.* New York: Free Press.

Becker, G. S. 1993. *Human capital: A theoretical and empirical analysis with special reference to education.* Third edition. Chicago: University of Chicago Press.

Benkhoff, B. 1997. Ignoring commitment is costly: New approaches establish the missing link between commitment and performance. *Human Relations, 50,* 701-726.

Bian, Y. 1994. Guanxi and the allocation of urban jobs in China. *China Quarterly, 140,* 971-999.

Bies, R. J. 2001. Interactional (In) justice: The sacred and the profane. In Greenberg J. & Cropanzano, R. (Eds.), *Advances in Organizational Justice*, pp.85-108. Stanford, CA: Stanford University Press.

Blader, S. L., & Tyler, T. R. 2003a. What constitutes fairness in work settings? *Human Resource Management Review, 12,* 107-126.

Blustein, D. L. 2006. *The Psychology of Working-A New Perspective for Career Development, Counseling, and Public Policy*, Mahwah, New Jersey: Lawrence Erlbaum Associates, Publishers.

Bollier, D. 2011. *The future of work. What it means for individuals, businesses, markets and governments.* Washington, D.C.: Aspen Institute.

Bolton, S. 2007. Ed. *Dimensions of dignity at work*. Oxford: Elsevier.

Brass, D. J., Butterfield, K. D., & Skaggs, B. C. 1998. Relationships and unethical behavior: A social network perspective. *Academy of Management Review, 23*, 14-31.

Brockner, J. 1992. The escalating of commitment to a failing course of action: Toward theoretical progress. *Academy of Management Review, 17*, 39-61.

Brockner, J., & Rubin, J. Z. 1985. *Entrapment in escalating conflicts*. New York: Spriner-Verlag.

Brown, M. E., & Mitchell, M. S. 2010. Ethical and unethical leadership: exploring new avenues for future research. *Business Ethics Quarterly, 20*, 583-616.

Brown, M. E., Treviño, L. K., & Harrison, D. A. 2005. Ethical leadership: A social learning perspective for construct development and testing. *Organizational Behavior and Human Decision Processes, 97*, 117-34.

Brown, M. E., & Treviño, L. K. 2006. Ethical leadership: A review and future directions. *The Leadership Quarterly, 17*, 595-616.

Brynjogfsson, E., & McAfcc, A. 2014. *The second machine age: Work, progress, and prosperity in a time of brilliant technologies*. New York: W. W. Norton.

Burke, R. J. 2006. Why leaders fail: Exploring the dark side. *International Journal of Manpower, 27*, 91-100.

Burns, J. M. 1978. *Leadership*. New York: Harper & Row.

Burt, R. S. 1992. *Structural holes: The social structure of competition*. Cambridge, MA: Harvard University Press.

Burton-Jones, A., & Spender, J-C. 2011. *The Oxford handbook of human capital*. Oxford: Oxford University Press.

Business & Human-rights. Mitsubishi lawsuit (resexual harassment in USA). http://business-humanrights.org/en/mitsubishi-lawsuit-resexual-harassment-in-usa-0

Campbell, K. W., & Foster J. D. (2007). The Narcissistic Self: Background, an Extended Agency Model, and Ongoing Controversies. To appear in: C. Sedikides & S. Spencer (Eds.), Frontiers in social psychology: The self. Philadelphia, PA: Psychology Press.

Cartwright, S., & Cooper, C. L. 2009. (Eds.), *The Oxford handbook of organizational well-being*. Oxford: Oxford University Press.

Chapman, L. S. 2012. Meta-evaluation of worksite health promotion economic return studies: 2012 update. *American Journal of Health Promotion*. 1-12. DOI: 10.4278/ajhp.26.4.tahp http://chapmaninstitute.com/articles/05_TAHP_26_4_Meta_Evaluation_2012.pdf

Chatman, J. A., & Cha, S. E. 2003. Leading by leveraging culture. *California Management Review, 45*(4), 20-34.

Chemers, M. 2002. *An integrative theory of leadership*. Mahwah, N.J.: Psychology Press.

Chen, C. C., & Lee, Y. T. 2008. (Eds.), *Leadership and management in China: Philosophies, theories, and practices*. Cambridge: Cambridge University Press.

Chen, C. C., Chen, X. P., & Huang, S. 2013. Chinese Guanxi: An integrative review and future research directions. *Management and Organization Review, 9*, 167-207.

Cheng, B. S., & Hwang, M. P. 2005. Leadership in Chinese business organization. In Yang, K. S., Hwang, K. K. & Yang, C. F. (Eds.), *Chinese Indigenous Psychology*, Vol. 2, 749-787. Taipei: Yuan Liu (In Chinese).

Cheng, B. S., Chou, L. F., Wu, T. Y., Huang, M. P., & Farh, J. L. 2004.

Paternalistic leadership and subordinates responses: Establishing a leadership model in Chinese organizations. *Asian Journal of Social Psychology, 7,* 89-117.

Cherrington, J. O., & Cherrington, D. J. 1992. A menu of moral issues: One week in the life of the Wall Street Journal. *Journal of Business Ethics, 11,* 255-265.

Chu, M., Manyika, J., & Miremadi. 2015. Four fundamentals of workplace automation. McKinsey Quarterly. November. http://www.mckinsey.com/business-functions/business-technology/our-insights/four-fundamentals-of-workplace-automation Accessed April. 20, 2016.

Cialdini, R. B. 2006. *Influence: The psychology of persuasion.* New York: Harper Business.

Cialdini, R. B., Petrova, P. K., & Goldstein, N. J. 2004. The hidden costs of organizational dishonesty. *MIT Sloan Management Review, 45,* 67-73.

Ciulla, J. B. 1998. (Ed.), *Ethics, The heart of leadership.* Westport, CT: Praeger.

Ciulla, J. B. 2007. What is good leadership? In Ciulla, J. B., Martin, C., & Solomon, R. C. (Eds.), *Honest work-A business ethics reader*, pp. 533-538. New York: Oxford University Press.

CNN, 2005. Two wasted days at work. March, 16. http://money.cnn.com/2005/03/16/technology/survey/index.htm

Cohen, D., & Prusak, L. 2001. *In good company: How social capital makes organizations work.* Boston, Mass.: Harvard Business School Press.

Coleman, J. 1988. Social capital in the creation of human capital. *American Journal of Sociology, 94,* S95-S120.

Coleman, J. 1995. *Foundations of Social Theory*. Cambridge, M.A.: Harvard University Press.

Colquitt, J. A. 2001. On the dimensionality of organizational justice: A construct validation of a measure. *Journal of Applied Psychology, 86*, 386-400.

Colquitt, J. A., Conlon, D. E., Wesson, M. J., Porter, C. O. L. H., & Ng, K. Y. 2001. Justice at the millennium: A meta-analytic review of 25 years of organizational justice research. *Journal of Applied Psychology, 86*, 425-45.

Colquitt, J. A., & Greenberg, J. 2005. *Handbook of organizational justice*. Mahwah, N. J.: Erlbaum Associates.

Conger, J. A. (1990). The dark side of leadership. *Organizational Dynamics, 19*, 44-55.

Conway, N., & Briner, R. B. 2005. *Understanding psychological contracts at work: A critical evaluation of theory and research*. Oxford, UK: Oxford University Press.

Conway, N., & Briner, R. B. 2009. Fifty years of psychological contract research: What do we know and what are the main challenges? In Hodgkinson, G. P., & Ford, J. K. (Eds.), *International Review of Industrial and Organizational Psychology*, Vol., 24, pp. 71-130. Oxford, UK: Wiley-Blackwell.

Craig, S. B., & Gustafson, S. B. 1998. Perceived leader integrity scale: An instrument for assessing employee perceptions of leader integrity. *The Leadership Quarterly, 9*, 127-145.

Cranston, S. & Keller, S. 2013. Increasing the 'meaning quotient' of work. *McKinsey Quarterly*, Jan.

Cropanzano, R., Goldman, B., & Folger, R. 2003. Deontic Justice: The role of moral principles in workplace fairness. *Journal of Organiza-*

tional Behavior, 24, 1019-1024.

Crossman, B., & Crossman. J. 2011. Conceptualizing followership: A review of the literature. *Leadership, 7*, 481-497.

Crush, P. 2016. Could you be replaced by a robot? *Workplace Focus,* March 20. http://www.workplacefocus.co.uk/article/could-you-be-replaced-robot

Cullen, J. B., Parboteeah, K. P., & Victor, B. 2003. The effect of ethical climates on organizational commitment: A two-study analysis. *Journal of Business Ethics, 46*, 127-141.

Darley, J. M. 1996. How organization socialize individuals into evildoing. In Messick, D. M., & Tenbrunsel, A. E. (Eds.), *Codes of conduct: Behavioral research into business ethics*, pp. 13-43. New York: Russell Sage.

De Hoogh, A. H. B., & Den Hartog, D. N. 2008. Ethical and despotic leadership, relationships with leader's social responsibility, top management team effectiveness and subordinates' optimism: A multi-method study. *The Leadership Quarterly, 19*, 297-311.

Deloitte, 2015. *Mind the gaps: The 2015 Deloitte millennial survey.* http://www2.deloitte.com/content/dam/Deloitte/global/Documents/About-Deloitte/gx-wef-2015-millennial-survey-executivesummary.pdf

Den Hartog, D. N. 2015. Ethical leadership. *Annual Review of Organizational Behavior, 2*, 409-434.

Dickson, M. W., Den Hartog, D. N., & Castaño, N. 2011. Understanding leadership across cultures. In Bhagat R. & Steers, R. (Eds.), *Cambridge handbook of culture, organization, and work*, pp. 219-244. Cambridge: Cambridge University Press.

Dickson, M. W., Castaño, N., Magomaeva, A., & Den Hartog, D. N.

2012. Conceptualizing leadership across cultures. *Journal of World Business, 47*, 483-492.

Dirks, K. T., & Ferri, D. L. 2002. Trust in leadership: Meta-analytic findings and implications for research and practice. *Journal of Applied Psychology, 87*, 611-628.

Donaldson, T., & Dunfee, T. W. 1999. *Ties that bind: A social contracts approach to business ethics*. Boston, Mass.: Harvard Business School Press.

Dunfee, T. W., & Warren, D. E. 2001. Is Guanxi ethical? A normative analysis of doing business in China. *Journal of Business Ethics, 32*, 191-204.

EEOC, 2001. EEOC responds to final report of Mitsubishi consent decree monitors, 23 May. http://www.eeoc.gov/eeoc/newsroom/release/5-23-01.cfm

Einarsen, S., Aasland, M. S., & Skogstad, A. 2007. Destructive leadership behavior: A definition and conceptual model. *The Leadership Quarterly, 18*, 207-216.

Elan, P., Bromwich, K., Jones, C., & Percannella, A. 2015. Life inside the gig economy. Guardian, Nov. 29. http://www.theguardian.com/society/2015/nov/29/life-inside-the-new-gig-economy-workers-stories

Elovainio, M., Kivimäki, M., & Vahtera, J. 2002. Organizational justice: Evidence of a new psychosocial predictor of health. *American Journal of Public Health, 92*, 105-8.

Farh, J. L., & Cheng, B. S. 2000. A cultural analysis of paternalistic leadership in Chinese organizations. In Li, J. T., Tsui, A. S., & Weldon, E. (Eds.), *Management and organizations in the Chinese context*, pp. 84-127. London: Macmillan.

Felps, W., Mitchell, T. R., & Byington, E. 2006. How, when, and why bad apples spoils the barrel: Negative group members and dysfunctional groups. *Research in Organization Behavior, 27*, 175-222.

Feser, C., Mayol, F., & Srinivasan, R. 2015. Decoding leadership: What really matters. *McKinsey Quarterly,* January. http://www.mckinsey.com/insights/leading_in_the_21st_century/decoding_leadership_what_really_matters

Fields, D. L. 2002. *Taking the measure of work: A guide to validated scales for organizational research and diagnosis.* Thousand Oaks, California: Sage Publications.

Fleming, P. J., & Zyglidopoulos, S. C. 2008. The escalation of deception in organizations. *Journal of Business Ethics, 81,* 837-850.

Fortune, 2016. 100 best companies to work for. http://fortune.com/best-companies/, accessed April, 24, 2015.

Franz, D. 2008. The moral life of cubicles, New Atlantis, Winter, 2008. http://www.thenewatlantis.com/publications/the-moral-life-of-cubicles

Fredrickson, B. L. & Brannigan, C. 2001. Positive emotion. In Bonnano, G., & Mayne, T. (Eds.), *Emotions: Current issues and future directions*, pp. 123-152. New York: Guilford Press.

Frey, C. B., & Osborne, M. A. 2013. The future of employment: How susceptible are jobs to computerization? http://www.oxfordmartin.ox.ac.uk/downloads/academic/The_Future_of_Employment.pdf. Accessed April 20, 2016.

Friedman, T. L. 2014. How to get a job at Google. *New York Times.* Feb. 25. http://cn.nytimes.com/opinion/20140225/c25friedman/en-us/

Friedman, R. 2015 *The best place to work: The art and science of cre-*

ating an extraordinary workplace. New York: Perigee Book.

European Union, 2012. Europe in figures: Eurostat yearbook 2012. Luxembourg: European Union. http://ec.europa.eu/eurostat/documents/3217494/5760825/KS-CD-12-001-EN.PDF, accessed April 12, 2016.

Furnham, A.1990. *The Protestant work ethic*. London: Routledge.

Fredrickson, B. L., & Brannigan, C. 2001. The contribution of supervisor behavior to employee psychological well-being. *Work and Stress, 18*, 255-66.

Gilbert, J. 2011. The millennials: A new generation of employees, a new set of engagement policies. *Ivey Business Journal*. http://ivey-businessjournal.com/publication/the-millennials-a-new-generation-of-employees-a-new-set-of-engagement-policies/

Gini A. 2000. *My job, my self: Work and the creation of the modern individual*. New York: Routledge.

Granovetter, M. 1982. The strength of weak ties: A network theory revisited. In Marsden, V., & Lin, N. (Eds.), *Social structure and network analysis*, pp. 105-130. Beverly Hills, CA: Sage.

Grant, A. M., Campbell, E. M., Chen, G., Cottone, K., Lapedis, D., & Lee, K. 2007. Impact and the art of motivation maintenance: The effects of contact with beneficiaries on persistence behavior. *Organizational Behavior and Human Decision Processes, 103*, 53-67.

Grant, A. 2013. *Give and take: A revolutionary approach to success*. New York: Viking.

Greenberg, J. 1993. The social side of fairness: interpersonal and informational classes of organizational justice. In Cropanzano, R. (Ed.), *Justice in the workplace: Approaching fairness in human resource management*, pp.79-103. Hillsdale, NJ: Erlbaum.

Greenberg, J. 2006. Losing sleep over organizational justice: Attenuating insomniac reactions to underpayment inequity with supervisory training in interactional justice. *Journal of Applied Psychology, 91*, 58-69.

Griffeth, R. W., Gaertner, S., & Sager, J. K., 1999. Taxonomic model of withdrawal behaviors: The adaptive response model. *Human Resource Management Review, 9*, 577-590.

Haidt, J. 2001. The emotional dog and its rational tail: A social intuitionist approach to moral judgment. *Psychological Review, 108*, 814-834.

Hampden-Turner, C., & Trompenaars, A. 1993. *The seven cultures of capitalism: Values systems for creating wealth in the United States, Japan, Germany, France, Britain, Sweden, and the Netherlands.* New York: Currency Doubleday.

Hanauer, N., & Rolf, D. 2015. Shared security, shared growth. *Democracy Journal*, No. 37. http://democracyjournal.org/magazine/37/shared-security-shared-growth/

He, H., & Brown, A. D. 2013. Organizational identity and organizational identification: A review of the literature and suggestions for future research. *Group & Organization Management, 38*, 3-35.

Hofstede, G. 1980. *Culture's consequences: International differences in work related values.* Beverly Hills, CA: Sage.

Hofstede, G. 1991. *Cultures and organizations: Software of the mind.* London: McGraw-Hill Book.

Hofstede, G. 1993. Cultural constraints in management theories. *Academy of Management Executive, 7*, 81-94.

Hofstede, G., & Bond, M. H. 1988. The Confucius connection: From cultural roots to economic growth. *Organizational Dynamics, 16*,

5-21.

Hofstede, G., Neuijen, B., Ohayv, D. D., & Sanders, G. 1990. Measuring organizational cultures: A qualitative and quantitative study across twenty cases. *Administrative Science Quarterly, 35*, 286-316.

Hogan, R., & Hogan, J. (2001). Assessing leadership: A view from the dark side. *International Journal of Selection and Assessment, 9,* 40-51.

Hope, K. 2016. The millennial generation shaking up the workplace rules, *BBC News*, 2 February. http://www.bbc.com/news/business-35460401

Hsieh, K-C., & Chen, Y-C. 2011. Development and significance of paternalistic leadership behavior scale, *Asian Social Science, 7*(2), 45-55.

Huang, X., & Bond, M. H. 2012. (Eds.), *Handbook of Chinese organizational behavior: integrating theory, research and practice.* Cheltenham: Edward Elgar.

ILO, 2015. *World employment social outlook: The changing nature of jobs*. http://www.ilo.org/global/research/global-reports/weso/2015-changing-nature-of-jobs/WCMS_368626/lang--en/index.htm

Ip, P. K. 2005. Corporate governance's missing link-how ethical capital helps. Paper presented at International Conference on Corporate Governance, organized by Hong Kong Baptist University, Hong Kong, August, 25, Hong Kong.

Ip, P. K. 2009. Developing a concept of workplace well-being for Greater China. *Social Indicator Research, 91*, 59-77.

Ip, P. K. 2011. Practical wisdom of Confucian ethical leadership-a critical inquiry. *Journal of Management Development, 30*, 685-696.

Ip, P. K. 2014. Ethical capital as strategic resource for Chinese inclusive business. Paper presented at The 4th Annual Conference of Japan Forum of Business and Society, September 18-19. Tokyo, Japan.

Ip, P. K. 2016. Leadership in Chinese philosophical traditions-a critical perspective. In Habich, A., & Schmidpeter, R. (Eds.), *The cultural roots of sustainable enterprise: Practical wisdom and corporate social responsibility*, pp. 53-63. Switzerland: Springer.

Isen, A. M., & Baron, R. A. 1991. Positive affect as a factor in organizational behavior. *Research in Organizational Behavior, 13*, 1-53.

Johnson, C. E. 2007. *Ethics in the workplace: Tools and tactics for organizational transformation.* New York: Palgrave MacMillan.

Johnson, C. E. 2009. *Meeting the ethical challenges of leadership: Casting light or shadow*, 3rd Edition. London: Sage.

Jones, D. 2000. Group nepotism and human kinship. *Current Anthropology, 41*, 779-809.

Jones, H. B. 1997. The Protestant ethic: Weber's model and the empirical literature. *Human Relations, 50*(7), 757-778.

Kalshoven, K., Den Hartog, D. N., & De Hoogh, A. H. B. 2011. Ethical leadership at work questionnaire (ELW): Development and validation of a multi-dimensional measure. *The Leadership Quarterly, 22*, 51-69.

Kanungo, R. N., & Mendonca, M. 1996. (Eds.), *Ethical dimensions of leadership*. Thousand Oaks, CA: Sage.

Kellerman, B. 2004. *Bad leadership: What it is, how it happens, why it matters.* Boston, Mass.: Harvard Business School Press.

Kish-Gephart, J. J., Detert, J. R., Trevino, L. K., & Edmondson, A. C. 2009. Silence by fear: The nature, sources, and consequences of fear at work. *Research in Organizational Behavior, 29*, 163-193.

Kish-Gephart, J. J., Harrison, D. A., & Treviño, L. K. 2010. Bad apples, bad cases, and bad barrels: Meta-analytic evidence about sources of unethical decisions at work. *Journal of Applied Psychology, 95*, 1-31.

Klein, H. L., Becker, T. E., & Meyer, J. P. 2009. (Eds.), *Commitment in organizations: Accumulated wisdom and new directions*. New York: Routledge.

Koys, J. A. 2001. The effects of employee satisfaction, organizational citizenship behavior, and turnover on organizational effectiveness: A unit-level, longitudinal study. *Personnel Psychology, 54*, 101-114.

Krackhardt, D., & Hanson, J. 1993. Informal networks: The company behind the chart. *Harvard Business Review, 71*, 104-111.

Kramer, R. M., & Tyler, T. R. (Eds.). 1996. Trust in organizations: Frontiers of theory and research. Thousand Oaks, CA: Sage.

Krueger, A. 2014. 5 things every boss should know about working with millennials. *Forbes*. April 10. http://www.forbes.com/sites/alysonkrueger/2014/04/10/5-things-every-boss-should-know-about-working-with-millennials/#6a400a4778ea

Kulich, S. J., & Henry, D. N. 2012. Chinese work values and ethics in organizational contexts, in Huang, X., & Bond, M. H. *Handbook of Chinese organizational behavior: integrating theory, research and practice*, pp. 380-414. Cheltenham: Edward Elgar.

Kumar, R. 2014, In defense of corporate wellness programs, *Harvard Business Review*. Feb. 21. https://hbr.org/2014/02/in-defense-of-corporate-wellness-programs/

Laham, S. M. 2009. Expanding the moral circle: Inclusion and exclusion mindsets and the circle of moral regard. *Journal of Experimental Social Psychology, 45*, 250-253.

Laing, A. 2011. What will the future workplace look like? CNNMoney.com, Jan. 19, 2011. http://fortune.com/2011/01/19/what-will-the-future-workplace-look-like/

Laing, A. 2015. Five ways work will change in the future, Interviewed by Killian Fox and Joanne O'Connor, *The Guardian*, Nov. 29, http://www.theguardian.com/society/2015/nov/29/five-ways-work-will-change-future-of-workplace-ai-cloud-retirement-remote

Lewis, K. R. 2015. Everything you need to know about your millennial co-workers, *Fortune*, June 23. http://fortune.com/2015/06/23/know-your-millennial-co-workers/

Lipman-Blumen, J. 2005a. *The allure of toxic leaders: Why we follow destructive bosses and corrupt politicians-and how we can survive them*. Oxford, England, Oxford University Press.

Lipman-Blumen, J. 2005b. The allure of toxic leaders: Why followers rarely escape their clutches. *Ivey business Journal*, January/February, 1-8.

Wilson-Starks, K. Y. (2003). Toxic leadership. *Transleadership, Inc.* See online at <www.transleadership.com> accessed 25 July 2006. www.toxicboss.com

Lund, S., Manyika, J., Ramaswamy, S. 2012. Preparing for a new era of knowledge work, Mckinsey Quarterly.

Mandel, M. 2005. The real reasons you're working so hard, and what you can do about it. *Business Week, 3953*, October 3.

Marx K. The economic & philosophic manuscripts of 1844. Transl. by Milligan, M., Edited with an introduction by Struik, D. J. New York: International Publishers, 1964.

Maslow, A. H. 1943. A Theory of Human Motivation. *Psychological Review, 50*, 370-396.

Mathieu, J., & Zajac, D. 1990. A review of meta-analysis of the antecedents, correlates and consequences of organizational commitment. *Psychological Bulletin, 108*, 171-94.

Mattke, S., Liu, H., Caloyeras, J. P., Huang, C. Y., Van Busum, K. R., Khodyakov, D., Shier, V. 2013. Workplace wellness programs study, Final report. Santa Monica, Cal.: RAND. http://www.rand.org/content/dam/rand/pubs/research_reports/RR200/RR254/RAND_RR254.pdf

Mayer, R. C., Davis, J. H., & Schoorman, F. D. 1995. An integrative model of organizational trust. *Academy of Management Review, 20*, 709-734.

McCabe, D. L., Treviño, L. K., & Butterfield, K. D. 1996. The influence of collegiate and corporate codes of conduct on ethics-related behavior in the workplace. *Business Ethics Quarterly, 6*, 461-476.

McGregor, D. M. 1960. *The Human Side of Enterprise*, New York: McGraw-Hill.

McClelland, D. C., & Boyatzis, R. E. 1982. Leadership motive pattern and long-term success in management. *Journal of Applied Psychology, 67*(6), 737-743.

Meyer, M. W., & Zucker, L. G. 1989. *Permanently failed organizations*. Newbury Park, Cal.: Sage.

Miller, D. T. 1999. The norm of self-interest. *American Psychologist, 54*, 1053-1060.

Morrison, E. W., & Milliken, F. J. 2000. Organizational silence: A barrier to change and development in a pluralistic world. *Academy of Management Review, 25*(4), 706-725.

Mowday, R. T., Steers, R. M., & Porter, L. W. 1979. The measurement of organizational commitment. *Journal of Vocational Behavior, 14*,

224-47.

Muirhead, R. 2004, *Just Work*, Cambridge, Mass.: Harvard University Press.

Namie, G. 2014. *2014 WBI US workplace bullying survey. Workplace Bullying Institute.* http://workplacebullying.org/multi/pdf/WBI-2014-US-Survey.pdf. Accessed April, 26, 2015.

National Research Council. 1999. *The changing nature of work: Implications for occupational analysis.* Washington, DC.: The National Academic Press.

Nelson, D. L., & Cooper, C. L. (Eds.), 2007. *Positive organizational behavior.* London: Sage.

Neubert, M., Carlson, D. S., Kacmar, K. M., Roberts, J. A., & Chonko, L. B. 2009. The virtuous influence of ethical leadership behavior: Evidence from the field. *Journal of Business Ethics, 90*, 157-170.

Niu, C-P., Wang, A-C., & Cheng, B-S. 2009. Effectiveness of a moral and benevolent leader: Probing the interactions of the dimensions of paternalistic leadership. *Asian Journal of Social Psychology, 12*, 32-39.

Padilla A., Hogan, R., Kaiser, R. B. 2007. The toxic triangle: Destructive leaders, susceptible followers, and conducive environments. *The Leadership Quarterly, 18*, 176-194.

Palanski, M. E., & Yammarino, F. J. 2009. Integrity and leadership: A multi-level framework. The *Leadership Quarterly, 20*, 405-420.

Parboteeah, K. P., Chen, H. C., Lin, Y-T., Chen, I-Heng, Lee, A. Y-P., & Chung, A. 2010. Establishing organizational ethical climates: How do managerial practices work? *Journal of Business Ethics*, (2010)*97*, 599-611.

Parboteeah, K. P., Cullen, J. B., & Paik, Y. 2013. National differences in intrinsic and extrinsic work values: The effects of post-industrialization. *International Journal of Cross Cultural Management, 13*(2): 159-174.

Pellegrini, E. K., & Scandura, T. A. 2006. Leader-member exchange (LMX), paternalism and delegation in the Turkish business culture: An empirical investigation. *Journal of International Business Studies, 37*(2), 264-279.

Pellegrini, E. K., & Scandura, T. A. 2008. Paternalistic leadership: A review and agenda for future research. *Journal of Management, 34*(3), XXX.

Perlow, L. A., & Williams, S. 2003. Is Silence Killing your company? *Harvard Business Review, May Issue.* https://hbr.org/2003/05/is-silence-killing-your-company/ar/1

Peters, T. J. and Robert H. Waterman, Jr. 1982. *In Search of Excellence: Lessons from America's Best-Run Companies*. New York: Warner Books.

Pfeffer, J., & Veiga, J. F. 1999. Putting people first for organizational success. *Academy of Management Executive, 13*, 37-48.

Piccolo, R. F., Greenbaum, R., & Den Hartog D. N. 2010. The relationship between ethical leadership and core job characteristics. *Journal of Organizational Behavior, 31*, 259-278.

Pinder, C. C. and Harlos, K. P. 2001. Employee silence: Quiescence and acquiescence as responses to perceived injustice. In Rowland, K. M., & Ferri, G. R. (Eds.) *Research in personnel and human resources management*. Vol. 20, 331-369. New York: JAI Press.

Podsakoff, P. M., Ahearne, M., & MacKenzie, S. B. 1997. Organizational citizenship behavior and the quantity and quality of work group performance. *Journal of Psychology, 82*, 262-70.

Podsakoff, P. M., MacKenzie, S. B., Paine, J. B., & Bachrach, D. G. 2000. Organizational citizenship behaviors: A critical review of the theoretical and empirical literature and suggestions for future research. *Journal of Management, 26*, 513-563.

Podsakoff, N. P., Whiting, S. W., Podsakoff, P. M., & Blume, B. D. 2009. Individual-and organizational-level consequences of organizational citizenship behaviors: A Meta-analysis. *Journal of Applied Psychology, 94*, 122-141.

Ralston, D. A. Gustafson, D. J., Elsass P. M., Cheung, F., & Terpstra, R. H. 1992. Eastern values: A comparison of managers in the United States, Hong Kong, and the People's Republics of China. *Journal of Applied Psychology, 77*, 664-671.

Randall, D. M. 1987. Commitment and the organization: The organization man revisited. *Academy of Management Review, 12*(3), 460-471.

Redding, S. G. 1993. *The spirit of Chinese capitalism*. Berlin: Walter De Gruyter.

Reilly, N. P., Sirgy, M. J., & Gorman, C. A. 2012. (Eds.), *Work and Quality of Life: Ethical Practices in Organizations*. Dordrecht: Springer Science+Business Media B.V.

Resick, C. J., Hanges, P. J., Dickson, M. W., & Mitchelson, J. K. 2006. A cross-cultural examination of the endorsement of ethical leadership. *Journal of Business Ethics, 63*, 345-359.

Resick, C. J., Martin, G., Keating, M., Dickson, M. W., Kwan H. K., & Peng, C. 2011. What ethical leadership means to me: Asian, American, and European perspectives. *Journal of Business Ethics, 101*, 435-457.

Rhode, D. L. 2006. (Ed.) *Moral Leadership: The theory and practice of power, judgment, and policy*. San Francisco: Jossey-Bass.

Robertson, D. C., & Rymon, T. 2001. Purchasing agents' deceptive behavior: A randomized response to technique study. *Business Ethics Quarterly, 11*, 455-479.

Rogelberg, S. G., Scott, C., & Kello, J. 2007. The science and fiction of meetings. *MIT Sloan Management Review, 40*(2), 18-21.

Rokeach, M. 1973. *The nature of human values*. New York: The Free Press.

Rokhman, W. 2010. The effect of Islamic work ethics on work outcomes. *EJBO Electronic Journal of Business Ethics and Organization Studies, 15*(1), 21-27.

Ross, J., & Staw, B. M. 1986. Expo 86: An escalation prototype. *Administrative Science Quarterly, 31*, 274-297.

Rossi, H. L. 2015. 5 hallmarks of successful corporate wellness programs, Fortune, APRIL 13, http://fortune.com/2015/04/13/corporate-wellness/

Rousseau, D. M. 1995. *Psychological contracts in organizations*. Thousand Oaks, CA.: Sage.

Rowan, C., Harishanker, K. 2014. What great corporate wellness programs do. *Harvard Business Review* March. https://hbr.org/2014/03/what-great-corporate-wellness-programs-do/

Samuleson, R. 2015. Robots in the workplace. *Washington Post*. March, 15. https://www.washingtonpost.com/opinions/can-we-adapt-to-robots-in-the-workplace/2015/03/15/ce58ea7a-c9aa-11e4-b2a1-bed1aaea2816_story.html

Sayer, A. 2007. What dignity at work means. In Bolton, S. 2007. Ed. Dimensions of dignity at work, pp. 17-29. Oxford: Elsevier.

Schermerhorn, Jr. J. R., Hunt, J. G., & Osborn, R. N. 2004, *Core con-*

cepts of organizational behavior, Danvers, MA.: Wiley.

Schlosser, J. 2006. Trapped in Cubicles, Fortune (CNNMoney.com) March 22, 2006. http://archive.fortune.com/2006/03/09/magazines/fortune/cubicle_howiwork_fortune/index.htm

Schoorman, F. D., Mayer, R. C., & Davis, J. H. 2007. An integrative model of organizational trust: Past, present and future. *Academy of Management Review, 32,* 344-354.

Schwartz, S. H. 1994. Are there universal aspects in the structure and contents of human values? *Journal of Social Issues, 50,* 19-45.

Schwartz, S. H. 2012. An overview of Schwartz theory of basic values. *Online Readings in Psychology and Culture, 2*(1). http://dx.doi.org/10.9707/2307-0919.1116

Seeman, M. 1959. On the meaning of alienation. *American sociological review, 24,* 783-791.

Siegrist, J., Starke, D., Chandola, T., Godin, I., Marmot, M., Niedhammer, I., & Peter, R. 2004. The measurement of effort-reward imbalance at work: European comparisons. *Social Science & Medicine, 58,* 1483-1499.

Silin, R. H. 1976. *Leadership and values: The organization of large-scale Taiwanese enterprises.* Cambridge, Mass.: Harvard University Press.

Smith, A. & Anderson, J. 2014. AI, robotics, and the future of jobs. Pewinternet, August 6. http://www.pewinternet.org/2014/08/06/future-of-jobs/

Smith, P. B., & Wang, Z. M. 1996. Chinese leadership and organizational structures. In Bond, M. H. (Ed.) *The handbook of Chinese psychology.* Hong Kong: Oxford University Press.

Somers, M. J. 1995. Organizational commitment, turnover, and absenteeism: An examination of direct and interaction effects. *Journal of Organizational Behavior, 16*, 49-58.

Standing, G. 2011. The precariat: The new dangerous class. London: Bloombury Academic.

Standing, G. 2014. *A precariat charter: from denizens to citizens*. London New York: Bloomsbury Academic.

Staw, B. M. 1976. Knee deep in the Big Muddy: A study of escalating commitment to a chosen course of action. *Organizational Behavior and Human Performance, 16*, 27-44.

Steidlmeier, P. 1999. Gift-giving, bribery, and corruption: Ethical management of business relationships in China. *Journal of Business Ethics, 20*, 121-132.

Stein, J. 2013. The new greatest generation: Why millennials will save us all. *Time*, May 20, 29-35.

Stein, J. 2015. My ride through the new on-demand economy. *Time*, Feb. 9, 28-33.

Steinmetz, K. 2016. Exclusive: See how big the gig economy really is. *Time*, Jan. 6. http://time.com/4169532/sharing-economy-poll/

Su, C., & Littlefield, J. E. 2001. Entering Guanxi: A business ethical dilemma in Mainland China? *Journal of Business Ethics, 33*(3), 199-210.

Su, C., Sirgy, M. J., & Littlefield, J. E. 2003. Is Guanxi orientation bad, ethically speaking? A study of Chinese enterprises. *Journal of Business Ethics, 44*, 303-312.

Sutton, R. I. 2007. *The no asshole rule: Building a civilized workplace and surviving one that isn't*. New York: Warner Business Book.

Swartz, M., & Watkins, S. 2004. *Power failure: The inside story of the collapse of Enron*. New York: Crown.

Templar, R. 2003. *The rules of work, A definitive code for personal success*. Harlow: Pearson Education.

Tenbrunsel, A. E., & Smith-Crowe, K., & Umphress, E. E. 2003. The role of ethical infrastructure in organizations. *Social Justice Research, 16*, 285-307.

Tepper, B. J. 2000. Consequences of abusive supervision. *Academy of Management Journal, 43*, 178-90.

Tepper, B. J. 2007. Abusive supervision in work organizations: Review, synthesis, and research agenda. *Journal of Management, 33*, 261-89.

Tepper, B. J., Henle, C. A., Lambert, L. S., Giacalone, R. A., & Duffy, M. K. 2008. Abusive supervision and subordinates' organizational deviance. *Journal of Applied Psychology, 93*, 721-732.

Terkel, S. 1972. *Working: People talk about what they do all day and how they feel about what they do*, New York: Ballantine books.

Thompson, F. "Fordism, Post-Fordism and the Flexible System of Production," pp.6 http://www.willamette.edu/~fthompson/MgmtCon/Fordism_&_Postfordism.html

Toor, S-R., & Ofori, G. 2009. Ethical leadership: examining the relationships with full range leadership model, employee outcomes, and organizational culture. *Journal of Business Ethics, 90*, 533-547.

Treviño, L. K., & Youngblood, S. A. 1990. Bad apples in bad barrels: A causal analysis of ethical decision making behavior. *Journal of Applied Psychology, 75*, 378-385.

Treviño, L. K., Hartman, L. P., & Brown, M. E. 2000. Moral person and moral manager: How executives develop a reputation for ethical leadership. *California Management Review, 42*, 128-42.

Treviño, L. K., & Brown, M. E. 2007. Ethical leadership: A developing construct. In Nelson, D. L., & Cooper, C. L. (Eds.) *Positive Organizational Behavior*, pp. 101-116. London: Sage.

Tsang, E. 1998. Can Guanxi be a source of sustained competitive advantage for doing business in China? *Academy of Management Executive, 12*, 64-73.

Tsui, A. S., Farh, J. L., & Xin, K. R. 2000. Guanxi in the Chinese context. In Li, J. T., Tsui, A. S., & Weldon, E. (Eds.), *Management and organizations in the Chinese context*, pp. 225-244. London: Macmillan.

Tyler, T. R. 1990. *Why people obey law*. New Haven, Conn.: Yale University Press.

Tyler, T. R., & Blader, S. L. 2000. *Cooperation in groups*, Philadelphia: Psychology Press.

Uhl-Bien, M., Riggo, R. E., Lowe, K. B., & Carsten, M. K. 2014. Followership theory: A review and research agenda. *The Leadership Quarterly, 25*, 83-104.

University of Cambridge, Dignity@work policy, http://www.admin.cam.ac.uk/offices/hr/policy/dignity/policy.html

Unum, 2014. *The future of work: Key trends that will affect employee wellbeing and how to prepare for them today*. http://resources.unum.co.uk/downloads/future-workplace.pdf

Van Dyne, L., Ang, S., & Botero, I. C. 2003. Conceptualizing employee silence and employee voice as multidimensional constructs. *Journal of Management Studies, 40*(6), 1359-1392.

Warr, P. 2007. *Work, happiness and unhappiness*. Mahwah, N.J.: Lawrence Erlbaum.

Weber, M. 1976. *The Protestant ethic and the spirit of capitalism*, London: George Allen & Unwin.

Weidenbaum, M. L. and Chilton, K. W. 1994. A new social contract for the American workplace: from paternalism to partnering, *Policy Study* 123. doi:10.7936/K79W0CN2. Murray Weidenbaum Publications. http://openscholarship.wustl.edu/mlw_papers/165

Westwood, R. 1997. Harmony and patriarchy: The cultural basis of paternalistic headship among the overseas Chinese. *Organization Studies, 18*(3), 445-480.

Westwood, R., & Lok, P. 2003. The meaning of work in Chinese contexts: A comparative study. *International Journal of Cross Cultural Management, 3*, 139-165.

World Bank. 2015. Regulating the gig economy. December 22. http://www.worldbank.org/en/news/feature/2015/12/22/regulating-the-gig-economy

Yang, M. 1994. *Gift, favors, and banquets: The art of social relationships in China.* NY: Cornell University Press.

Yukl, G. A. 2010. *Leadership in organizations.* Upper Saddle River, NJ: Prentice Hall.

Zuo, M. 2016. Rise of the robots: China's struggling electronics hub turns to artificial intelligence. May 22. http://www.cnbc.com/2016/05/22/rise-of-the-robots-60000-workers-culled-from-just-one-factory-as-chinas-struggling-electronics-hub-turns-to-artificial-intelligence.html

Zyglidopoulos, S. C., & Fleming, P. J. 2008. Ethical distance in corrupt firms: How do innocent bystanders become guilty perpetrators? *Journal of Business Ethics, 78*, 265-274.

Zyglidopoulos, S. C., Fleming, P. J., & Rothenberg, S. 2009. Rationalization, overcompensation and the Escalation of corruption in organizations. *Journal of Business Ethics, 84*, 65-73.

附　錄

東京電力職場規則

東京電力公司

東京電力公司是日本最大的電力公司，整個供電區域約占日本國土的10%，整個區域的電力消耗量占全國總量的1/3，擁有資本6,764億日圓，總資產14,370億日圓，年銷售額49,200億日圓。擁有的火電、水電、原子能發電廠186個，裝機5,687.4萬千瓦，職工人數42,170人。（註1）

一、主要特色

(一)注重企業文化建設

企業文化作爲當代先進的管理思想和管理理論，在日本企業中有著廣泛而深刻的實踐基礎。在企業文化建設上，值得我們學習和借鑑的做法是：

1. 在職工中培育企業共同的價值觀。公司給職工印發了一本小冊子，裡面明確地寫上了企業理念或企業目標，便於職工銘記，以此激勵職工。

東京電力公司的企業目標是：(1)公司將成爲和客戶共同前進的能源服務企業；(2)公司將成爲培育人們夢想的有活力的創造性產業；(3)公司將成爲挑戰未來，有生機的集團。爲了實現企業目標，他們提出的口號是：開創明天的動力，朝著夢想的社會前進。

2. 建立鮮明的企業標識。東京電力公司的標識由六個圓形組

註1：王豔華，「日本電力企業文化的特色──根據四川赴日韓考察報告整理」，新晨範文，http://www.xchen.com.cn/zuanti/qywh/362647.html

成，以東京第一個英文字母T爲基本圖形，上面三個圓形分別象徵
著客戶對東電的滿意、信賴和對未來的期待；下面兩個小圓形，一
個代表服務、一個代表技術，兩個小圓形置於一個大圓形之中，表
示要努力實現服務與技術的協調；企業的標識採用紅色，代表活
力、親近感和光明。整個標識在整體上，給人一種既直觀又鮮明的
深刻印象。

3.嚴格規範職工的行爲。

東京電力公司要求員工做到：積極參與社會活動；充分發表個
人意見，勇於承擔責任；互相學習，共同提升；尊重個人，服從組
織。

二、東京電力公司的部分行爲規範

(一)工作場所規則

1.從上班到下班

(1)上班的時候

①遵守上班時間；②做好工作的準備；③鈴一響就開始工
作。

(2)工作中

①要做到有計畫、有步驟、迅速踏實地進行；②工作中少說廢
話；③工作中不要隨便離開自己的崗位；④離開自己的座位時間稍
長時要整理桌子；⑤因私外出必須得到上司的許可，回來後要向上
司報告；⑥迅速傳閱檔案；⑦不打私人電話；⑧在辦公室內保持安
靜。

(3)辦公用品和檔案的保管（略）

(4)下班時

①下班時，檔案、文具、用紙等要整理，要收拾桌子；②考
慮好第二天的任務，並記錄在本子上；③關好門窗，檢查、處理火

與電等安全事宜；④需要加班時，要事先請示或得到通知；⑤下班時，與大家打完招呼後再回家。

2.工作的進行方法

總原則：以客戶的立場和想法為基礎，採取相應的工作方式，以工作不出差錯為原則。對待工作要有主人翁的自覺性，工作目的要清楚，要有責任心。

(1)接受指示時

①虛心聽別人說話。當喊你名字時，要清晰回答「是」；對工作應抱持積極態度，要虛心聽取上司和前輩的指導。

②聽取指導時，要作好記錄，途中不要提問，直到聽完再提問。記筆記可採用5W1H方法。

③疑點必須提問，力求弄明白。

④重複被指示的內容，進一步理解和明白上司與前輩的指示內容。

(2)實行時

①充分理解工作的內容，包括工作的重要性、目的性、時間及期限、標準要求等。

②方法和順序，遵守上司指示的方法、順序；涉及別的部門時，要適時進行聯絡。

③備齊必要的器具和材料。

④工作進行過程中，要定期向上司報告。到了限期不能完成時，要馬上向上司報告。

⑤任務完成後，要檢查結果和任務要求是否一致。檢查工作先自我檢查，最終由上司檢查。

以上是工作的基礎，工作在實施前，要首先訂出計畫，並按一定的對策進行。東京電力公司推行一種叫PDCA迴圈的方式，對提高工作品質很有幫助。

(3)報告時，是指工作完成後如何向上司做報告（略）。

(4)失敗的時候，也要寫報告，檢查原因和承擔責任等（略）。

3.為了工作場所的工作愉快

(1)打招呼

人與人碰面的時候應打招呼。早上上班時要說「早安！」。開朗而有精神地相互打招呼，會讓整個公司的氣氛活躍、有生氣。

(2)努力愉快地工作

工作中自己的思想要活躍；為他人愉快而工作；求工作易做、人與人之間關係和睦。

(3)互相交談的重要性

「三人行必有我師焉」，有問題時與周圍同事商議，可以找出好的辦法來。互相交流可以變為互相幫助。

(二)服務規範

1.服務規範的基礎

(1)服裝和外表

「服裝可以展現人的魅力」，不整潔、不正規的服裝，會給客戶帶來不愉快感覺；相反，如果服裝乾淨整潔、態度恭敬，會給客人留下好的印象，有利於做好服務工作。

(2)態度和行為

①工作中的態度。工作時需要正確的態度和姿勢，在座椅上應姿勢端正，注意力集中；不要用手肘托著腮幫子；同事之間不要任性、嘔氣，以免給周圍同事帶來不愉快。

②正確的姿勢。站的時候要挺胸、下巴輕抬、手腕自然下垂、手指併攏、腳尖微開、腳跟併攏。坐下時，在椅子上，椅背和人背有一點空隙；在沙發上要輕輕地坐（背要挺直）；雙腳要併攏；男性膝蓋不能分開，女性膝蓋、腳尖、腳跟恰好併攏；椅子很低時，雙腳向左或向右稍微傾斜。

③敬禮的方式。點頭：上半身向前傾斜輕輕地敬禮（15°），在走廊、樓梯、電梯中，要向上司或前輩、客戶行點頭禮。敬禮：感謝時或訪問時敬的禮，深深敬禮（30°）。深鞠躬敬禮：表達強烈的感激之情時和道歉時敬的禮（45°）。

2.會話的方式

對客戶的語言態度很重要，說話要發音清晰、要用謙虛態度傾聽對方說話、不要中途打斷別人談話、要善於邊觀察對方反應邊說話、不能混用公司內外的語言等。對初次見面的人作自我介紹，要給人誠實、深刻、鮮明的印象。

3.接待和訪問的規範

接待時，首先要弄清楚客戶來訪公司的目的，然後站在客戶的立場上熱情招待。接待的基本態度要「迎三步、送三步」，在公司內，和客人要保持一定的距離。事情辦完後，對客人要說「謝謝」，並在三步的距離之內向客人敬禮。在客人面前不要高聲喧譁，不要大聲笑或講閒話。在服務臺，對客人要笑臉相迎，接待時應站起來，不要坐著，要先向客人問好。在途中介紹時，可以一邊走一邊介紹，但要在客人面前二至三步之內和客人的步伐一致。向客人指示方向時不能用手指，要用手掌。搭乘電梯時，自己先上，輕輕按住門，再請客人乘坐；下電梯時，輕輕按住門，讓客人先下電梯，確認客人下完後，自己再下電梯。

4.接受客戶提的意見

要虛心接受客人的意見，有什麼事情不滿意時，不要感情用事、不要解釋和否定錯誤，要用和藹的態度加以親切說明，以求得客人理解。自己不能判斷時，需和上司商量後採取適當措施。如果已經明確是公司方面的問題，那就要代表公司誠懇地向客戶道歉，不只是表面的，而是要有誠意的。

勞動基準法權益簡介

發布日期104-12-16

http://www.mol.gov.tw/topic/3066/5837/19493/

前言

- 勞動基準法係依據我國憲法第153條，「國家爲改良勞工及農民之生活，增進其生產技能，應制定保護勞工及農民之法律，實施保護勞工及農民之政策。」所規定而制訂。
- 勞動基準法係規定勞動條件最低標準，爲保障勞工權益，加強勞雇關係，促進經濟發展。適用勞動基準法之勞工權益將獲得最基本之保障，凡適用該法之行業或工作者，雇主與勞工所訂勞動條件，不得低於該法所定之最低標準。

勞動基準法之內涵

一、勞動契約

- 凡適用勞動基準法之事業單位，其與勞工間依勞動契約成立勞動關係。
- 勞動契約，分爲定期契約及不定期契約。臨時性、短期性、季節性及特定性工作得爲定期契約；定期契約屆滿後，有下列情形之一者，視爲不定期契約：

  勞工繼續工作而雇主不即表示反對意思者。

  雖經另訂新約，惟其前後勞動契約之工作期間超過90日，前後契約間斷期間未超過30日者。

  前項規定於特定性或季節性之定期工作不適用之。

- 定期契約屆滿後或不定期契約因故停止履行後，未滿3個月而訂定新約或繼續履行原約時，勞工前後工作年資，應合併計算。

二、工資

* 工資是勞工因工作而獲得之報酬，雇主應全額、定期、直接給付，不得預扣勞工工資作為違約金或賠償費用。雇主給付勞工之工資不得因性別而有差別待遇。

* 工資由勞雇雙方議定之，但不得低於基本工資。**基本工資為每月20,008元，每小時120元。**

三、工時

* 勞工每日正常工作時間不得超過8小時，每2週工作總時數不得超過84小時。另雇主徵得勞工同意得延長工作時間，其連同正常工時每日不得超過12小時，每月延長工作時間總時數不得超過46小時，但如遇天災、事變或突發事件有例外規定。

四、加班費

* 雇主延長勞工工作時間者，其延長工作時間之工資：
  1.延長工作時間在2小時以內者，按平日每小時工資額加給1/3以上。
  2.再延長工作時間在2小時以內者，按平日每小時工資額加給2/3以上。

* 勞工於延長工作時間後，如同意選擇補休而放棄領取加班費，固為法所不禁，惟有關補休標準等事宜亦當由勞雇雙方自行協商決定。

五、例假

* 勞工每7日中應有1日之休息，作為例假。事業單位如非因天災、事變或突發事件，不得使勞工於例假日工作。如有必要，該例假得經勞工同意後，於各該週期內酌情變更。

六、休假

* 依勞動基準法第37條暨同法施行細則第23條所定之紀念日、勞動

節日及其他中央主管機關規定應放假之日，均應休假。雇主如徵得勞工同意於休假日工作者，工資應加倍發給。

- 惟雇主如徵得勞工同意將休假日調移於工作日以達週休2日。調移後之原休假日（紀念節日之當日）已成為工作日，勞工於該日出勤工作，不生加倍發給工資問題。

七、週休二日出勤工作

- 如勞資雙方約定之工時為2週84小時，但比照行政機關辦公日曆出勤，則週休二日之**假日**可能為不須出勤之「休息日」、例假或是調移之國定假日。此時，勞工出勤工作工資如何發給，應視該日之性質而定：

  1. 該日如係勞基法第36條規定之**例假**，事業單位如非因同法第40條所例天災、事變或突發事件等法定原因，縱使勞工同意，亦不得使勞工在該假日工作。事業單位違反上開法令規定，除應依法處理並督責改進外，如勞工已有於例假日出勤之事實，其當日出勤之工資，仍應加倍發給。

  2. 該日若為不須工作之**休息日**，未逾法定正常工作總時數者，工資由勞資雙方協商定之；逾法定正常工作總時數者，應依勞動基準法第24條規定給與延長工作時間工資。

  3. 又該日如係調移第37條之**休假日**而來者，工資應加倍發給。

八、特別休假

- 勞工在同一雇主或事業單位，繼續工作滿一定期間，每年應依規定給予特別休假。

- 特別休假日期應由勞雇雙方協商排定之，並應於勞動契約有效期間為之。

- 當勞動契約終止時，勞工尚未休完之特別休假如係勞工應休能休而不休者，則非屬可歸責於雇主之原因，雇主可不發給未休完特別休假日數之工資。反之如係可歸責於雇主之原因，致勞工無法

休畢時，雇主應發給未休完特別休假日數之工資。

九、請假

- 勞工如因有婚、喪、事、疾病等因素可依勞工請假規則請假，惟勞工請假規則係最低標準，事業單位如有較優之規定，自可從其規定。

- 天然災害發生時（後）勞工之出勤管理及工資給付原則：因颱風來襲而停止上班之日，非勞動基準法所定之「休假日」，但勞工如確因災害而未出勤，雇主不得視為曠工，或強迫以事假（或特別休假）處理。

十、女工

- 雇主不得使女工於午後10時至翌晨6時之時間內工作。但雇主經工會同意，如事業單位無工會者，經勞資會議同意後，且符合下列各款規定者，不在此限：1.提供必要之安全衛生設施。2.無大眾運輸工具可資運用時，提供交通工具或安排女工宿舍。上述規定，於妊娠或哺乳期間之女工，不適用之。

- 女性勞工於分娩前後，應停止工作，給予產假8星期；妊娠3個月以上流產者，應停止工作，給予產假4星期。女工受僱工作在6個月以上者，產假期間工資照給；未滿6個月者減半發給。

- 子女未滿1歲須女工親自哺乳者，於休息時間外，雇主應每日另給哺乳時間2次，每次以30分鐘為度。哺乳時間，視為工作時間。

十一、職業災害補償

- 勞工因遭遇職業災害，而致疾病、傷害、殘廢或死亡時，雇主應給與其必需之醫療費用、工資及殘廢或死亡補償。

十二、工作年資

- 勞工工作年資自受僱之日起算，以服務同一事業者為限；依勞動

基準法施行細則第5條規定適用本法前已在同一事業單位工作之年資合併計算。故勞工於適用該法前之年資，如未有中斷之情形，於適用該法後其年資應自受僱日起算。

十三、契約之終止事由

- 不定期勞動契約及尚未屆期之定期勞動契約得因法定事由或勞資雙方合意而終止：

  1. 雇主欲單方終止勞動契約時，須有勞動基準法第11條至第13條但書規定之情況。
  2. 雇主依勞動基準法第11條、第13條但書規定終止契約，或勞工依同法第14條第1項規定終止契約時，雇主應發給勞工資遣費。

- 勞動契約終止時，由於契約附隨之忠誠義務，故勞工於離職時應與雇主就相關工作事宜辦妥離職交接手續。另依勞動基準法第19條規定，勞工請求雇主發給服務證明書時，雇主不得拒絕。

十四、資遣費

- 定期契約：期滿離職者，雇主無須發給勞工資遣費。
- 不定期契約：勞工適用勞動基準法前的年資，依當時適用的法令規定或各該事業單位自訂的規定或勞雇雙方之協商計算。適用勞動基準法後的年資，則依所選擇適用之勞工退休金制度不同而異：

  1. 適用勞動基準法退休金制度：在同一雇主之事業單位繼續工作，每滿1年發給相當於1個月平均工資之資遣費。依前項計算之剩餘月數，或工作未滿1年者，以比例計給之。未滿1個月者以1個月計。
  2. 勞工退休金新制：適用該條例後之工作年資，資遣費由雇主按其工作年資，每滿1年發給1/2個月之平均工資，未滿1年之畸零工作年資，以其實際工作日數按月、年比例計算，最高以發

給6個月平均工資為限。

十五、退休金

- 退休條件：勞工如符合勞動基準法第53條規定，工作15年以上年滿55歲者；工作10年以上年滿60歲者；或工作25年以上者，即得自請退休。勞工如符合同法第54條第1項，年滿65歲者，或心神喪失或身體殘廢不堪勝任工作者之強制退休要件，雇主得依法強制勞工退休。

- 給與標準：勞工適用勞動基準法前的年資，依當時適用的法令規定或各該事業單位自訂的規定或勞雇雙方之協商計算。適用勞動基準法後，則依所選擇適用之勞工退休金制度不同而異：

◆ 適用勞動基準法退休金制度

1. 按其工作年資，每滿1年給與2個基數。但超過15年之工作年資，每滿1年給與1個基數，最高總數以45個基數為限。未滿半年者以半年計；滿半年者以1年計。

2. 雇主強制退休之勞工，其心神喪失或身體殘廢係因執行職務所致者，依前開規定加給20%。

◆ 勞工退休金新制

- 雇主應按月以不低於勞工每月工資6%，為其提繳退休金，另勞工個人也可以在6%的範圍內，自願提繳退休金。勞工年滿60歲，即得向勞保局請領退休金。但依新制提繳退休金之年資滿15年以上，應請領月退休金；提繳年資未滿15年者，則應請領一次退休金。

小 案 例

案例一：利台紡織，善的回報

失業員工：「老板，謝謝你有情有義！」老板：「因為有你們，才有我今天的存在和價值！」怎麼一回事？這是善的回報的一個好例子。利台紡織纖維公司二十多年前要遷廠中國大陸而把桃園廠關閉，在遣散方面做足溝通，達成共識，特別照顧員工，給法律規定的資遣費的2倍，並繼續補助建教合作的學生繳交學雜費，直到他們高中職畢業，同時協助他們轉職。員工感恩資方的慈悲仁厚，主動協助拆卸機器，並協助組裝及轉移技術，資方在大陸設廠順利完成，得力於員工。等於重新為資方設廠，完成最後一次任務。同在桃園的其他關廠員工就遭到不公平的對待，聯福製衣廠無預警關廠，欠下員工數月的薪資，員工收不到資遣費，二十多年在抗爭，追討欠薪。員工為了報恩，組成利台老友會，訂每年10月最後一週回娘家，舉行週年慶宴請老板聚會。二十多年來這感恩的宴會至少百人出席，持續至今，成為業界美談。利台紡織創立於1966年，以生產小羊毛大衣呢出名，外銷英國。

參考文獻

賈寶楠，2012，「資遣員工感恩，連20年請老闆吃飯」11月5日，《聯合報》。http://udn.com/NEWS/LIFE/LIF6/7476812.shtml

案例二：台塑集團收賄案

2015年7月，台塑集團驚爆成立以來最嚴重的集體收賄弊案，有25名員工收受廠商賄款，並依工作規定辦理予以免職；上任才24天的台塑總經理林振榮以個人因素辭職。此案涉及台塑獨家供應太空袋的專利廠商跟公司有二十多年的生意往來，公司因此事作

的內部調查發現，部分涉案員工已承認違反公司採購守則，收受賄款。依採購作業守則，招標在網上公開，開標前一切資料保密。此次是請購單位以因應客戶要求為由，指定專利的太空袋，造成獨家供應。

檢舉函中，指控林振榮、朱金池等20多名主管、員工，長期接受PVC太空包廠商賄賂，並為特定廠商護航，確保該廠商訂單。甚至，此賄賂案可追溯到2008年，行賄方式包括禮品、現金等，檢舉函中還附上一「賄賂帳本」以供佐證。台塑集團日前啟動「724肅貪行動」。

收賄案之所以被揭發，源於兩封檢舉函，寫檢舉函的是行賄廠商的兒子。由於兒子希望另立門戶，做同樣的生意，爭取台塑業務，但奈何父親的廠成為台塑獨家廠商，父子其後不和導致檢舉。6月初投第一封陳情要求台塑開放投標，給他機會，總管理處接到信後以涉及專利為由不開放採購回應。但檢舉人鍥而不捨，6月30日投第二封陳情書，書內附上行賄帳本，總經理王瑞瑜獲悉，成立專案小組，展開調查，約談專利廠商與台塑25名主管和員工。每年向專利廠商採購金額6.5億元，只占總採購金額1.2兆元的一少部分。

經初步約談，多數員工坦承涉案，涉案人包括台塑13人（含林振榮、2名退休人員）、總管理處4人（含朱金池）、南亞2人、台化6人則為中低階層員工。受賄歷時七至八年，行賄人送禮物時夾帶現金，目的是「圖個方便、便宜行事」，如延遲交貨，希望操作員「通融、通融」。這家專利廠商，與台塑生意往來達二十年。

參考文獻

黃文奇，2015，「台塑爆收賄，逾20主管員工遭免」，《經濟日報》，7月27日。

黃淑惠、董介白，2015，「台塑肅貪，總座下台，檢調介入」，《聯合晚報》，7月27日。

唐玉麟，2015，「老媽交行賄帳冊，揪25人下馬」，《中國時報》，7月28日。http://www.chinatimes.com/newspapers/20150728000415-260102

案例三：台積電提告離職員工違反競業禁止

　　台積電年前向離職研發處處長洩露公司機密提告，2015年8月三審定讞，最高法院判決梁孟松禁止使用、洩漏台積電的營業祕密及人事資料，並於「競業禁止期限結束後」，今年底前仍不准到三星工作。

　　梁孟松在台積電的服務年資有十七年，2009年2月辭去研發處處長，並與台積電簽下競業禁止條款，依規定，員工在離職後二年內不得任職其他科技公司，但梁孟松在2011年競業禁止期限到後就轉職三星電子任研發副總經理。台積電質疑，梁孟松2009年赴韓國教書時已洩漏機密技術給三星；另外，台積電委託專家作產業關鍵製成結構分析，發現三星的45、32、28奈米世代與台積電產品技術的差異快速縮小。

　　台積電先後向新竹地院及智財法院提出禁止梁孟松在三星工作無效後，再到智財法院對梁孟松提出營業祕密訴訟，請求梁孟松不得向三星洩漏台積電的營業祕密，且禁止他2015年12月31日前入職三星。智財法院一審的判決，梁孟松在競業期限結束後轉職三星，若禁止他這樣做是剝奪他的工作權，但判決不准梁孟松洩漏台積電的營業祕密；二審認為，若梁孟松在2015年底前轉職三星，會洩漏台積電營業祕密，於是准許台積電全部的請求。梁孟松提出上訴，最高法院研議後維持二審判決。

參考文獻

林志函、蘇位榮，2015，「台積電張忠謀復仇，告贏叛將梁孟松」，《聯合報》，8月25日。
彭慧明，2015，「梁孟松奔敵營三星，台積電多年優勢流失」，《聯合報》，8月25日。

案例四：富士康高層爆集體收回扣

　　鴻海的富士康集團是全球iPhone最大代工廠，2014年高層集體收回扣案曝光。集體索賄的鴻海「SMT（Surface Mount Technology）表面黏著技術委員會」的權力很大，負責集團設備、物料與資源，並對外發包採購等，一年預算超過上百億人民幣。據指出，涉嫌行賄的供應商爲數眾多，包括國際企業及臺灣知名廠商。2012年鴻海行政總經理兼商務長李金明收到附有帳冊的檢舉函，指SMT高層向供應商索賄。郭台銘知道後指示分別向兩岸司法機關報案，並作內部調查。

　　據檢調調查，SMT副主委廖萬成等人，以權謀私，藉由遴選供應商資格、採購發包機會，私下向供應商索取回扣。廠商送回扣2.5%後，取得合格代碼，有資格供貨；但廠商若要取得標單，仍須再向SMT行賄。技術委員會總幹事兼經理鄧志賢收過賄款再行分配。廖萬成2011年退休後，仍繼續透過鄧志賢索賄，並將回扣額由2.5%增至3%，廖萬成獨占了多出的0.5%。廖萬成過度貪婪終於碰釘，不滿的廠商向鴻海檢舉。廖萬成腐敗集團爲了掩人耳目，在國外成立顧問公司，藉此向廠商收回扣，並將大部分賄款匯到受賄人的海外帳戶洗錢，匯回臺灣金額至少上千萬元，涉及賄款數億元。檢警調蒐證近一年，2014年1月21日展開行動，兵分19路，搜索約談鴻海前SMT總幹事鄧志賢、前資深經理陳志釧、前經理游吉安等12人，廖萬成雖未被約談，但實施境管通報監控。SMT委員會不但索取回扣，還超額採購，例如錫料，每個月實際用量幾百公斤，卻採購了1000多公斤，超額的部分「低買高賣」，謀取私利。廖萬城是老臣子，郭台銘一向信任並禮遇他；廖萬成年薪逾千萬元，但仍毀於貪婪。

參考文獻

陳志賢、康文柔，2014，「富士康高層爆集體收回扣，陸放人，台收

網」，《中國時報》，1月22日。

江碩涵，2014，「科技業『收回扣是常態』，太貪才被抖」，《聯合報》，1月23日。

案例五：壽司之神──小野二郎

　　壽司之美味除了魚肉的品質外，關鍵是醋飯。醋飯是小野二郎的獨門絕技，他毫不掩飾對其特製的醋飯的自豪，聲言其壽司的精華全依賴他經長期研發成功的醋飯。跟其他壽司店不同的是，小野不用冷的飯或用電鍋保溫的飯來捏壽司，飯一定保持人體肌膚之溫度，壽司的最佳味道才能呈現，因此他是分三到四段烹煮米飯，將煮好的飯放進有重重保溫的木製飯桶內。醋飯剛入醋不能立刻使用，要待醋稍微滲入飯粒後才捏壽司，而壽司剛塑成形的一刻是最美味的時刻，亦是上菜最好的時刻。小野有句口頭禪：壽司不過3秒，是提醒客人要在壽司師傅捏製好壽司3秒內享用壽司，才能盡得其味。製作壽司的每一個細節都要認真做好，才能製作出最佳的料理。這些都是平日用心專注及不斷嘗試而累積出來的功夫，能成為業界之頂尖絕非僥倖，是經年累月的智慧及努力所致。小野二郎對自己研製出的醋飯非常自豪。事實上，小野的醋飯不單得到日本食客的熱愛，世界各地有13位米其林三星廚師都給予高度的讚譽。

　　83歲的小野二郎一天是如何度過的？以下是他的每天行事曆：10：00到店（從家走了2個小時到銀座店），準備中午營業，瞭解當日預約狀況，客人是誰、人數多少。若有熟客就準備他們喜歡的菜色。11：30-14：00開店午餐時間，跟店員共進午餐。16：00晚餐準備。17：30-19：00晚餐頭段。19：00-20：30後段。22：00家中晚餐。24：00上牀睡覺。

　　職人常有自我策勵的話，小野二郎的勵志銘就是「努力」兩個字。但這些看似平凡的東西，經職人一生的貫徹就能成就不平凡的

事業。小野二郎說：「學如逆水行舟，不進則退，除非有一天我不做廚師了，否則加強手藝都會是我一輩子的功課。……你不能滿足於現狀……即使別人稱你為現代名匠……千萬不可因此而自滿……應該要有更遠大的目標才是。」（小野二郎、金本兼次郎、早乙女哲哉，2015，37頁）

參考文獻

小野二郎、金本兼次郎、早乙女哲哉著，張雅梅譯，2015，《巨匠的技與心：日本三大料理之神的廚藝與修練》，臺北：時報出版。

國家圖書館出版品預行編目資料

職場倫理／葉保強著. -- 初版. -- 臺北市：
五南，2016.10
　　　面；　公分.
ISBN 978-957-11-8798-3（平裝）
1.職業倫理
198　　　　　　　　　105015979

1FOD

職場倫理

作　　者 ─ 葉保強

發 行 人 ─ 楊榮川

總 編 輯 ─ 王翠華

主　　編 ─ 侯家嵐

責任編輯 ─ 劉祐融

文字校對 ─ 蘇文聖　陳俐君

封面設計 ─ 盧盈良　陳翰陞

出 版 者 ─ 五南圖書出版股份有限公司

地　　址：106台北市大安區和平東路二段339號4樓

電　　話：(02)2705-5066　　傳　　真：(02)2706-6100

網　　址：http://www.wunan.com.tw

電子郵件：wunan@wunan.com.tw

劃撥帳號：01068953

戶　　名：五南圖書出版股份有限公司

法律顧問　林勝安律師事務所　林勝安律師

出版日期　2016年10月初版一刷

定　　價　新臺幣350元